［例題で学ぶ］
初歩からの計量経済学
第2版
Econometrics

白砂堤津耶

Shirasago Tetsuya

日本評論社

第 2 版へのはしがき

　本書の第 1 版が上梓されたのは1998年であり、早 9 年の年月が経ちました。この間、少なからぬ読者から「本当にわかりやすい計量経済学の入門書」というコメントをいただきました。例題を実際に解いて学んでいくというスタイルが、「やってみればできる」ということで、従来難解と思われていた計量経済学の敷居を低くし、読者に支持されたのかもしれません。

　今回の改訂のポイントは、つぎの 3 点です。

(1) ほとんどの例題と練習問題で、データを最新のものにアップデートするか、あるいは問題自体を作成しなおしました。問題数も少し増やしました。
(2) 「第 1 章 統計学の基礎知識(1)」において、新たにメディアン、モード、範囲、四分位範囲、歪度、尖度などをとりあげ、記述統計学の部分をより充実させました。
(3) 本論の解説がよりわかりやすくなるよう、加筆、訂正しました。

　本書には、詳細な解答を示した例題が76問、解答を付した練習問題が39問、計115問が用意されています。1 問 1 問チャレンジしてみて下さい。計量経済学に興味がわき、計量分析の基礎が必ず身につくはずです。

　最後になりましたが、本書の改訂を強く勧めて下さり、今回も編集の労をとって下さった日本評論社の飯塚英俊氏に、心からお礼申し上げます。

2007年 1 月　　小　寒

白砂 堤津耶

はしがき

　本書『〈例題で学ぶ〉初歩からの計量経済学』は、計量経済学の基本的方法を、できるだけ平易明快な表現で説明し、例題を通じて完全にマスターしてもらうことを目的に書かれています。対象としては、これからはじめて計量経済学を学ぶ、経済学・商学系の学生諸君やビジネスマンを念頭においています。数学については、高校文系コースの内容を、ある程度理解していれば十分です。統計学の予備知識も、まったく必要としていません。また、本書は、「狭義の計量経済学」の範囲にとらわれることなく、実際の経済分析でよく使用される「記述統計」(1・2章)や「産業連関分析」(9章)も含む、「広義の計量経済学」(いわゆる「数量経済分析」)の入門テキストでもあります。

　さて、計量経済学が応用経済学のメニューのなかでもきわめて重要な分野であることは、筆者がここで強調するまでもなく、すでに読者のみなさんもご存知だと思います。近年の経済論文・リポート・白書には計量経済学的手法が数多く用いられており、それらを読むにせよ、また書くにせよ、計量経済学の知識は不可欠なものになってきています。

　その反面、計量経済学は、はじめて学ぶ者にとって「むずかしく」かつ「マスターしにくい」分野であるとよく言われます。なぜでしょうか？　その原因は、計量経済学の理論を学ぶことと、実際にそれを使えるようになることの間に、大きなギャップがあるからだと筆者は考えます。

　このギャップをうめるため、本書では、現実の経済データを用いた例題を

実際に解くことを通じて、計量経済学を学ぶというスタイルをとりました。計量経済学は経済理論と統計学を組み合わせた学問であり、すぐれて実用的な学問です。したがって計量経済学には、統計学の学習と同様、テキストの例題や経済データの分析に実際に取り組み、「計算能力」と「応用能力」（どのケースに、どの分析法を、どのように用いるか）を身につけつつ学ぶことが本当の理解に通じる、いわば「知行合一」的ともいえる側面が強くあります。本書には、詳細な解答の示された例題が数多く用意されています（少し高度な問題には＊印がついています）。これらの例題を1問1問直接解くことによって、実用的な計量経済学、つまり使える計量経済学が、かならず身につくはずです。

　もとより、本書は完全なものではありません。「わかりやすさ」と「使えること」を最優先したため、厳密性が多少犠牲になっているところもあります。また、確率論や時系列分析など、深く立ち入っていないところもあります。これらの点も含め、本書の改善には他日を期したいと思います。質問やコメントなどがありましたら、遠慮なく筆者までお知らせ下さい。

　最後になりましたが、本書は『経済セミナー』の1995年4月号から12回にわたって連載した「例題で学ぶ計量経済学」を大幅に加筆・修正したものであり、連載中から本書の上梓にいたるまで、日本評論社の飯塚英俊氏にはたいへんお世話になりました。記して、厚くお礼申し上げます。

　　　　　　　　　　　　　　　　　1998年1月　　　大　寒

　　　　　　　　　　　　　　　　　　　　　　　白砂　堤津耶

例題で学ぶ 初歩からの計量経済学 第2版 目次

第2版へのはしがき　i
はしがき　　　　　iii

序章　計量経済学とはどんな学問か 1
1．計量経済学の発展 1
2．計量経済学の方法と学び方 2

第1章　統計学の基礎知識（Ⅰ） 7
1．算術平均 7
2．加重算術平均 9
3．メディアンとモード 10
4．変化率 11
5．幾何平均 13
6．移動平均 17
7．範囲 22
8．四分位範囲 23
9．分散と標準偏差 26
10．変動係数 30
11．歪度と尖度 34
12．標準化変量 38
13．相関係数 40
14．相関係数の検定 45
15．スピアマンの順位相関係数 49
第1章　練習問題 52

第2章　統計学の基礎知識（Ⅱ） 59
1．ローレンツ曲線 59
2．ジニ係数 60

3．寄与度と寄与率 ………………………………………… 75
　4．ラスパイレス指数・パーシェ指数・フィッシャー指数 ………… 77
　第2章　練習問題 …………………………………………… 81

第3章　単純回帰モデル …………………………………… 85
　1．単純回帰モデル ………………………………………… 85
　2．最小2乗法(OLS) ……………………………………… 86
　3．決定係数 ………………………………………………… 90
　4．非線型式の回帰分析 …………………………………… 102
　第3章　練習問題 …………………………………………… 108

第4章　重回帰モデル ……………………………………… 113
　1．重回帰分析 ……………………………………………… 113
　2．決定係数と重相関係数 ………………………………… 117
　3．自由度修正済み決定係数 ……………………………… 118
　4．偏相関係数 ……………………………………………… 123
　第4章　練習問題 …………………………………………… 132

第5章　回帰モデルの仮説検定と予測 …………………… 135
　1．回帰係数の t 値 ……………………………………… 135
　2．回帰係数の F 検定 …………………………………… 146
　3．構造変化の F 検定 …………………………………… 153
　4．予測 ……………………………………………………… 156
　第5章　練習問題 …………………………………………… 160

第6章　ダミー変数 ………………………………………… 163
　1．一時的ダミー …………………………………………… 163
　2．季節ダミー ……………………………………………… 166
　3．質的データのダミー処理 ……………………………… 170
　4．係数ダミー ……………………………………………… 174
　第6章　練習問題 …………………………………………… 177

第7章　系列相関 … 183

1．系列相関とは … 183
2．ダービン・ワトソン検定 … 185
3．コクラン・オーカット法 … 192
4．プレイス・ウインステン変換に基づく一般化最小2乗法 … 198
第7章　練習問題 … 202

第8章　連立方程式モデル … 205

1．連立方程式モデルとは … 205
2．構造型と誘導型 … 206
3．間接最小2乗法 … 207
4．識別問題 … 214
5．2段階最小2乗法 … 217
6．トータル・テストとファイナル・テスト … 222
第8章　練習問題 … 228

第9章　産業連関分析 … 231

1．産業連関表とは … 231
2．産業連関表の読み方 … 232
3．投入係数 … 234
4．レオンティエフ逆行列 … 236
5．影響力係数と感応度係数 … 239
6．輸入をどう取り扱うか … 243
7．生産誘発額と生産誘発係数 … 246
第9章　練習問題 … 252

第10章　コンピュータによる計量経済分析 … 255
　　　　　——TSPの基礎

1．TSPとは … 255
2．記述統計と最小2乗法 … 256
3．データの変換 … 264
4．コクラン・オーカット法と最尤推定法 … 267
5．2段階最小2乗法（2SLS） … 268

6．産業連関分析 …………………………………………270
　　第10章　練習問題 …………………………………………276

練習問題解答 …………………………………………………277

参考文献 ………………………………………………………291

索引 ……………………………………………………………293

●序章
計量経済学とは
どんな学問か

1. 計量経済学の発展

　計量経済学（econometrics）の起源は、どのあたりにあるのでしょうか。まずは、計量経済学の発展の歴史について、少しふれてみましょう。計量経済学の学問の流れをさかのぼると、その淵源を、イギリスの経済学者で統計学者でもあった、**ペティ**（W. Petty）の著書、**『政治算術』**（1690年）の中に見い出すことができます。彼は『政治算術』の序文において、主観的な要因を可能な限り取り除き、数（number）、重量（weight）、または尺度（measure）といった現実のデータを用いる分析の重要性を強調しています。これはまさに計量経済学への序幕であり、のちにシュムペーターは、ペティを計量経済学の始祖とみなし、彼の数量分析への姿勢を高く評価しています。
　さて、計量経済学の近代的な試みは、1911年に**ムーア**（H. L. Moore）が、『賃金の法則』のなかで賃金の限界生産力理論を、統計的に検証したことに

始まります。1930年にはノルウェーの経済学者**フリッシュ**（R. Frisch、計量経済学の命名者）を中心に、アメリカで**計量経済学会**（*Econometric Society*）が設立され、33年には学会誌『**エコノメトリカ**』（*Econometrica*）が創刊されました。こうして計量経済学は、経済学の分野で「市民権」を獲得し、いよいよ本格的な歩みを開始しました。

生産量と生産要素（労働・資本）の間に安定的法則性を発見するため、アメリカ製造業の生産関数を計測した**ダグラス**（P. H. Douglas）、連立方程式体系のマクロ計量経済モデルを開発したオランダの**ティンバーゲン**（J. Tinbergen、フリッシュとともに第1回ノーベル経済学賞受賞）、ケインズ経済学をフレームワークとして、現在のマクロ計量経済モデルの原型を完成させた**クライン**（L. R. Klein）と**ゴールドバーガー**（A. S. Goldberger）、マクロ計量経済モデルの源泉となる国民所得統計を整備した**クズネッツ**（S. S. Kuznets）と**ストーン**（J. R. N. Stone）、連立方程式モデル推定上の問題点を明らかにした**ホーヴェルモ**（T. Haavelmo）、それを克服する新たな推定法を考案した**クープマンス**（T. C. Koopmans）、産業連関分析（投入・産出分析）を創始した**レオンティエフ**（W. W. Leontief）、いずれも計量経済学の発展に輝かしい業績を残したエコノメトリシャンです。近年では、**ヘックマン**（J. J. Heckman）と**マクファデン**（D. L. McFadden）が質的変量モデルの開発で、**グレンジャー**（G. W. Granger）と**エングル**（R. F. Engle）が時系列モデルへの貢献で、それぞれ2000年と2003年のノーベル経済学賞を受賞しています。

また、経済史の研究分野においても、計量経済学は活用されています。この領域は**計量経済史**、**クリオメトリックス**あるいは**数量経済史**と呼ばれ、1993年には**フォーゲル**（R. W. Fogel）と**ノース**（D. C. North）が、その開拓者としてノーベル賞の栄誉に浴しています。

2．計量経済学の方法と学び方

計量経済学とは、簡潔にいえば、経済理論にもとづいて作成されたモデル

を、現実のデータを用いて統計的に推定・検定し、経済予測や政策の評価・策定を行なうとともに、一方において経済理論の深化と発展をこころざす学問です。

　経済学は、「実証科学」であるといわれています。多様な人間営為の蓄積である経済現象を、うまく説明しうるような**仮説**（＝**モデル**）をたて、それを検証し、安定的法則性を発見することが、計量経済学に課せられた大きな役割であるといえましょう。しかし、経済学の場合、自然科学でしばしば実施される、実験室での**管理実験**（controlled experiment）が不可能であるため、きわめて制約された情報しか得られず、実証分析が非常にむずかしいものになります。このように管理実験ができないという点では、経済学者はちょうど天文学者と似たような研究環境にあります。

　以下では、計量経済学の方法と、学ぶうえで注意すべきところを、計量分析のプロセスにそって、わかりやすく解説していきましょう。

モデル・ビルディング

　計量経済分析は、通常、**モデル・ビルディング**（model building）から始まります。経済理論を中心とする**先験的情報**（ア・プリオリ a priori information）にもとづき、複雑な現実経済を仮説として単純化するため、数学を用いて**モデル**を作成するステップです。

　モデル・ビルディングでは、まず最初に、モデルの**関数型**を決定する作業、すなわち**特定化**（specification）を行ないます。そのさい、経済理論は、モデルの関数型（たとえば、線型か、非線型か）まで具体的に示してくれませんから、モデルを特定化するためには、理論が教えるところにしたがうと同時に、①分析の目的、②過去における同種の分析、③データの観測事実（データの動き）にもとづいて、分析者自身が判断し決定しなければなりません。

　一般的にいって、シンプルな関数型がもっともよく選択されます。たとえば、以下のような一次式がそうです。

$$Y = \alpha + \beta X \quad (\alpha、\beta はパラメータ)$$

その理由は、シンプルな関数型ほどパラメータが安定しており、しかも推定

結果の経済学的な解釈も容易だからです。とくに、パラメータが安定しているということは、安定的な経済法則を発見するための必要条件になるわけですから、きわめて重要です。また、シンプルな関数型であるほど推定・検定作業も容易になります。しかしながら、コンピュータがこれほど発達した今日では、このことは積極的な理由には当たらないと思います。

　さて、モデルの特定化についてはこのくらいにとどめ、つぎにモデル・ビルディングで最も重要な点を説明しましょう。それは、可能なかぎり、とくにデータの存在するかぎり、**自律的**（autonomous）なモデルを構築することにあります。自律的なモデルとは、一言でいえば、経済理論の深層から導かれるモデル（たとえばミクロ経済学の効用関数や生産関数に基づくモデル）です。モデルが自律的か否かを判断するのは、初学者には非常にむずかしい問題ですが、管理実験が困難な経済学では、自律的なモデルを対象とした実証分析を経てはじめて、安定的な経済法則が発見され、そして精度の高い将来予測や真に有効な政策メニューの立案が可能になるのです。一例をあげると、乗用車の消費需要構造を分析するときは、乗用車の需要関数をいきなり計測するのではなく、その背後にある消費者の好み（選好）を示す効用関数と、その予算制約のもとでの極大化条件にまでさかのぼり、消費者の意思決定のプロセスを明確にした実験計画をたてることが、自律的なモデルの構築につながるわけです。フリッシュ、ホーヴェルモ、**マルシャク**（J. Marschak）といった計量経済学のパイオニアは、この点がつねに分析の念頭にあり、自律的なモデルの構築に腐心しました。

　最後に注意すべき点を一つ追加しておきますと、データの見せかけの動きや関係にとらわれて、不毛な**「理論なき計測」**（measurement without theory）のわなに陥らないことです。実際問題として、これに類する失敗や誤りを、しばしば見受けます。理論なき計測を回避するためには、自律的なモデルの構築にも関連しますが、まず、ミクロ・マクロ経済学を十分に理解しておくことが必要です。できれば、中級レベル以上の理解が望まれます。もし研究テーマに関係があれば、国際経済学、金融論、公共経済学、労働経済学といった、経済学諸分野の理論もゆるがせにはできませんので、念のため。

データの収集

　計量経済分析では、**データの収集**もきわめて重要な作業になります。いくら精緻なモデルを構築しても、それを推定するデータが存在しなければ画餅に帰すことになります。換言すれば、データの有無が、モデル・ビルディングを制約することにも関係してきます。データの収集は、やってみるとわかりますが、時間と労力が思いのほかかかります。そのため、データの収集が完了したところで、分析は半ばを終えたと言っても過言ではありません。日頃、大学の図書館で『国民経済計算年報』（内閣府）、『家計調査年報』（総務省）、『賃金構造基本統計調査報告』（厚生労働省）、『日本統計年鑑』（総務省）などのベーシックな経済統計に接し、データの所在、性質、作成方法についての基礎知識を身に付けておくとよいでしょう。

　また、収集したデータが、いつもそのまま使用できるとは限らず、データの加工が必要なケースも頻繁にあります。たとえば、物価水準や季節変動の調整、資本ストックの推計などがそうです。こうしたデータの加工方法についても、その都度修得するとともに、「経済統計」のテキストや講義からあらかじめ基礎知識を得ておくと便利です。

　つぎに、データが入手できたら、いきなりモデルの推定に入らず、**散布図**（scatter diagram）などのグラフを描き、データを入念に観察する習慣をつけてください。近年は、コンピュータ・グラフィックスが容易に使えますので、経験を積むとそこから多くの情報が得られ、先に作成したモデルの手直しも可能になります。

モデルの統計的推定と検定

　いよいよ収集したデータを使って、モデルの**パラメータ**（parameter）を具体的に求める**推定**（estimation）と、その結果を検証する**仮説検定**（test of hypothesis）の作業に入ります。計量経済学の標準的テキストは、この部分の解説が中心となっています。1950年代から60年代にかけて、計量経済学の世界では、モデルの統計的推定と検定に関する技術、およびそれらを実行するコンピュータ・プログラムの開発が急速に進展しました。この段階で

学ぶ主な内容は、**単純回帰、重回帰、連立方程式モデルの推定方法（間接最小２乗法、２段階最小２乗法、制限情報最尤法、完全情報最尤法、３段階最小２乗法）**と、仮説検定のための諸方法です。検定では、一般に３つのチェックが行なわれます。第１は**有意性**のチェックで、推定したパラメータに、どのくらい信頼性があるかを統計学的に調べます。第２は**符合条件**のチェックで、推定したパラメータの符合（正・負）が、経済理論の示すところと合致しているかどうかをみます。第３は**あてはまり（適合度）**のチェックで、推定したモデルが現実のデータの動きをうまく説明できるかどうかを調べます。ときには、推定したモデルが過去をどのくらい再現できるか、**シミュレーション**（simulation）を行なうこともあります。

また、このステップでは、回帰分析に付随する厄介な問題である、**不均一分散、多重共線性（マルティコリニアリティ）、系列相関（自己相関）**や、連立方程式モデルにともなう**識別問題**についても学び、処理方法もあわせて修得します。

こうして、推定されたモデルが検定に合格した場合は、新たな経済法則の発見、予測、政策の評価・策定につながっていきますが、逆に検定に合格しなかった場合は、構築したモデルは不適当であり棄却されるわけですから、ふたたびモデル・ビルディングへフィードバックすることになります。以上が、計量経済分析の基本的な手順になります。

さて、計量経済分析、とりわけ推定と検定の作業では、多量のデータをさまざまな角度から統計的に処理する必要があるため、コンピュータの利用が不可欠になってきます。今日では幸い、操作方法が簡単で機能もすぐれた計量経済分析用ソフトウェア（たとえば **TSP、EViews、RATS、SHAZAM、LIMDEP** など）が、数多くそろっています。筆者も講義では TSP を使用していますが、計量経済分析の代表的ソフトウェアだけあってとても扱いやすく、学生の理解と関心を高めるのに大いに役立っています。読者の方々も、是非こうした便利なソフトウェアを活用し、本書の例題にチャレンジしてみてください。

●第1章
統計学の
基礎知識（Ⅰ）

　このテキストでは、統計学と数学の予備知識を前提としていませんが、計量経済学を理解するためには、統計学の知識がきわめて重要です。この章では、計量経済分析において利用頻度の高い統計学を、とくにデータの観察と整理を目的とする記述統計学（descriptive statistics）を中心に、初歩から学んでいきましょう。

1. 算術平均

　算術平均(arithmetic mean)は、私たちが日常使っている普通の平均のことで、次式によって定義されます。

$$\bar{X} = \frac{X_1 + X_2 + \cdots + X_n}{n} = \frac{\sum X}{n} \qquad (1-1)$$

$\bar{X}$ は、エックス・バーと読みます。$\sum$ はシグマと読み、ローマ字 S にあたるギリシャ文字で、合計計算（sum）の実行を意味します。

● 例題 1-1

表1-1は、2005年の先進7カ国とアジア NIES ＋中国の①実質 GDP 成長率（いわゆる経済成長率）と、②失業率を示しています。①と②の算術平均 $\bar{X}$ を、各グループごとに求めなさい。

表1-1　実質GDP成長率と失業率(2005年)　　　(単位：％)

国・地域		①実質GDP成長率	②失業率
先進7カ国	日　　　　　本	2.6	4.4
	ア　メ　リ　カ	3.2	5.1
	イ　ギ　リ　ス	1.9	2.7
	ド　　イ　　ツ	1.0	11.7
	フ　ラ　ン　ス	1.2	9.9
	イ　タ　リ　ア	0.1	7.7
	カ　　ナ　　ダ	2.9	6.8
アジアNIES＋中国	韓　　　　　国	4.0	3.7
	台　　　　　湾	4.1	4.1
	香　　　　　港	7.9	5.6
	シ ン ガ ポ ー ル	6.4	3.4
	中　　　　　国	9.9	4.2

資料）総務省統計局『世界の統計』、ほか。

[解答]

①実質 GDP 成長率

　先進7カ国

$$\bar{X} = (2.6+3.2+1.9+1.0+1.2+0.1+2.9) \div 7 = \frac{12.9}{7} = 1.8\%$$

　アジア NIES ＋中国

$$\bar{X} = (4.0+4.1+7.9+6.4+9.9) \div 5 = \frac{32.3}{5} = 6.5\%$$

②失業率

　先進7カ国

$$\bar{X} = (4.4+5.1+2.7+11.7+9.9+7.7+6.8) \div 7 = \frac{48.3}{7} = 6.9\%$$

　アジア NIES ＋中国

$$\bar{X} = (3.7+4.1+5.6+3.4+4.2) \div 5 = \frac{21.0}{5} = 4.2\%$$

2．加重算術平均

加重算術平均(weighted arithmetic mean)は、各データの重要度に応じて**ウエイト**(**重み**：w)をかけ、平均する方法で、次式によって定義されます。

$$\bar{X}_w = \frac{w_1 X_1 + w_2 X_2 + \cdots + w_n X_n}{w_1 + w_2 + \cdots + w_n} = \frac{\sum wX}{\sum w} \qquad (1\text{-}2)$$

適切なウエイトを決めることが大切です。

●例題 1-2

表 1-2 は、2006年3月における女子高校生の大学等進学率と卒業者数を、関東1都6県について調べたものです。
① 女子高校生の大学等進学率の算術平均 $\bar{X}$ を求めなさい。
② 女子高校生の大学等進学率の加重算術平均 $\bar{X}_w$ を求めなさい。

表 1-2　女子高校生の大学等進学率と卒業者数(2006年3月)

都・県	女子高校生の大学等進学率(%)	女子高校生の卒業者数(百人)
茨　　城	47.1	145
栃　　木	50.4	105
群　　馬	48.0	92
埼　　玉	50.3	273
千　　葉	48.0	248
東　　京	62.1	519
神 奈 川	54.6	316

資料）文部科学省『学校基本調査報告書』。

［解答］

① $\bar{X} = (47.1 + 50.4 + 48.0 + 50.3 + 48.0 + 62.1 + 54.6) \div 7 = \dfrac{360.5}{7} = 51.5\%$

② 加重算術平均のウエイトを、女子高校生の卒業者数でとると、

$$\bar{X}_w = \frac{47.1 \times 145 + 50.4 \times 105 + 48.0 \times 92 + 50.3 \times 273}{145 + 105 + 92 + 273}$$

$$\frac{+\, 48.0 \times 248 + 62.1 \times 519 + 54.6 \times 316}{+\, 248 + 519 + 316}$$

$$= \frac{91656.9}{1698} = 54.0\%$$

となります。加重算術平均（54.0%）が、算術平均（51.5%）より2.5%高くなっていることがわかります。

3．メディアンとモード

メディアン（median）とは、データを大きさの順に並べたときに、ちょうど中央に位置する値のことであり、**中央値**、あるいは**中位数**ともいいます。データが偶数個の場合は、中央の2個のデータの算術平均をとります。メディアンの長所は、算術平均と違って、データの中に極端な値（**異常値**、**外れ値**ともいう）があっても影響を受けない点にあります。

モード（mode）とは、データの中で最も多くある値のことで、**最頻値**、あるいは**並み数**ともいいます。メディアンと同様、極端な値の影響を受けません。しかし、データに集中的傾向がなければ、モードを求めることができませんし、たとえ求まったとしてもほとんど意味がありません。

●例題 1-3

つぎの各データについて、算術平均 $\bar{X}$、メディアン M_e、モード M_o を求めなさい。

① 1 2 3 5 5 5 7
② 2 4 4 4 6 7 8 45
③ 1 2 4 6 7 9 10 11 13

［解答］

① $\bar{X} = \dfrac{\sum X}{n} = \dfrac{28}{7} = 4$

$M_e = 5$

$M_o = 5$

② $\bar{X} = \dfrac{\sum X}{n} = \dfrac{80}{8} = 10$

$$M_e = \frac{4+6}{2} = \frac{10}{2} = 5$$

$$M_o = 4$$

算術平均 $\overline{X}$ が、極端な値（45）の影響を受けていることがわかります。

③ $\overline{X} = \dfrac{\sum X}{n} = \dfrac{63}{9} = 7$

$M_e = 7$

M_o は存在しません。

このようにモード M_o は、データに集中的傾向がなければ、求めることができないケースもあります。

4．変化率

変化率は、次式で定義されます。

$$変化率 = \frac{X_t - X_{t-1}}{X_{t-1}} \quad (t=2, 3, \cdots, n) \tag{1-3}$$

●例題 1 - 4

　表 1 - 3 は、わが国の輸出相手国上位 8 カ国と、2004年・2005年の輸出額を示しています。

　わが国の対前年輸出増加率を、各国ごとに求めなさい。

表 1 - 3　わが国の主要な輸出相手国・地域

（単位：100億円）

国・地域	2004年	2005年
① アメリカ	1373	1481
② 中　　　国	799	884
③ 韓　　　国	479	515
④ 台　　　湾	454	481
⑤ 香　　　港	383	397
⑥ タ　　　イ	219	248
⑦ ド イ ツ	205	206
⑧ シンガポール	194	203

資料）日本関税協会『外国貿易概況』。

[解答]

（1-3）を用いて、計算します。

①アメリカ

$$\frac{X_t - X_{t-1}}{X_{t-1}} = \frac{2005年輸出額 - 2004年輸出額}{2004年輸出額}$$

$$= \frac{1481 - 1373}{1373} = 0.079 = 7.9\%$$

②中国

$$\frac{884 - 799}{799} = 0.106 = 10.6\%$$

③韓国

$$\frac{515 - 479}{479} = 0.075 = 7.5\%$$

④台湾

$$\frac{481 - 454}{454} = 0.059 = 5.9\%$$

⑤香港

$$\frac{397 - 383}{383} = 0.037 = 3.7\%$$

⑥タイ

$$\frac{248 - 219}{219} = 0.132 = 13.2\%$$

⑦ドイツ

$$\frac{206 - 205}{205} = 0.005 = 0.5\%$$

⑧シンガポール

$$\frac{203 - 194}{194} = 0.046 = 4.6\%$$

アメリカは別格ですが、これを除くと、中国や**アジア NIES**（韓国、台湾、香港、シンガポール）への輸出額が大きく、その増加も著しいことがわかります。

5．幾何平均

幾何平均（geometric mean）は、n個のデータの積のn乗根で、次式のように定義されます。

$$G = \sqrt[n]{X_1 \times X_2 \times \cdots\cdots \times X_n} \qquad (1\text{-}4)$$

関数電卓を使うと、簡単に計算できます。

ところで、幾何平均には弱点があります。データの中に1個でも0があると、ルートの中が0になりますから、幾何平均を求めることができなくなります。また、データの中に負の数値がある場合も計算不可能です。

●例題1-5

つぎの各データについて、幾何平均を求めなさい。

① 9　25
② 2　4　8
③ 3　4　6　18
④ 3　6　12　24　48

［解答］

（1-4）を用います。

① $G = \sqrt{9 \times 25} = \sqrt{225} = 15$
② $G = \sqrt[3]{2 \times 4 \times 8} = \sqrt[3]{64} = 4$
③ $G = \sqrt[4]{3 \times 4 \times 6 \times 18} = \sqrt[4]{1296} = 6$
④ $G = \sqrt[5]{3 \times 6 \times 12 \times 24 \times 48} = \sqrt[5]{248832} = 12$

●例題1-6

表1-4は、①トヨタ自動車、②日産自動車、③ホンダの1年間の売上高の増加率を示しています。幾何平均を用いて、売上高の平均増加率を求めなさい。

表1-4　日本の自動車メーカー3社の売上高増加率

(単位：%)

年　　度	①トヨタ自動車	②日産自動車	③ホ　ン　ダ
2001	4.2	1.9	6.0
02	12.5	1.8	13.9
03	6.3	10.2	8.3
04	7.3	15.4	6.0
05	13.4	9.9	14.5

資料）東洋経済新報社『会社四季報』。

[解答]

データを比率のかたち（前年度を1とみる）にし、（1-4）を用いて計算します。

①トヨタ自動車

$$G = \sqrt[5]{1.042 \times 1.125 \times 1.063 \times 1.073 \times 1.134} = \sqrt[5]{1.5162} = 1.087 = 8.7\%$$

②日産自動車

$$G = \sqrt[5]{1.019 \times 1.018 \times 1.102 \times 1.154 \times 1.099} = \sqrt[5]{1.4498} = 1.077 = 7.7\%$$

③ホンダ

$$G = \sqrt[5]{1.060 \times 1.139 \times 1.083 \times 1.060 \times 1.145} = \sqrt[5]{1.5870} = 1.097 = 9.7\%$$

●例題1-7

表1-5は、わが国の実質国内総生産（実質 GDP）の推移を示したものです。

①「神武景気」、「岩戸景気」を含む、1955年から61年までの実質経済成長率（実質 GDP 成長率）を求めなさい。

②1965年から70年にかけて、鉄鋼・自動車・機械の輸出が急伸し、成長が持続した、いわゆる「いざなぎ景気」の実質経済成長率を求めなさい。

③1987年から90年にかけて、地価・株価の高騰を中心に景気が拡大した、「平成景気（バブル景気）」の実質経済成長率を求めなさい。

④1991年から2000年のバブル崩壊後の、いわゆる「失われた10年」の実質経済成長率を求めなさい。

表1-5　わが国の実質国内総生産（GDP）の推移

（単位：兆円）

年度	実質GDP	年度	実質GDP	年度	実質GDP
1955	47.9	1971	200.1	1987	373.2
56	51.0	72	218.2	88	395.5
57	54.9	73	229.3	89	413.1
58	58.9	74	228.2	90	436.1
59	65.5	75	237.3	91	449.8
60	73.5	76	246.3	92	451.4
61	82.1	77	257.4	93	452.5
62	88.3	78	271.3	94	454.6
63	97.5	79	285.3	95	469.4
64	106.8	80	292.7	96	485.7
65	113.4	81	301.5	97	486.8
66	125.9	82	310.8	98	483.0
67	139.8	83	318.7	99	492.1
68	157.1	84	331.8	2000	500.3
69	175.9	85	345.4		
70	190.4	86	356.3		

注）会計年度。1990年価格。
資料）内閣府『国民経済計算年報』。

［考え方］

数年間にわたる平均変化率の求め方

いまYが0期からn期まで、同じ変化率（平均変化率）gで推移したと仮定するとき、

$$Y_1 = (1+g)Y_0$$
$$Y_2 = (1+g)Y_1$$
$$\vdots$$
$$Y_n = (1+g)Y_{n-1}$$

と書けます。ここで、Y_nをY_0で表わすと、

$$Y_n = (1+g)(1+g)\cdots(1+g)Y_0$$

$$\boldsymbol{Y_n = (1+g)^n Y_0} \qquad (1-5)$$

となります（この式を用いると、Y_0のn期後（Y_n）が予測できます）。

（1-5）を整理すると、平均変化率gは、

$$(1+g)^n = \frac{Y_n}{Y_0}$$

$$1+g = \left(\frac{Y_n}{Y_0}\right)^{\frac{1}{n}}$$

$$g = \left(\frac{Y_n}{Y_0}\right)^{\frac{1}{n}} - 1$$

$$g = \sqrt[n]{\frac{Y_n}{Y_0}} - 1 = \sqrt[年数]{\frac{比較年}{基準年}} - 1 \qquad (1-6)$$

となります。この（1-6）を公式として用いれば、平均変化率 g が簡単に計算できます。もちろん、関数電卓かパソコンを使用します。

[解答]

① （1-6）より、1955年から61年まで6年間の実質経済成長率を求めます。

$$\sqrt[6]{\frac{1961年度実質\ GDP}{1955年度実質\ GDP}} - 1 = \sqrt[6]{\frac{82.1}{47.9}} - 1 = \sqrt[6]{1.714} - 1$$
$$= 1.094 - 1$$
$$= 0.094$$
$$= 9.4\%$$

②同様に（1-6）より、1965年から70年まで5年間の実質経済成長率を求めます。

$$\sqrt[5]{\frac{1970年度実質\ GDP}{1965年度実質\ GDP}} - 1 = \sqrt[5]{\frac{190.4}{113.4}} - 1 = \sqrt[5]{1.679} - 1$$
$$= 1.109 - 1$$
$$= 0.109$$
$$= 10.9\%$$

③（1-6）より、1987年から90年まで3年間の実質経済成長率を求めます。

$$\sqrt[3]{\frac{1990年度実質\ GDP}{1987年度実質\ GDP}} - 1 = \sqrt[3]{\frac{436.1}{373.2}} - 1 = \sqrt[3]{1.169} - 1$$
$$= 1.053 - 1$$
$$= 0.053$$
$$= 5.3\%$$

④ (1-6) より、1991年から2000年まで9年間の実質経済成長率を求めます。

$$\sqrt[9]{\frac{2000年度実質\ GDP}{1991年度実質\ GDP}} - 1 = \sqrt[9]{\frac{500.3}{449.8}} - 1 = \sqrt[9]{1.112} - 1 = 1.012 - 1$$
$$= 0.012$$
$$= 1.2\%$$

6．移動平均

移動平均（moving average）とは、**時系列データ**について、前後のデータの平均を求めることで、不必要な変動を**平滑化**（smoothing）し、そのデータの方向性と周期性を知るために用いる方法です。たとえば、3カ月ごとの**四半期データ**（quarterly data）や毎月の**月次データ**（monthly data）には、季節や月に固有な変動があるため、移動平均を利用してこうした変動を除去すると、長期変動の傾向（方向性と周期性）がわかりやすくなります。

通常、移動平均は、計算が簡単な奇数項が好ましく、**3項移動平均**と**5項移動平均**を定義すると、次のようになります。

3項移動平均

$$\bar{X}_t = \frac{X_{t-1} + X_t + X_{t+1}}{3} \tag{1-7}$$

5項移動平均

$$\bar{X}_t = \frac{X_{t-2} + X_{t-1} + X_t + X_{t+1} + X_{t+2}}{5} \tag{1-8}$$

一方、偶数項である四半期データの場合は、次のようにまず4項移動平均を2つ求め、再度その2項移動平均を求めるという方法を採ります。この方法を、移動平均の**中心化**といい、(1-9) を**中心化4項移動平均**と呼びます。

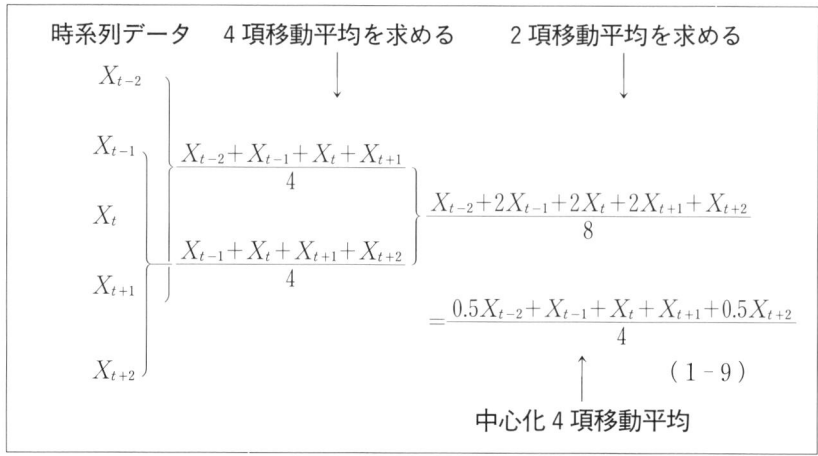

同じく、月次データも偶数項なので、**中心化12項移動平均**を用います。

なお、移動平均の項数の選定は、図1‐1のように変動の**周期**（period）が事前にわかっている場合は、その周期に項数を合わせるのが一般的です。

図1‐1

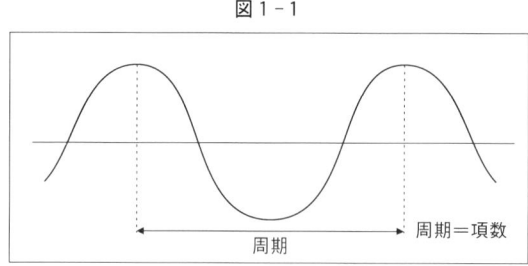

●例題1-8

表1-6は、日経平均株価X（東証225種）の推移を示しています。3年移動平均を求め、原系列（もとのデータ）と共にグラフに描きなさい。

表1-6　日経平均株価の推移

(単位：円)

年	日経平均株価X
1985	13113
86	18701
87	21564
88	30159
89	38916
90	23849
91	22984
92	16925
93	17417
94	19723
95	19868
96	19361
97	15259
98	13842
99	18934
2000	13786
01	10543
02	8579
03	10677
04	11489
05	16111
06	17226

注）年末終値。
資料）東京証券取引所『証券統計年報』。

[解答]

（1-7）より、3年移動平均を求めます。データの始点と終点を1つずつ失うことになります。

表1-7　日経平均株価と3年移動平均

年	日経平均株価	3年の和	3年移動平均
1985	13113	—	—
86	18701	53378	17792.7
87	21564	70424	23474.7
88	30159	90639	30213.0
89	38916	92924	30974.7
90	23849	85749	28583.0
91	22984	63758	21252.7
92	16925	57326	19108.7
93	17417	54065	18021.7
94	19723	57008	19002.7
95	19868	58952	19650.7
96	19361	54488	18162.7
97	15259	48462	16154.0
98	13842	48035	16011.7
99	18934	46562	15520.7
2000	13786	43263	14421.0
01	10543	32908	10969.3
02	8579	29799	9933.0
03	10677	30745	10248.3
04	11489	38277	12759.0
05	16111	44826	14942.0
06	17226	—	—

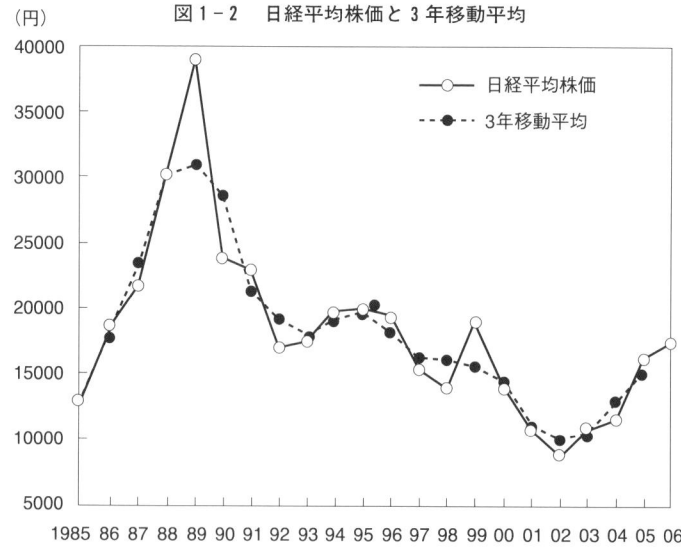

図1-2　日経平均株価と3年移動平均

●例題 1-9

表 1-8 は、全国の百貨店売上高を、2000年の第Ⅰ四半期から05年の第Ⅳ四半期まで示したものです。中心化 4 項移動平均を求め、原系列と共にグラフに描きなさい。

表 1-8　百貨店売上高（全国）　　（単位：100億円）

年・期	百貨店売上高	年・期	百貨店売上高
2000年第Ⅰ四半期	242	2003年第Ⅰ四半期	221
第Ⅱ四半期	235	第Ⅱ四半期	215
第Ⅲ四半期	236	第Ⅲ四半期	214
第Ⅳ四半期	289	第Ⅳ四半期	260
2001年第Ⅰ四半期	231	2004年第Ⅰ四半期	219
第Ⅱ四半期	228	第Ⅱ四半期	209
第Ⅲ四半期	227	第Ⅲ四半期	207
第Ⅳ四半期	277	第Ⅳ四半期	250
2002年第Ⅰ四半期	226	2005年第Ⅰ四半期	212
第Ⅱ四半期	222	第Ⅱ四半期	206
第Ⅲ四半期	221	第Ⅲ四半期	206
第Ⅳ四半期	267	第Ⅳ四半期	252

資料）日本百貨店協会『日本百貨店協会統計年報』。

[解答]

（1-9）より、中心化 4 項移動平均を求めます。中心化 4 項移動平均を求めると、データの始点と終点を 2 つずつ失うことになります。

図 1-3 より、中心化 4 項移動平均を求めることで原系列が平滑化され、季節変動が取り除かれていることがわかります。

表1-9 百貨店売上高（全国）の中心化4項移動平均 （単位：100億円）

年・期	中心化4項移動平均	年・期	中心化4項移動平均	年・期	中心化4項移動平均
2000年第Ⅰ四半期	—	2002年第Ⅰ四半期	237.3	2004年第Ⅰ四半期	224.6
第Ⅱ四半期	—	第Ⅱ四半期	235.3	第Ⅱ四半期	222.5
第Ⅲ四半期	249.1	第Ⅲ四半期	233.4	第Ⅲ四半期	220.4
第Ⅳ四半期	246.9	第Ⅳ四半期	231.9	第Ⅳ四半期	219.1
2001年第Ⅰ四半期	244.9	2003年第Ⅰ四半期	230.1	2005年第Ⅰ四半期	218.6
第Ⅱ四半期	242.3	第Ⅱ四半期	228.4	第Ⅱ四半期	218.8
第Ⅲ四半期	240.1	第Ⅲ四半期	227.3	第Ⅲ四半期	—
第Ⅳ四半期	238.8	第Ⅳ四半期	226.3	第Ⅳ四半期	—

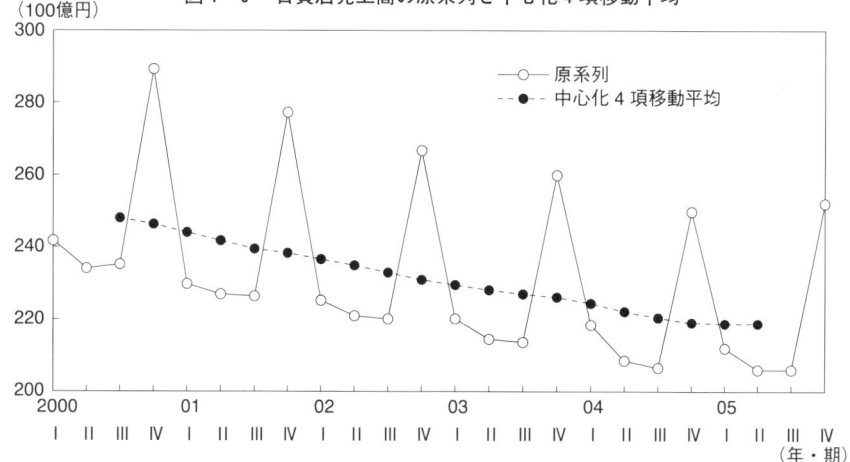

図1-3 百貨店売上高の原系列と中心化4項移動平均

7．範囲

この節から12節まで、データの**散らばり**（**バラツキ**）の指標について学んでいきましょう。

　範囲（レンジ、range）とは、データの中の最大値 X_{max} と最小値 X_{min} の差であり、次式によって定義されます。

$$\text{範囲} = X_{max} - X_{min} \qquad (1-10)$$

計算は簡単ですが、極端なデータ（異常値）の影響を受けるのが欠点です。

●例題 1-10

つぎのデータは、47都道府県別の①老年人口割合（65歳以上人口の割合）、②持ち家比率、③刑法犯検挙率の最大値 X_{max} と最小値 X_{min} を表しています。各データの範囲（レンジ）を求めなさい。

	最大値（X_{max}）	最小値（X_{min}）
①老年人口割合（2004年）	26.8%（島根県）	15.5%（埼玉県）
②持ち家比率（2003年）	79.6%（富山県）	44.8%（東京都）
③刑法犯検挙率（2004年）	60.9%（長崎県）	17.9%（埼玉県）

（資料）総務省統計局『社会生活統計指標』。

［解答］

①老年人口割合

範囲 $= X_{max} - X_{min} = 26.8 - 15.5 = 11.3$%

②持ち家比率

範囲 $= X_{max} - X_{min} = 79.6 - 44.8 = 34.8$%

③刑法犯検挙率

範囲 $= X_{max} - X_{min} = 60.9 - 17.9 = 43.0$%

8. 四分位範囲

データを小さい方から大きい方へ順番に並べたときに、最初の1/4の値を**第1四分位点** Q_1（25%点、first quartile）、1/2の値（メディアン）を**第2四分位点** Q_2（50%点、second quartile）、最後の3/4の値を**第3四分位点** Q_3（75%点、third quartile）といいます。

四分位範囲（interquartile range）と、**四分位偏差**（quartile deviation）を定義すると、以下のようになります。

$$\text{四分位範囲} = \text{第3四分位点}Q_3 - \text{第1四分位点}Q_1 \qquad (1-11)$$

$$\text{四分位偏差} = \frac{\text{第3四分位点}Q_3 - \text{第1四分位点}Q_1}{2} \qquad (1-12)$$

このように四分位範囲は、その意味もわかりやすく、計算も簡単な散らばりの指標です。また、極端なデータの値の影響を受けにくいというメリットもあります。

図1-4　四分位範囲

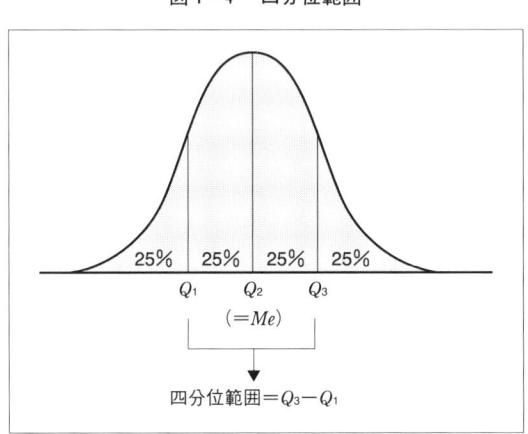

[補足]

第1四分位点Q_1と第3四分位点Q_3の順位を、簡単に求める方法を示しておきます。サンプルの数が多いとき、とても便利です。

$$Q_1 の順位 = \frac{n+1}{4} \qquad (1-13)$$

$$Q_3 の順位 = \frac{3(n+1)}{4} \qquad (1-14)$$

ただし、統計ソフトやテキストによって、Q_1 と Q_3 の定義が多少異なることがあります。

●例題 1-11

表1-10は、わが国の1人当たり県民所得（2003年）と所得順位を示しています。

①メディアン M_e を求めなさい。

②第1四分位点 Q_1 を求めなさい。

③第3四分位点 Q_3 を求めなさい。

④四分位範囲を求めなさい。

⑤四分位偏差を求めなさい。

表1-10　1人当たり県民所得(2003年)と所得順位

(単位：1000円)

都道府県	1人当たり県民所得	所得順位	都道府県	1人当たり県民所得	所得順位
1　北海道	2545	17	25　滋　賀	3205	44
2　青　森	2160	2	26　京　都	2839	29
3　岩　手	2412	11	27　大　阪	3042	40
4　宮　城	2521	15	28　兵　庫	2624	18
5　秋　田	2343	7	29　奈　良	2641	22
6　山　形	2377	9	30　和歌山	2535	16
7　福　島	2637	21	31　鳥　取	2438	13
8　茨　城	2977	38	32　島　根	2387	10
9　栃　木	3054	41	33　岡　山	2629	19
10　群　馬	2911	36	34　広　島	2849	31
11　埼　玉	2909	35	35　山　口	2821	28
12　千　葉	3085	42	36　徳　島	2845	30
13　東　京	4267	47	37　香　川	2649	24
14　神奈川	3184	43	38　愛　媛	2324	6
15　新　潟	2705	26	39　高　知	2238	4
16　富　山	3024	39	40　福　岡	2629	19
17　石　川	2853	33	41　佐　賀	2479	14
18　福　井	2898	34	42　長　崎	2187	3
19　山　梨	2651	25	43　熊　本	2422	12
20　長　野	2737	27	44　大　分	2647	23
21　岐　阜	2851	32	45　宮　崎	2347	8
22　静　岡	3226	45	46　鹿児島	2239	5
23　愛　知	3403	46	47　沖　縄	2042	1
24　三　重	2940	37			

(資料) 内閣府経済社会総合研究所『県民経済計算年報』。

[解答]

①データを小さい方から順番に並べたとき、ちょうど中央に位置する値がメディアンになりますから、24位の香川県 (2649千円) がメディアンにあたります。

$M_e = 2649$千円 (香川県)

②第1四分位点 Q_1 に対応する順位を、(1-13) を用いて求めます。

$$Q_1 \text{の順位} = \frac{n+1}{4} = \frac{47+1}{4} = \frac{48}{4} = 12 \text{ (位)}$$

したがって、12位の熊本県の所得が Q_1 になります。

$Q_1 = 2422$ 千円（熊本県）

③第3四分位点 Q_3 に対応する順位を、(1-14) を用いて求めます。

$$Q_3 \text{の順位} = \frac{3(n+1)}{4} = \frac{3(47+1)}{4} = \frac{144}{4} = 36 \text{ (位)}$$

したがって、36位の群馬県の所得が Q_3 になります。

$Q_3 = 2911$ 千円（群馬県）

④四分位範囲は、(1-11) より、

$$Q_3 - Q_1 = 2911 - 2422 = 489 \text{ (千円)}$$

となります。約50%の道府県のデータが、Q_3 と Q_1 の間の領域に存在します。

⑤四分位偏差は、(1-12) より、

$$\frac{Q_3 - Q_1}{2} = \frac{2911 - 2422}{2} = \frac{489}{2} = 244.5 \text{ (千円)}$$

となります。

9．分散と標準偏差

データの構造を明らかにするためには、データの①**中心的傾向**と②**散らばり（バラツキ）**の程度について考察する必要があります。①中心的傾向は、先に学んだ算術平均などによって知ることができますが、②散らばりの程度については、**分散**（variance）と**標準偏差**（standard deviation）を計算することによって、多くの情報を得ることができます。

分散 s^2 と標準偏差 s を定義すると、次のようになります。

分散

$$\begin{aligned} s^2 &= \frac{(X_1 - \bar{X})^2 + (X_2 - \bar{X})^2 + \cdots\cdots + (X_n - \bar{X})^2}{n-1} \\ &= \frac{1}{\text{サンプル数}-1} \Sigma(X - \text{算術平均})^2 \\ &= \frac{1}{n-1} \Sigma(X - \bar{X})^2 \end{aligned} \qquad (1\text{-}15)$$

標準偏差

$$s = \sqrt{分散}$$
$$= \sqrt{s^2} \qquad (1\text{-}16)$$

分散は、個々のデータと算術平均の差 $(X-\bar{X})$、すなわち**偏差**（deviation）を2乗し、それらを合計した値を、サンプル数から1を引いた値で割ることによって求められます。一方、標準偏差は、分散の正の平方根として求めることができます。分散は2乗して求めるので、もとのデータとは異なる次元になりますが、標準偏差は分散の平方根をとるわけですから、もとのデータと同じ次元にもどることになります。したがって、標準偏差には、もとのデータと同じ単位がつきますが、分散には単位はつきません。なお、$\sum(X-\bar{X})^2$ を**偏差平方和**と呼びます。

分散や標準偏差が大きいほどデータのバラツキが大きく、逆に小さいほどデータのバラツキも小さく、平均値（算術平均）への集中の度合いが高いことを意味します。

さて、標準偏差には、次のような便利な特性があります。いまデータの散らばりが、多くの自然現象や社会現象をよく近似し、統計学で最も重要な役割をはたす、**正規分布**（normal distribution）に従うと仮定した場合、算術平均 $\bar{X}$ を中心に左右に $1s$ の範囲をとると、その部分には68.3%のデータが含まれることになります。同様に、$2s$ の範囲をとると95.4%が、さらに $3s$ の範囲をとると99.7%のデータが含まれることになります（この性質を**経験的ルール**（empirical rule）といいます）。次頁の図1-5は、標準偏差の大きさと、そこに含まれるデータの割合の対応関係を示したものです。

もう一つ、**チェビシェフの不等式**による、標準偏差の利用法があります。この方法の長所は、**データがどのような分布の型をしていても、つねに成り立つ**という点にあります。それによると、$\bar{X}\pm 2s$ の範囲に $\frac{3}{4}$（75%）、$\bar{X}\pm 3s$ の範囲に $\frac{8}{9}$（89%）、$\bar{X}\pm 4s$ の範囲に $\frac{15}{16}$（94%）のデータが、少なくとも含まれるというものです。ただし、短所は、分布が対称的で散らばりの小さいときに、きわめて保守的な判断を下す点にあります。

[補足]

（1-15）と（1-16）は、正確には、与えられたデータが**標本**のときの分散（**標本分散**）と標準偏差（**標本標準偏差**）です。一方、母集団のときの分散（**母分散**）σ^2 と標準偏差（**母標準偏差**）σ は、以下のように定義されます。

$$母分散 = \sigma^2 = \frac{1}{n}\sum(X-\overline{X})^2 \qquad (1\text{-}17)$$

$$母標準偏差 = \sigma = \sqrt{\frac{1}{n}\sum(X-\overline{X})^2} \qquad (1\text{-}18)$$

なお、σ は（小文字の）シグマと読みます。

図1-5　正規分布における標準偏差とその範囲に含まれるデータの割合

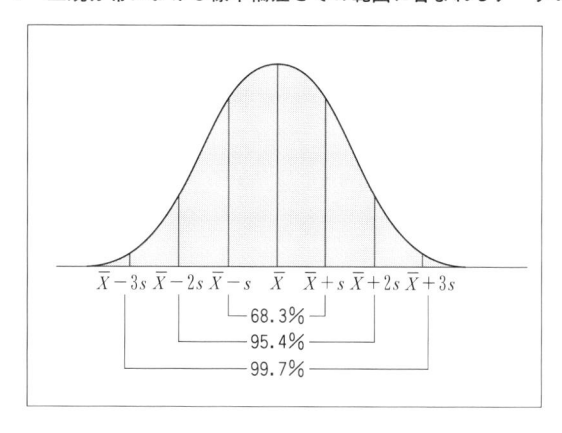

●例題 1-12

　表1-11は、電気機器メーカー20社の総売上に占める海外の売上げ（海外売上比率：2005年度）を示しています。

①分散 s^2 を求めなさい。
②標準偏差 s を求めなさい。

表1-11　海外売上比率（2005年度）

(単位：％)

企　業	海外売上比率	企　業	海外売上比率
日立製作所	36	シャープ	48
東芝	44	ソニー	71
三菱電機	30	TDK	72
安川電機	42	三洋電機	48
オムロン	40	日本ビクター	68
NEC	27	横河電機	46
富士通	30	カシオ計算機	40
沖電気工業	29	ファナック	62
セイコーエプソン	64	ローム	56
松下電器産業	47	京セラ	60

資料）東洋経済新報社『会社四季報』。

[解答]

①データをワークシートに記入し、計算します（表1-12）。

表1-12　ワークシート

X	$X-\bar{X}$	$(X-\bar{X})^2$
36	-12	144
44	-4	16
30	-18	324
42	-6	36
40	-8	64
27	-21	441
30	-18	324
29	-19	361
64	16	256
47	-1	1
48	0	0
71	23	529
72	24	576
48	0	0
68	20	400
46	-2	4
40	-8	64
62	14	196
56	8	64
60	12	144
960	0	3944
↑	↑	↑
$\sum X$	$\sum(X-\bar{X})$	$\sum(X-\bar{X})^2$

算術平均 $\bar{X}$ を求めます。

$$\bar{X} = \frac{1}{n}\Sigma X$$

$$= \frac{1}{20} \times 960$$

$$= 48.0(\%)$$

(1-15)より、分散 s^2 を求めます。

$$s^2 = \frac{1}{n-1}\Sigma(X-\bar{X})^2$$

$$= \frac{1}{19} \times 3944$$

$$= 207.58$$

②(1-16)より、標準偏差 s を求めます。

$$s = \sqrt{s^2}$$

$$= \sqrt{207.58}$$

$$= 14.4(\%)$$

10. 変動係数

　変動係数(coefficient of variation)は**変異係数**ともいわれ、標準偏差 s を、算術平均 $\bar{X}$ で割った商で表わされます。変動係数 CV を定義すると、次のようになります。

$$CV = \frac{標準偏差}{算術平均} = \frac{s}{\bar{X}} \qquad (1\text{-}19)$$

　データの集団が異なると、おのずと算術平均の大きさも違ってきますので、各々の標準偏差の大小だけで散らばりの程度を比べることはできません。少し極端な話ですが、クジラとメダカの重さについて変動の幅を比較する場合、クジラの標準偏差の方が大きくなるのは当然ですから、標準偏差では比較できません。このような場合、変動係数を用いると、異なった集団間の散らば

りの程度を、相対的に比較することができます。

たとえば、異なるデータの集団AとBの変動係数を比較したとき、Aの変動係数が大きければ、AがBより相対的にデータの散らばりが大きいことになります。

一般に変動係数は、使用するデータがすべて正の場合に限ります。また、算出された変動係数は、その値を100倍にした100分比（％）のかたちで用いられることもあります。

なお、算術平均が0や0に近い場合、変動係数が計算できなかったり、あるいはあいまいな尺度になったりするので、注意を払う必要があります。

●例題 1-13
算術平均 $\bar{X}$ が56で、標準偏差 s が7のときの変動係数 CV を計算しなさい。

［解答］
（1-19）より、変動係数 CV を求めると、

$$CV = \frac{s}{\bar{X}}$$
$$= \frac{7}{56}$$
$$= 0.125$$
$$= 12.5(\%)$$

となります。

●例題 1-14
表1-13は、(1)牛肉から(7)原油の7品目の国際商品価格（年平均）の推移を示しています。
①各国際商品価格の算術平均 $\bar{X}$ と標準偏差 s を求めなさい。
②各国際商品価格の変動係数 CV を求め、その結果を比較しなさい。

表 1-13 国際商品価格の推移

年	(1) 牛肉 オーストラリア・ニュージーランド産 (セント/ポンド)	(2) コーヒー マイルドブレンド：ニューヨーク (セント/ポンド)	(3) 米 タイ産： バンコク (ドル/トン)	(4) 綿花 リバプール インデックス (セント/ポンド)	(5) ゴム マレーシア産：シンガポール港 (セント/ポンド)	(6) 金 ロンドン (ドル/トロイオンス)	(7) 原油 スポット価格の平均値 (ドル/バーレル)
1981	112	128	483	84.0	50.9	460	35.3
82	108	140	293	72.5	38.9	376	32.4
83	111	132	277	84.1	48.3	422	29.6
84	103	144	252	80.9	43.4	360	28.5
85	98	146	217	59.9	34.4	317	27.4
86	95	193	196	47.9	36.6	368	14.2
87	108	112	214	74.8	44.7	447	18.2
88	114	135	277	63.5	53.7	437	14.7
89	116	107	300	75.9	44.0	381	17.9
90	116	89	271	82.6	39.2	384	23.0
91	121	85	294	76.9	37.5	362	19.4
92	111	64	268	57.9	39.1	343	19.0
93	119	70	237	58.0	37.7	360	16.8
94	106	149	269	79.7	51.1	384	15.9
95	87	149	321	98.3	71.7	384	17.2
96	81	120	338	80.5	63.6	388	20.4
97	84	185	302	79.2	46.2	331	19.3
98	78	132	305	65.5	32.7	294	13.1
99	83	102	249	53.1	28.8	279	18.0
2000	88	85	204	59.0	31.3	279	28.2
01	97	62	173	48.0	27.2	271	24.3
02	95	60	192	46.3	34.7	310	24.9
03	90	64	199	63.4	49.1	364	28.9
04	114	80	246	62.0	59.2	409	37.8
05	119	114	288	55.2	68.1	445	53.3

資料) IMF, *International Financial Statistical Yearbook*.

[解答]

①(1)牛肉

$$\overline{X} = \frac{\sum X}{n} = \frac{2554}{25} = 102.16 \text{ (セント/ポンド)}$$

$$s = \sqrt{\frac{\sum(X-\overline{X})^2}{n-1}} = \sqrt{\frac{4375.36}{24}} = 13.50 \text{ (セント/ポンド)}$$

(2)コーヒー

$$\overline{X} = \frac{\sum X}{n} = \frac{2847}{25} = 113.88 \text{ (セント/ポンド)}$$

$$s = \sqrt{\frac{\sum(X-\bar{X})^2}{n-1}} = \sqrt{\frac{33868.64}{24}} = 37.57 \text{ (セント/ポンド)}$$

(3)米

$$\bar{X} = \frac{\sum X}{n} = \frac{6665}{25} = 266.60 \text{ (ドル/トン)}$$

$$s = \sqrt{\frac{\sum(X-\bar{X})^2}{n-1}} = \sqrt{\frac{95728.00}{24}} = 63.16 \text{ (ドル/トン)}$$

(4)綿花

$$\bar{X} = \frac{\sum X}{n} = \frac{1709.1}{25} = 68.36 \text{ (セント/ポンド)}$$

$$s = \sqrt{\frac{\sum(X-\bar{X})^2}{n-1}} = \sqrt{\frac{4529.28}{24}} = 13.74 \text{ (セント/ポンド)}$$

(5)ゴム

$$\bar{X} = \frac{\sum X}{n} = \frac{1112.1}{25} = 44.48 \text{ (セント/ポンド)}$$

$$s = \sqrt{\frac{\sum(X-\bar{X})^2}{n-1}} = \sqrt{\frac{3390.41}{24}} = 11.89 \text{ (セント/ポンド)}$$

(6)金

$$\bar{X} = \frac{\sum X}{n} = \frac{9155}{25} = 366.20 \text{ (ドル/トロイオンス)}$$

$$s = \sqrt{\frac{\sum(X-\bar{X})^2}{n-1}} = \sqrt{\frac{70178.00}{24}} = 54.07 \text{ (ドル/トロイオンス)}$$

(7)原油

$$\bar{X} = \frac{\sum X}{n} = \frac{597.7}{25} = 23.91 \text{ (ドル/バーレル)}$$

$$s = \sqrt{\frac{\sum(X-\bar{X})^2}{n-1}} = \sqrt{\frac{2006.78}{24}} = 9.14 \text{ (ドル/バーレル)}$$

② (1-19)より、変動係数 CV を求めます。

(1)牛肉

$$CV = \frac{s}{\bar{X}} = \frac{13.50}{102.16} = 0.132 = 13.2(\%)$$

(2)コーヒー

$$CV = \frac{s}{\bar{X}} = \frac{37.57}{113.88} = 0.330 = 33.0(\%)$$

(3)米

$$CV = \frac{s}{\bar{X}} = \frac{63.16}{266.60} = 0.237 = 23.7(\%)$$

(4)綿花

$$CV = \frac{s}{\bar{X}} = \frac{13.74}{68.36} = 0.201 = 20.1(\%)$$

(5)ゴム

$$CV = \frac{s}{\bar{X}} = \frac{11.89}{44.48} = 0.267 = 26.7(\%)$$

(6)金

$$CV = \frac{s}{\bar{X}} = \frac{54.07}{366.20} = 0.148 = 14.8(\%)$$

(7)原油

$$CV = \frac{s}{\bar{X}} = \frac{9.14}{23.91} = 0.382 = 38.2(\%)$$

したがって、原油（38.2%）、コーヒー（33.0%）、ゴム（26.7%）、米（23.7%）、綿花（20.1%）、金（14.8%）、牛肉（13.2%）の順に、取り引き価格の相対的な散らばりが大きいといえます。この順に、いわゆる「リスクの高い商品」ということになります。

11. 歪度と尖度

歪度（わいど）(skewness) とは、データの分布の歪み（非対称性）を表す指標であり、統計ソフトのTSP、Excel、SPSSでは次式で計算されます。

$$歪度 = \frac{n}{(n-1)(n-2)} \times \frac{\sum(X-\bar{X})^3}{s^3} \qquad (1\text{-}20)$$

ここで、n はサンプル数、s は標準偏差（27頁の（1-16）式）です。データの分布が算術平均 $\bar{X}$ を中心に左右対称であるとき、歪度＝0になりま

す(ただし、歪度がゼロでも分布が左右対称でないケースが稀にありえます)。分布の裾が右に長くのびている(右に歪んでいる)ときには**歪度＞0**になり、左に長くのびている(左に歪んでいる)ときには**歪度＜0**になります。ちなみに、正規分布の歪度はゼロになります。

図1-6　分布の歪み(非対称性)

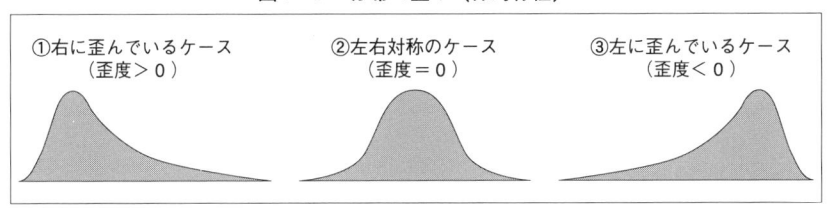

①右に歪んでいるケース　　②左右対称のケース　　③左に歪んでいるケース
　(歪度＞0)　　　　　　　(歪度＝0)　　　　　　(歪度＜0)

つぎに、**尖度**(kurtosis)とは、分布の尖りの程度(データの算術平均$\bar{X}$への集中度)を表す指標であり、次式で定義されます。

$$尖度 = \frac{n(n+1)}{(n-1)(n-2)(n-3)} \times \frac{\sum(X-\bar{X})^4}{s^4} - \frac{3(n-1)^2}{(n-2)(n-3)} \quad (1\text{-}21)$$

nはサンプル数、sは標準偏差です。尖度＝0のとき、データの分布は正規分布と同程度の尖り方であり、**中尖**といいます。尖度＞0のとき、正規分布より尖っており(また分布の裾が厚く、外れ値がある可能性大)、**急尖**といいます。一方、尖度＜0のとき、正規分布よりなだらかであり(また分布の裾が薄く、外れ値がある可能性小)、**緩尖**といいます。

図1-7　尖度

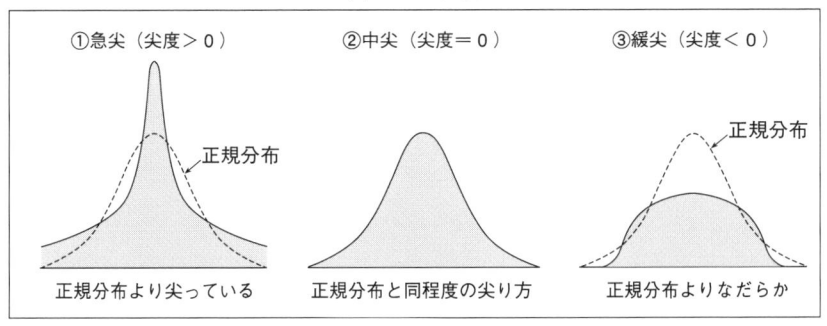

①急尖(尖度＞0)　　　②中尖(尖度＝0)　　　③緩尖(尖度＜0)
　　　正規分布　　　　　　　　　　　　　　　　正規分布

正規分布より尖っている　　正規分布と同程度の尖り方　　正規分布よりなだらか

[補足]

本書で定義した歪度（1-20）と尖度（1-21）は、統計ソフトで多用されている小標本理論に基づくものです。標準的な統計学のテキストでは、以下のように定義されています。

$$\text{歪度} = \frac{1}{n}\frac{\sum(X-\bar{X})^3}{\sigma^3} \qquad (1\text{-}22)$$

$$\text{尖度} = \frac{1}{n}\frac{\sum(X-\bar{X})^4}{\sigma^4} \qquad (1\text{-}23)$$

n はサンプル数、σ は母標準偏差、X はデータ、$\bar{X}$ はその算術平均。ただし、（1-23）で求めた尖度は、3を基準に判断することになります。すなわち、尖度＝3のとき中尖、尖度＞3のとき急尖、尖度＜3のとき緩尖となります。

●例題1-15

表1-14は、東京（千代田区大手町）の年間雪日数を示しています。
①算術平均 $\bar{X}$ と標準偏差 s を求めなさい。
②歪度を求めなさい。
③尖度を求めなさい。

表1-14　東京の年間雪日数

(単位：日)

年	雪日数	年	雪日数	年	雪日数
1989	4	1995	5	2001	13
90	10	96	12	2	5
91	3	97	3	3	10
92	10	98	11	4	7
93	8	99	5	5	14
94	9	2000	7		

資料）気象庁観測部『気象庁年報』。

[解答]

①データをワークシートに記入し、計算します（表1-15）。

表1-15 ワークシート

X	$X-\bar{X}$	$(X-\bar{X})^2$	$(X-\bar{X})^3$	$(X-\bar{X})^4$
4	−4	16	−64	256
10	2	4	8	16
3	−5	25	−125	625
10	2	4	8	16
8	0	0	0	0
9	1	1	1	1
5	−3	9	−27	81
12	4	16	64	256
3	−5	25	−125	625
11	3	9	27	81
5	−3	9	−27	81
7	−1	1	−1	1
13	5	25	125	625
5	−3	9	−27	81
10	2	4	8	16
7	−1	1	−1	1
14	6	36	216	1296
136	0	194	60	4058
↑	↑	↑	↑	↑
$\sum X$	$\sum(X-\bar{X})$	$\sum(X-\bar{X})^2$	$\sum(X-\bar{X})^3$	$\sum(X-\bar{X})^4$

$$\bar{X} = \frac{1}{n}\sum X = \frac{1}{17}\times 136 = 8 \text{ (日)}$$

$$s = \sqrt{\frac{1}{n-1}\sum(X-\bar{X})^2} = \sqrt{\frac{1}{17-1}\times 194} = \sqrt{12.1250} = 3.4821 \text{ (日)}$$

② (1-20)より、歪度を求めます。

$$歪度 = \frac{n}{(n-1)(n-2)}\times\frac{\sum(X-\bar{X})^3}{s^3} = \frac{17}{(17-1)(17-2)}\times\frac{60}{(3.4821)^3}$$

$$= \frac{17}{240}\times\frac{60}{42.2205}$$

$$= 0.1007$$

歪度はゼロに近く、東京の年間雪日数の分布は、左右対称に近いといえます。

③ (1-21)より、尖度を求めます。

$$尖度 = \frac{n(n+1)}{(n-1)(n-2)(n-3)}\times\frac{\sum(X-\bar{X})^4}{s^4} - \frac{3(n-1)^2}{(n-2)(n-3)}$$

$$= \frac{17(17+1)}{(17-1)(17-2)(17-3)} \times \frac{4058}{(3.4821)^4} - \frac{3(17-1)^2}{(17-2)(17-3)}$$

$$= \frac{306}{3360} \times \frac{4058}{147.0161} - \frac{768}{210}$$

$$= -1.143$$

尖度は負であり、年間雪日数の分布は、正規分布よりなだらかな緩尖であり、外れ値がある可能性は小さいといえます。

12. 標準化変量

標準化変量(standardized variable)は、**基準化変量**(**規準化変量**)ともいい、データの中のある数値が、算術平均 $\overline{X}$ から標準偏差 s の何倍離れているかを表わす測度です。これによって、ある数値が、データ全体の中でどの辺りに位置するかがわかります。標準化変量 z は、次のように定義されます。

標準化変量

$$z = \frac{X - 算術平均}{標準偏差} = \frac{X - \overline{X}}{s} \qquad (1\text{-}24)$$

上式を用いて**標準化（基準化）**すると、どのようなデータセットも z の算術平均が 0、分散 s^2 と標準偏差 s がそれぞれ 1 に変換されるので、異なる算術平均をもつ数組のデータセットを、相互に比較することが可能になります。

さて、大学入試の模擬テストなどで相対的な成績評価を出すとき、**偏差値**を利用するのが通例となっていますが、偏差値は、じつは標準化変量を応用したもので、次式のようなかたちをしています。

$$偏差値 = 50 + \frac{自己得点 - 平均点}{標準偏差} \times 10 = 50 + \frac{X - \overline{X}}{s} \times 10 \qquad (1\text{-}25)$$

$$= 50 + 標準化変量 \times 10 = 50 + z \times 10 \qquad (1\text{-}26)$$

つまり偏差値とは、算術平均を50、標準偏差を10に設定して、得点の分布の様子を示したものなのです。

同様に、**知能指数（IQ）**も標準化変量を応用したもので、算術平均を100、

標準偏差を15とおき、得点の分布の状況を示しています。知能指数の定義式は、以下のとおりです。

知能指数

$$\text{IQ} = 100 + \frac{\text{自己得点}-\text{平均点}}{\text{標準偏差}} \times 15 = 100 + \frac{X-\bar{X}}{s} \times 15 \quad (1\text{-}27)$$

$$= 100 + \text{標準化変量} \times 15 = 100 + z \times 15 \quad (1\text{-}28)$$

図1-8は、偏差値と知能指数が、算術平均や標準偏差とどのような関係にあるかを、正規分布の仮定のもとで図示したものです。

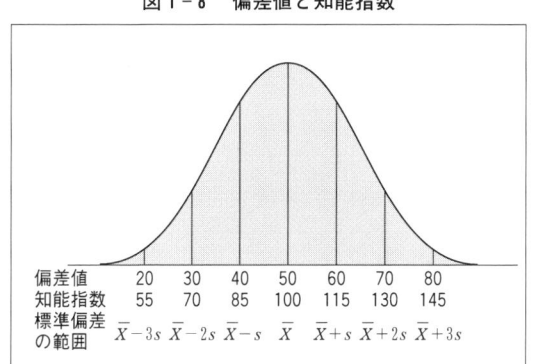

図1-8 偏差値と知能指数

偏差値	20	30	40	50	60	70	80
知能指数	55	70	85	100	115	130	145
標準偏差の範囲	$\bar{X}-3s$	$\bar{X}-2s$	$\bar{X}-s$	$\bar{X}$	$\bar{X}+s$	$\bar{X}+2s$	$\bar{X}+3s$

●例題1-16

経済学部のA君は、全員が必修であるマクロ経済学とミクロ経済学の得点が、それぞれ82点と69点でした。マクロ経済学の平均点は72点、標準偏差は8点であり、ミクロ経済学の平均点は61点、標準偏差は5点ということでした。
①標準化変量zを計算し、A君は、マクロ経済学とミクロ経済学では、どちらが上位にあると考えられるか答えなさい。
②A君のマクロ経済学とミクロ経済学の偏差値を求めなさい。

[解答]
①標準化変量zを、(1-24)より求めましょう。マクロ経済学の場合は、

$$z = \frac{X-\bar{X}}{s} = \frac{82-72}{8} = 1.25$$

となり、ミクロ経済学の場合は、
$$z = \frac{X - \bar{X}}{s} = \frac{69 - 61}{5} = 1.60$$
となります。したがって、ミクロ経済学の標準化変量の方が、マクロ経済学より大きいので、A君の成績はミクロ経済学の方が上位にあると考えられます。
②偏差値を、（1-26）より求めましょう。
マクロ経済学は、
　　偏差値 $= 50 + z \times 10 = 50 + 1.25 \times 10 = 62.5$
となり、ミクロ経済学では、
　　偏差値 $= 50 + z \times 10 = 50 + 1.60 \times 10 = 66.0$
となります。偏差値を比較してもわかるように、A君はミクロ経済学の方が相対的によくできたことになります。

13. 相関係数

相関係数（correlation coefficient）とは、たとえば身長と体重、所得と消費、売上と利益、気温とビールの消費量などといった2変数 X、Y が、どの程度の相関関係の強さと方向（正あるいは負）をもつか、チェックするための測度です。相関係数を計算すると、X と Y の間に、どの程度の直線的な（linear）関係があるかを知ることができます。相関係数 R の定義式と計算式は、次のとおりです。

　相関係数
$$R = \frac{\sum(X - \bar{X})(Y - \bar{Y})}{\sqrt{\sum(X - \bar{X})^2 \sum(Y - \bar{Y})^2}} \quad (1\text{-}29)[定義式]$$
$$= \frac{n\sum XY - (\sum X)(\sum Y)}{\sqrt{\{n\sum X^2 - (\sum X)^2\}\{n\sum Y^2 - (\sum Y)^2\}}} \quad (1\text{-}30)[計算式]$$

相関係数 R のとりうる範囲は、$-1 \leq \boldsymbol{R} \leq 1$ であり、R の値によって以下のような意味をもちます。

① $R = 1$ 　→ 　正の完全相関（perfect correlation）
② $R > 0$ 　→ 　正の相関（positive correlation）

③ $R=0$　　→　**無相関**（no correlation）
④ $R<0$　　→　**負の相関**（negative correlation）
⑤ $R=-1$　→　**負の完全相関**（perfect correlation）

正の相関があるときは、X が増加すると Y も増加し、一方負の相関があるときは、X が増加すると Y は減少します。このような関係をグラフ化したものが図1-9であり、**散布図**（scatter diagram）、または**相関図**（correlation diagram）といいます。相関理論は、イギリスの遺伝学者**ゴールトン**（F. Galton, 1822～1911年）によって考案され、後継者の**ピアソン**（K. Pearson, 1857～1936年）によって数学的により精緻なものにされました。したがって、（1-29）の相関係数は、**ピアソンの(積率)相関係数**とも呼ばれます。

図1-9　相関係数と散布図

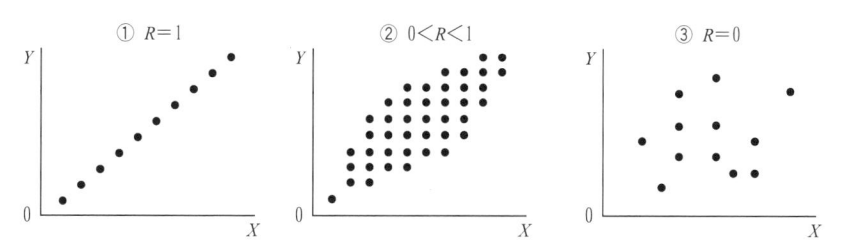

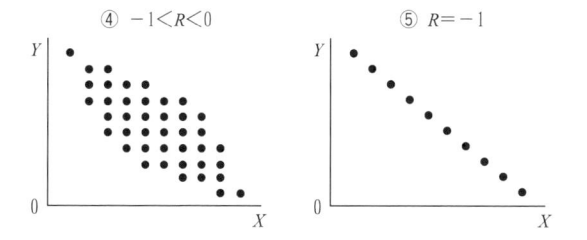

ところで、相関関係には、因果関係がある場合と、ない場合があるので、その点を区別するようにして下さい。因果関係とは、原因がはっきり存在し、それによって結果が生じることです。ただし、因果関係がない場合でも、相関の強弱をみるため、相関分析は行なわれます。

●例題 1−17

つぎのデータに基づいて、相関係数 R を求めなさい。

X	6	1	3	9	7
Y	5	2	4	8	6

［解答］

データをワークシートに記入し、計算します（表1−16）。

表1−16　ワークシート

X	Y	XY	X^2	Y^2
6	5	30	36	25
1	2	2	1	4
3	4	12	9	16
9	8	72	81	64
7	6	42	49	36
26	25	158	176	145
↑	↑	↑	↑	↑
ΣX	ΣY	ΣXY	ΣX^2	ΣY^2

相関係数 R を、(1−30) より求めると、

$$R = \frac{n\Sigma XY - (\Sigma X)(\Sigma Y)}{\sqrt{\{n\Sigma X^2 - (\Sigma X)^2\}\{n\Sigma Y^2 - (\Sigma Y)^2\}}}$$

$$= \frac{(5)(158) - (26)(25)}{\sqrt{\{(5)(176) - (26)^2\}\{(5)(145) - (25)^2\}}}$$

$$= \frac{140}{142.83}$$

$$= 0.98$$

となり、高い正相関が認められます。

●例題 1−18

表1−17のデータは、東京都区部における2005年1月〜8月の月平均気温 X と、1世帯当たりアイスクリーム消費量 Y を示しています。

① 散布図を描きなさい。
② 相関係数 R を求めなさい。

表1-17　東京都区部の月平均気温と1世帯当たりアイスクリーム消費量(2005年)

月	1月	2月	3月	4月	5月	6月	7月	8月
月平均気温 X(℃)	6.1	6.2	9.0	15.1	17.7	23.2	25.6	28.1
アイスクリーム消費量 Y(ml)	152	154	162	242	274	327	437	528

資料）総務省統計局『日本統計月報』、『家計調査報告』、『消費者物価指数月報』。

[解答]

① 図1-10　東京都区部の月平均気温と1世帯当たりの
アイスクリーム消費量（2005年）

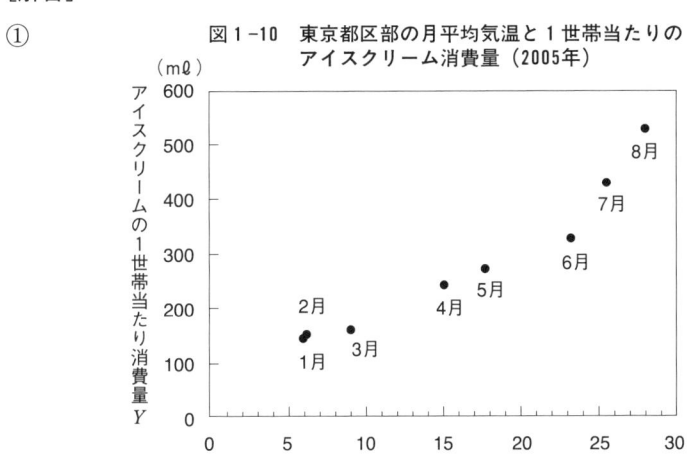

②データをワークシートに記入し、計算します（表1-18）。

表1-18　ワークシート

X	Y	XY	X^2	Y^2
6.1	152	927.2	37.21	23104
6.2	154	954.8	38.44	23716
9.0	162	1458.0	81.00	26244
15.1	242	3654.2	228.01	58564
17.7	274	4849.8	313.29	75076
23.2	327	7586.4	538.24	106929
25.6	437	11187.2	655.36	190969
28.1	528	14836.8	789.61	278784
131.0	2276	45454.4	2681.16	783386
↑	↑	↑	↑	↑
$\sum X$	$\sum Y$	$\sum XY$	$\sum X^2$	$\sum Y^2$

相関係数 R を、(1-30)より求めます。

$$R = \frac{n\sum XY - (\sum X)(\sum Y)}{\sqrt{\{n\sum X^2 - (\sum X)^2\}\{n\sum Y^2 - (\sum Y)^2\}}}$$

$$= \frac{(8)(45454.4) - (131.0)(2276)}{\sqrt{\{(8)(2681.16) - (131.0)^2\}\{(8)(783386) - (2276)^2\}}}$$

$$= \frac{65479.2}{68271.4} = 0.9591$$

よって、X と Y の間には強い正の相関関係があることがわかります。気温が上昇すれば、アイスクリームの消費量が増加するという傾向は、かなり強いようです。

● 例題 1-19

表1-19のデータは、中国の2005年の1人当たり所得（X）と第1次産業就業者比率（Y）を、31省・市・自治区別に表わしています。このデータに基づいて、相関係数 R を求めなさい。

表1-19　中国の1人当たり所得と第1次産業就業者比率（2005年）

	地　　域	X 1人当たり 所得 （100元）	Y 第1次産業 就業者比率 （％）		地　　域	X 1人当たり 所得 （100元）	Y 第1次産業 就業者比率 （％）
1	北京市	454	7	17	湖北省	114	42
2	天津市	358	19	18	湖南省	104	54
3	河北省	148	45	19	広東省	244	33
4	山西省	125	43	20	広西チワン族自治区	88	56
5	内モンゴル自治区	163	54	21	海南省	109	57
6	遼寧省	190	36	22	重慶市	110	45
7	吉林省	133	48	23	四川省	91	51
8	黒龍江省	144	48	24	貴州省	51	57
9	上海市	515	7	25	雲南省	78	69
10	江蘇省	246	28	26	チベット自治区	91	61
11	浙江省	277	25	27	陝西省	99	51
12	安徽省	87	51	28	甘粛省	75	57
13	福建省	186	38	29	青海省	100	49
14	江西省	94	46	30	寧夏回族自治区	102	48
15	山東省	201	40	31	新疆ウイグル自治区	131	53
16	河南省	113	55				

注）1人当たり所得は、1人当たり地域別生産総額（Per Capita Gross Regional Product）であり、1人当たりGDPに近い概念である。
資料）国家統計局『中国統計年鑑』。

[解答]

ワークシートは省略。

$\sum X = 5021$

$\sum Y = 1373$

$\sum XY = 177546$

$\sum X^2 = 1172855$

$\sum Y^2 = 67223$

相関係数 R を、(1-30) より求めます。

$$R = \frac{n\sum XY - (\sum X)(\sum Y)}{\sqrt{\{n\sum X^2 - (\sum X)^2\}\{n\sum Y^2 - (\sum Y)^2\}}}$$

$$= \frac{(31)(177546) - (5021)(1373)}{\sqrt{\{(31)(1172855) - (5021)^2\}\{(31)(67223) - (1373)^2\}}}$$

$$= \frac{-1389907}{1488643} = -0.9337$$

よって、X と Y の間には、負の相関関係があることがわかります。

1人当たり所得が増加すると、すなわち1国の経済が発展してくると、就業構造の変化も生じてきます。第1次産業の就業者の割合は低下し、一方、第2次・第3次産業の就業者の割合は上昇してきます。この経験的事実は、**ペティ＝クラークの法則**と呼ばれています。この例題より、中国の国内経済においても、省レベルでペティ＝クラークの法則がはたらいていることが、改めて確認できます。

14. 相関係数の検定

前節で求めた相関係数が、どの程度信頼できるか、検定してみましょう。計算した相関係数（**標本相関係数**ともいう）の絶対値が、表1-20に示された数値（**臨界値**）より大きければ、母集団における2つの変数間に有意な相関があるということになります。表1-20には、**有意水準**（level of significance）10％、5％、1％の臨界値が、**自由度**（サンプル数－2＝$n-2$）ごとに示されています。有意水準が小さいほど、きびしい検定になりますが、

その選択は、研究の内容に応じて分析者自身が決定します（通常、5％水準がよく用いられます）。

表1-20　相関係数の検定表（両側検定）

自由度 $n-2$ （サンプル数-2）	有意水準 10％	有意水準 5％	有意水準 1％
1	0.988	0.997	1.000
2	.900	.950	.990
3	.805	.878	.959
4	.729	.811	.917
5	.669	.754	.874
6	.622	.707	.834
7	.582	.666	.798
8	.549	.632	.765
9	.521	.602	.735
10	.497	.576	.708
11	.476	.553	.684
12	.457	.532	.661
13	.441	.514	.641
14	.426	.497	.623
15	.412	.482	.606
16	.400	.468	.590
17	.389	.456	.575
18	.378	.444	.561
19	.369	.433	.549
20	.360	.423	.537
25	.323	.381	.487
30	.296	.349	.449
35	.275	.325	.418
40	.257	.304	.393
45	.243	.288	.372
50	.231	.273	.354
60	.211	.250	.325
80	.183	.217	.283
100	.164	.195	.254
200	.116	.138	.181
500	.073	.088	.115

注）ただし、左から順に5％、2.5％、0.5％の**片側検定**の表としても使用できる。

　さて、有意水準とは、**危険率**ともよばれ、稀にしか起こらない確率のことです。ここでは、母集団の相関係数が本当はゼロにもかかわらず、誤って「ゼロではない」というミスを犯す確率がそれに当たります。たとえば、計算した相関係数の絶対値が、表1-20に示された有意水準1％の臨界値より

大きければ、こうしたミスを犯す確率は1％より小さいことを意味し、したがって有意な相関があることになります。

●例題1-20
つぎの①～⑤のケースには、有意な相関があるといえるでしょうか。有意水準10％、5％、1％で検定しなさい。ただし、R は相関係数、n はサンプル数です。
① $R=0.900$（$n=5$）
② $R=0.612$（$n=10$）
③ $R=0.724$（$n=19$）
④ $R=0.269$（$n=37$）
⑤ $R=0.308$（$n=102$）

［解答］
自由度を求め、表1-20に基づいて検定します。有意である→○、有意でない→×。

表1-21

計算された 相関係数 R	サンプル数 n	自由度 $n-2$	有意水準		
			10％	5％	1％
① 0.900	5	3	○	○	×
② 0.612	10	8	○	×	×
③ 0.724	19	17	○	○	○
④ 0.269	37	35	×	×	×
⑤ 0.308	102	100	○	○	○

●例題1-21
表1-22は、プラザ合意（1985年9月）以降のわが国の為替レート（1ドル当たり円）と自動車輸出台数（万台）の推移を示したものです。
①相関係数 R を求めなさい。
②この2変数の間には、有意な相関があるといえるでしょうか。有意水準5％および1％で検定しなさい。

表1-22 為替レートと自動車輸出台数

年	1986	87	88	89	90	91	92	93	94	95
年平均為替レート X（円）	168	145	128	138	145	135	127	111	102	94
自動車輸出台数 Y（万台）	661	631	610	588	583	575	567	502	446	379

資料）IMF, *International Financial Statistics*.
　　　日本自動車工業会『自動車統計月報』。

[解答]

①ワークシートは省略。

$\sum X = 1293$

$\sum Y = 5542$

$\sum XY = 732776$

$\sum X^2 = 171617$

$\sum Y^2 = 3139490$

相関係数 R を、(1-30)より求めます。

$$R = \frac{n\sum XY - (\sum X)(\sum Y)}{\sqrt{\{n\sum X^2 - (\sum X)^2\}\{n\sum Y^2 - (\sum Y)^2\}}}$$

$$= \frac{(10)(732776) - (1293)(5542)}{\sqrt{\{(10)(171617) - (1293)^2\}\{(10)(3139490) - (5542)^2\}}} = \frac{161954}{173749}$$

$$= 0.9321$$

②自由度 $= n - 2 = 10 - 2 = 8$

表1-20より、自由度8の有意水準5％と1％の臨界値は0.632と0.765であり、計算した相関係数(0.9321)の方が高く、有意な相関があるといえます。

1985年9月のプラザ合意以降、円相場は高騰を続けました。円高の長期化により、輸出価格（ドル建て）は大幅に上昇し、日本車の価格競争力は低下しました。当時、輸出型産業の代表であった自動車産業が、円高の影響をもろに受けたことは、この例題からも明らかです。なお、自動車輸出台数の減少は、円高による価格競争力の低下だけではなく、現地生産の進行や輸出自主規制による側面ももちろんありました。

15. スピアマンの順位相関係数

スピアマンの順位相関係数（Spearman's rank correlation）とは、1904年に考案された方法で、2組のデータ X、Y が数量ではなく、順位で与えられているとき、X と Y の間の相関関係の強さをみる測度です。定義式は、次のとおりです。

$$R_s = 1 - \frac{6\sum(X-Y)^2}{n(n^2-1)} = 1 - \frac{6\sum d^2}{n(n^2-1)} \qquad (1\text{-}31)$$

ここで、n はサンプル数、d は X と Y の順位の差 $(X-Y)$ です。スピアマンの順位相関係数のとりうる範囲は $-1 \leq R_s \leq 1$ であり、その解釈の方法は、相関係数の場合と同様です。(1-31)からもわかるように、計算が非常に簡単であるというメリットがあります。また、データの中に極端な値があっても、大きな影響を受けることがありません。

なお、データに同順位があるときは、少し複雑ですが、次式を用いて R_s を求めます。

$$R_s = \frac{(\sum X^2 + \sum Y^2 - \sum d^2) \times \frac{n}{2} - T^2}{\sqrt{n\sum X^2 - T^2}\sqrt{n\sum Y^2 - T^2}} \qquad (1\text{-}32)$$

ただし、

$$d = X - Y$$

$$T = \frac{n(n+1)}{2}$$

［補足］
　前節の相関係数の検定と同様、スピアマンの順位相関係数 R_s の検定も、表1-23を用いると可能です。すなわち、計算した R_s の絶対値が、表1-23の数値（臨界値）より大きければ、有意な相関があるといえます。

表 1-23 スピアマンの順位相関係数の検定表（両側検定）

サンプル数 n	有意水準		
	10%	5%	1%
5	.900	1.000	―
6	.829	.886	1.000
7	.714	.786	.929
8	.643	.714	.881
9	.600	.700	.833
10	.564	.648	.794
11	.536	.618	.764
12	.503	.587	.734
13	.484	.560	.703
14	.464	.538	.679
15	.446	.521	.657
16	.429	.503	.635
17	.414	.488	.618
18	.401	.474	.600
19	.391	.460	.584
20	.380	.447	.570

注）ただし、左から順に5％、2.5％、0.5％の片側検定の表としても使用できる。

● 例題 1-22

表1-24は、現在の仕事に不満な理由を、男女別に順位データのかたちで示したものです。
①スピアマンの順位相関係数 R_s を求めなさい。
②①で求めた R_s を、有意水準5％で検定しなさい。

表1-24 現在の仕事に不満な理由（日本：2005年）

現在の仕事に不満な理由	男性 X	女性 Y
1. 自分の能力が活かせない	9	8
2. 昇進機会が少ない	8	7
3. 賃金が安い	1	1
4. 労働時間が長いまたは希望に合わない	3	9
5. 有給休暇がとりにくい	2	3
6. 職業能力開発機会が充分でない	11	10
7. 福利厚生が充実していない	10	11
8. 仕事にやりがいがない	6	2
9. 仕事が精神的・身体的にきつい	5	5
10. 人間関係が悪い	7	6
11. 会社の考え方に共感できない	4	4

（注）15～34歳の男女（正社員＋非正社員）の回答。
（資料）厚生労働省『労働経済白書』。

[解答]
①データをワークシートに記入し計算します（表1-25）。

表1-25　ワークシート

X	Y	d	d^2
9	8	1	1
8	7	1	1
1	1	0	0
3	9	−6	36
2	3	−1	1
11	10	1	1
10	11	−1	1
6	2	4	16
5	5	0	0
7	6	1	1
4	4	0	0
—	—	0	58 ← Σd^2

（1-31）より、スピアマンの順位相関係数 R_s を求めると、

$$R_s = 1 - \frac{6\Sigma d^2}{n(n^2-1)} = 1 - \frac{6(58)}{(11)(121-1)} = 0.736$$

となります。

②表1-23により、$n=11$の有意水準5％の臨界値は0.618であり、①で求めた R_s（0.736）はこれより大きく、有意な相関があるといえます。したがって、現在の仕事に不満な理由には、男女間で似た傾向があると考えられます。

ただし、男女間で d が大きくなっている「4と8の理由」については、考察の過程で注意を払う必要があります。

第1章　練習問題

1．表1-26は、アジア各国・地域の人口を示しています。
①幾何平均を用いて、人口増加率（年率）を求めなさい。
②世界の人口増加率が今後も①の計算結果のままであると仮定した場合（現実的には人口増加率は低下すると考えられる）、2020年と30年における世界人口を、15頁の（1-5）式を用いて予測しなさい。

表1-26　アジア各国・地域の人口

（単位：万人）

国・地域	2000年	2005年
1．日　　　　　本	12693	12776
2．シンガポール	402	433
3．香　　　　　港	667	694
4．台　　　　　湾	2228	2277
5．韓　　　　　国	4678	4782
6．タ　　　　　イ	6144	6423
7．中　　　　　国	126743	130756
8．イ　ン　ド	102108	110337
9．バングラデシュ	12892	14182
10．世　　　　　界	608557	646475

資料）UN, *Demographic Yearbook*, ほか。

2．バブル期（1986年12月〜91年2月「平成景気」ともいう）には、大都市圏を中心に異常な地価高騰（資産インフレ）が生じましたが、その原因の1つとして、将来の地価上昇を見越した投機的な土地取引を挙げることができます。1991年以降、バブルの崩壊とともに、大都市圏の地価は急速に下落しはじめました。表1-27は、バブル前（1985年）、バブル期（1990年）、バブル崩壊後（2006年）の住宅地平均価格（1000円/m²）を、47都道府県別に示しています。

表1-27 住宅地平均価格　　　　　　　　　(単位：1000円/m²)

都道府県		1985年	1990年	2006年	都道府県		1985年	1990年	2006年
1	北海道	32	34	23	26	京都	145	388	111
2	青森	35	28	25	27	大阪	165	571	158
3	岩手	38	32	33	28	兵庫	137	283	94
4	宮城	44	61	40	29	奈良	80	212	64
5	秋田	33	25	22	30	和歌山	84	91	47
6	山形	31	29	27	31	鳥取	38	34	30
7	福島	38	37	27	32	島根	30	22	27
8	茨城	45	69	41	33	岡山	45	54	35
9	栃木	42	65	45	34	広島	83	81	58
10	群馬	46	65	38	35	山口	40	38	34
11	埼玉	129	266	117	36	徳島	68	45	48
12	千葉	108	268	80	37	香川	58	67	48
13	東京	297	859	312	38	愛媛	61	59	46
14	神奈川	163	351	182	39	高知	72	46	48
15	新潟	45	46	33	40	福岡	56	64	49
16	富山	46	56	39	41	佐賀	31	26	26
17	石川	61	70	53	42	長崎	46	38	31
18	福井	54	57	43	43	熊本	43	33	31
19	山梨	42	56	34	44	大分	42	31	30
20	長野	44	37	27	45	宮崎	34	29	29
21	岐阜	50	61	37	46	鹿児島	40	31	32
22	静岡	76	129	76	47	沖縄	46	46	43
23	愛知	97	179	100					
24	三重	38	49	38					
25	滋賀	52	113	52					

資料）国土交通省『都道府県地価調査』。

① バブル前（1985年）の算術平均 $\overline{X}$、分散 s^2、標準偏差 s、変動係数 CV を求めなさい。

② バブル期（1990年）の算術平均 $\overline{X}$、分散 s^2、標準偏差 s、変動係数 CV を求めなさい。

③ バブル崩壊後（2006年）の算術平均 $\overline{X}$、分散 s^2、標準偏差 s、変動係数 CV を求めなさい。

3．表1-28は、G8各国の1人当たりエネルギー消費量と1人当たり CO_2 排出量の関係を示しています。

① 相関係数 R を求めなさい。

② この2変数間に有意な相関があるかどうか、有意水準5％および1％で検定しなさい。

表1-28　1人当たりエネルギー消費量と同CO_2排出量（2002年）

国	1人当たりエネルギー消費量 （石油換算：t）	1人当たりCO_2排出量 (t)
1．日　　本	3.7	9.4
2．アメリカ	7.7	20.1
3．ド イ ツ	3.9	9.8
4．フランス	4.1	6.2
5．イギリス	3.8	9.2
6．イタリア	3.1	7.5
7．カ ナ ダ	7.9	16.5
8．ロ シ ア	4.1	9.9

資料）UNDP, *Human Development Report*, ほか。

4．表1-29は、アジア各国・地域の投資増加率ΔIとGDP成長率ΔY（いずれも2000〜04年の年率：実質）の関係を表わしています。

①相関係数Rを求めなさい。

②ΔIとΔYの間に有意な相関が認められるかどうか、有意水準5％および1％で検定しなさい。

表1-29　アジア各国・地域の投資増加率とGDP成長率（2000〜04年：年率）

（単位：％）

国・地域	投資増加率（ΔI）	GDP成長率（ΔY）
1．バングラデシュ	7.8	5.2
2．ベトナム	11.6	7.2
3．パキスタン	1.9	4.1
4．インド	7.7	6.2
5．スリランカ	4.6	3.7
6．インドネシア	5.2	4.6
7．フィリピン	−0.6	3.9
8．中国	15.0	9.4
9．イラン	11.8	6.0
10．タイ	9.1	5.4
11．マレーシア	1.4	4.4
12．韓国	3.4	4.7
13．台湾	−1.0	2.8
14．香港	0.1	3.2
15．日本	−2.6	0.9

資料）World Bank, *World Development Indicators*, ほか。

5．表1-30は、2005年における中国の都市部と農村部の1人当たり所得と耐久消費財の100世帯当たり保有数量を表わしています。

①都市部の1人当たり可処分所得Y_1とパソコンの100世帯当たり保有台数X_1の相関係数を求め、有意水準5％および1％で検定しなさい。

②農村部の1人当たり農民純収入Y_2と洗濯機の100世帯当たり保有台数X_2の相関係数を求め、有意水準5％および1％で検定しなさい。

③農村部の1人当たり農民純収入Y_2と冷蔵庫の100世帯当たり保有台数X_3の相関係数を求め、有意水準5％および1％で検定しなさい。

表1-30 中国の都市部と農村部の1人当たり所得と
耐久消費財の100世帯当たり保有数量（2005年）

地　　域	都　市　部		農　村　部		
	1人当たり可処分所得（100元/人）Y_1	パソコンの保有台数（台/100世帯）X_1	1人当たり農民純収入（100元/人）Y_2	洗濯機の保有台数（台/100世帯）X_2	冷蔵庫の保有台数（台/100世帯）X_3
1　北京市	177	89	73	97	100
2　天津市	126	51	56	94	79
3　河北省	91	38	35	74	31
4　山西省	89	30	29	69	14
5　内モンゴル自治区	91	23	30	36	13
6　遼寧省	91	33	37	64	28
7　吉林省	87	30	33	59	14
8　黒龍江省	83	26	32	65	16
9　上海市	186	81	82	86	89
10　江蘇省	123	46	53	68	36
11　浙江省	163	59	67	52	66
12　安徽省	85	26	26	33	22
13　福建省	123	55	45	46	38
14　江西省	86	32	31	7	11
15　山東省	107	46	39	41	29
16　河南省	87	32	29	56	13
17　湖北省	88	42	31	26	15
18　湖南省	95	35	31	27	14
19　広東省	148	70	47	29	25
20　広西チワン族自治区	93	47	25	7	7
21　海南省	81	26	30	4	7
22　重慶市	102	51	28	22	14
23　四川省	84	32	28	41	12
24　貴州省	82	24	19	30	9
25　雲南省	93	29	20	21	7
26　チベット自治区	94	19	21	6	5
27　陝西省	83	28	21	53	8
28　甘粛省	81	23	20	39	7
29　青海省	81	22	22	44	18
30　寧夏回族自治区	81	23	25	45	10
31　新疆ウイグル自治区	80	24	25	28	20

資料）国家統計局『中国統計年鑑』。

6．表1-31は、ある企業の同期入社のA～Lの12名について、入社試験の順位 X と入社3年後の社内評価の順位 Y を示してします。
①スピアマンの順位相関係数 R_s を求めなさい。
②①で求めた R_s を、有意水準10％および5％で検定（両側）しなさい。

表1-31　入社試験の順位と入社3年後の社内評価の順位

社　員		A	B	C	D	E	F	G	H	I	J	K	L
入社試験の順位	X	11	4	6	10	2	8	5	12	9	1	7	3
入社3年後の社内評価の順位	Y	8	9	4	10	6	1	2	5	12	7	11	3

● 第2章

統計学の基礎知識（II）

　前章では、計量経済分析において使用頻度の高い統計学を、基礎的なところを中心に学びました。この章では、所得や富（資産）の分配の状況を知るための古典的メソド、ローレンツ曲線とジニ係数の計測や、成長要因をさぐる寄与度・寄与率の計算、および指数の算出方法を通じて、読者のみなさんの数的処理能力を、さらにアップさせたいと思います。計量経済学を学ぶうえで、数的処理能力は「体力」として不可欠です。

1．ローレンツ曲線

　ローレンツ曲線（Lorenz curve）は、**所得分布**や**資産分布**などの**格差、不平等度、集中度**を明らかにするための代表的な方法で、1905年にアメリカの統計学者**ローレンツ**（M.O. Lorenz）によって考案されました。
　ローレンツ曲線の作図法を、図2-1を用いて簡単に説明しましょう。まず、ヨコ軸に所得の低い世帯から高い世帯へと、**累積世帯比率**をとります。

つぎに、タテ軸にはヨコ軸の累積世帯比率に対応する**累積所得比率**をとり、各座標を図中にプロットします。最後に、各座標をつなぐと、ローレンツ曲線が完成します。

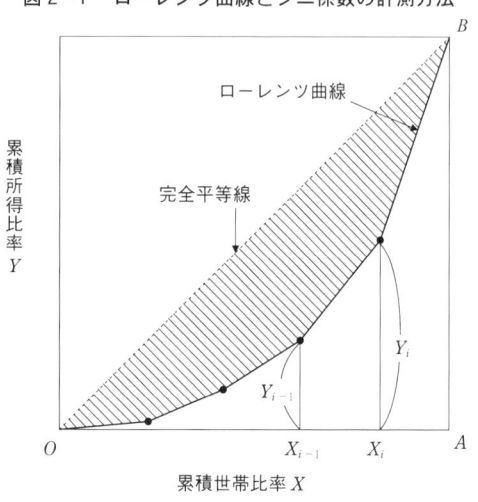

図2-1　ローレンツ曲線とジニ係数の計測方法

直線OBは**完全平等線**と呼ばれ、所得分配が平等化してくるとローレンツ曲線はこの完全平等線に接近し、もし所得分配が完全に平等になると、つまり全世帯の所得が等しくなると、ローレンツ曲線は完全平等線OBに重なります。一方、所得分配が不平等になると、ローレンツ曲線は完全平等線から離れ、右下A点の方向へとシフトしていきます。

2．ジニ係数

ジニ係数（Gini coefficient）は、ローレンツ曲線のかたちを計測可能な指数にしたもので、所得分配の不平等度を示します。ジニ係数は、0から1の間の数値をとり、0に近いほど所得分配は平等に近く、反対に1に近いほど不平等度が大きいことを意味します。

ジニ係数を定義すると、以下のようになります。

$$G = 1-\{(X_1-X_0)(Y_1+Y_0)+(X_2-X_1)(Y_2+Y_1)+\cdots$$
$$+(X_n-X_{n-1})(Y_n+Y_{n-1})\}$$
$$= 1-\sum(X_i-X_{i-1})(Y_i+Y_{i-1}) \qquad (2-1)$$

ただし、

X_i：累積世帯比率

Y_i：累積所得比率

$i = 0,1,\cdots,n$

図形的には、図2-1の斜線部分の2倍の面積がジニ係数に相当します。

●例題2-1

表2-1は、アメリカにおける1966、80、90、2005年の5分位階級別の所得のシェア（％）を示しています。5分位階級別とは、すべての世帯を所得の低い方から20％ずつ、5つのグループに分けることを意味します。

①1966、80、90、2005年のジニ係数を求めなさい。

②1966年と2005年のローレンツ曲線を描きなさい。

表2-1　アメリカにおける5分位階級別の所得のシェア

(単位：％)

所得階級	1966年	1980年	1990年	2005年
第1分位	5.6	5.3	4.6	4.0
第2分位	12.4	11.6	10.7	9.6
第3分位	17.7	17.6	16.6	15.3
第4分位	23.8	24.4	23.8	23.0
第5分位	40.5	41.1	44.3	48.1

資料) U.S. Department of Commerce, *Statistical Abstract of the United States.*

[解答]

まず、ジニ係数を計測するためのデータとして、累積世帯比率Xと累積所得比率Yを計算します（表2-2）。

表 2-2　アメリカの 5 分位階級別の累積世帯比率と累積所得比率

所得階級	累積世帯比率(X)	累積所得比率（Y）			
		(1)1966年	(2)1980年	(3)1990年	(4)2005年
第 1 分位	0.2	0.056	0.053	0.046	0.040
第 2 分位	0.4	0.180	0.169	0.153	0.136
第 3 分位	0.6	0.357	0.345	0.319	0.289
第 4 分位	0.8	0.595	0.589	0.557	0.519
第 5 分位	1.0	1.000	1.000	1.000	1.000

① 1966年

（2-1）より、表 2-2 のデータを用いてジニ係数G_{66}を計算すると、

$G_{66} = 1 - \sum(X_i - X_{i-1})(Y_i + Y_{i-1})$

$= 1 - \{(0.2-0)(0.056+0) + (0.4-0.2)(0.180+0.056)$

$\quad + (0.6-0.4)(0.357+0.180) + (0.8-0.6)(0.595+0.357)$

$\quad + (1.0-0.8)(1.000+0.595)\}$

$= 1 - (0.0112 + 0.0472 + 0.1074 + 0.1904 + 0.3190)$

$= 1 - 0.6752$

$= 0.3248$

となります。

1980年

同様に、（2-1）よりジニ係数G_{80}を計算すると、

$G_{80} = 1 - \sum(X_i - X_{i-1})(Y_i + Y_{i-1})$

$= 1 - \{(0.2-0)(0.053+0) + (0.4-0.2)(0.169+0.053)$

$\quad + (0.6-0.4)(0.345+0.169) + (0.8-0.6)(0.589+0.345)$

$\quad + (1.0-0.8)(1.000+0.589)\}$

$= 1 - (0.0106 + 0.0444 + 0.1028 + 0.1868 + 0.3178)$

$= 1 - 0.6624$

$= 0.3376$

となります。

1990年

$G_{90} = 1 - \sum(X_i - X_{i-1})(Y_i + Y_{i-1})$

$$=1-\{(0.2-0)(0.046+0)+(0.4-0.2)(0.153+0.046)$$
$$+(0.6-0.4)(0.319+0.153)+(0.8-0.6)(0.557+0.319)$$
$$+(1.0-0.8)(1.000+0.557)\}$$
$$=1-(0.0092+0.0398+0.0944+0.1752+0.3114)$$
$$=1-0.6300$$
$$=0.3700$$

2005年

$$G_{05}=1-\sum(X_i-X_{i-1})(Y_i+Y_{i-1})$$
$$=1-\{(0.2-0)(0.040+0)+(0.4-0.2)(0.136+0.040)$$
$$+(0.6-0.4)(0.289+0.136)+(0.8-0.6)(0.519+0.289)$$
$$+(1.0-0.8)(1.000+0.519)\}$$
$$=1-(0.0080+0.0352+0.0850+0.1616+0.3038)$$
$$=1-0.5936$$
$$=0.4064$$

ジニ係数は、1966年から2005年にかけて上昇しており、アメリカにおける所得分配の不平等化がすすんでいることがうかがわれます。

②

図2-2 アメリカの1966年と2005年のローレンツ曲線

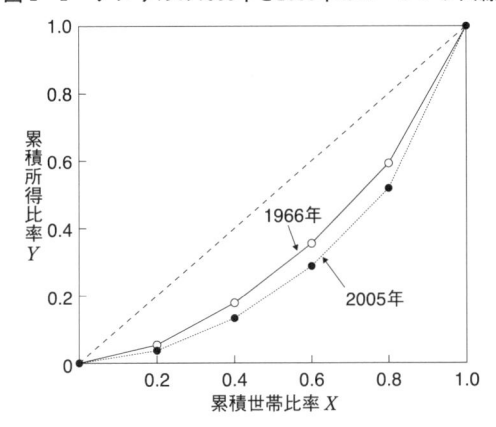

●例題2-2

表2-3は、(1)バングラデシュから(10)日本までのアジア各国・地域（1人当たりGNI順）の5分位階級別の所得分布を表わしています。所得の低い個人（または世帯）から20％ずつ、第1分位、第2分位、……と、5つの階級に分けられています。

① (1)バングラデシュから(10)日本まで、各国のジニ係数を計測しなさい。
② 「クズネッツの逆U字仮説」の観点から、①のジニ係数の計測結果について考察しなさい。

表2-3 アジア各国・地域の5分位階級別の所得分布

(単位：％)

所得階級	(1)バングラデシュ 2000年 [470ドル]	(2)パキスタン 2002年 [690ドル]	(3)インド 1997年 [720ドル]	(4)フィリピン 2000年 [1300ドル]	(5)中国 2001年 [1740ドル]
第1分位	9.0	9.3	8.1	5.4	4.7
第2分位	12.5	13.0	11.6	8.8	9.0
第3分位	15.9	16.3	15.0	13.1	14.2
第4分位	21.2	21.1	19.3	20.5	22.1
第5分位	41.4	40.3	46.0	52.2	50.0

所得階級	(6)タイ 2002年 [2750ドル]	(7)マレーシア 1997年 [4960ドル]	(8)台湾 2004年 [15676ドル]	(9)韓国 1998年 [15830ドル]	(10)日本 2005年 [38980ドル]
第1分位	6.3	4.4	6.7	7.9	8.6
第2分位	9.9	8.1	12.5	13.6	13.0
第3分位	14.0	12.9	17.4	18.0	17.4
第4分位	20.8	20.3	23.2	23.1	23.4
第5分位	49.0	54.3	40.2	37.4	37.6

注）国名の下の西暦は、所得分布データの調査年。
　　[　]内の数値は、2005年の1人当たりGNI (Gross national income)。
　　(1)〜(6)は消費分布、(7)〜(10)は所得分布。
資料）World Bank, World Development Indicators.
　　　総務省統計局『家計調査年報〈家計収支編〉』、ほか。

[解答]

まず、ジニ係数を計測するためのデータとして、累積世帯比率Xと累積所得比率Yを求め、表2-4にまとめましょう。

表 2-4 累積世帯比率と累積所得比率

累積世帯比率 (X)	累積所得比率 (Y)				
	(1) バングラデシュ	(2) パキスタン	(3) インド	(4) フィリピン	(5) 中国
0.2	0.090	0.093	0.081	0.054	0.047
0.4	0.215	0.223	0.197	0.142	0.137
0.6	0.374	0.386	0.347	0.273	0.279
0.8	0.586	0.597	0.540	0.478	0.500
1.0	1.000	1.000	1.000	1.000	1.000

累積世帯比率 (X)	累積所得比率 (Y)				
	(6) タイ	(7) マレーシア	(8) 台湾	(9) 韓国	(10) 日本
0.2	0.063	0.044	0.067	0.079	0.086
0.4	0.162	0.125	0.192	0.215	0.216
0.6	0.302	0.254	0.366	0.395	0.390
0.8	0.510	0.457	0.598	0.626	0.624
1.0	1.000	1.000	1.000	1.000	1.000

注)(1)～(6)は消費分布、(7)～(10)は所得分布。

①(1)バングラデシュ

（2-1）より、ジニ係数G_Bを計算すると、

$$G_B = 1 - \sum(X_i - X_{i-1})(Y_i + Y_{i-1})$$

$= 1 - \{(0.2-0)(0.090+0)$

　$+(0.4-0.2)(0.215+0.090)+(0.6-0.4)(0.374+0.215)$

　$+(0.8-0.6)(0.586+0.374)+(1.0-0.8)(1.000+0.586)\}$

$= 1 - (0.0180+0.0610+0.1178+0.1920+0.3172)$

$= 1 - 0.7060$

$= 0.2940$

となります。

(2)パキスタン

$G_{PA} = 1 - \sum(X_i - X_{i-1})(Y_i + Y_{i-1})$

$= 1 - (0.0186+0.0632+0.1218+0.1966+0.3194)$

$= 1 - 0.7196$

$= 0.2804$

(3)インド

$$G_I = 1 - \sum(X_i - X_{i-1})(Y_i + Y_{i-1})$$
$$= 1 - (0.0162 + 0.0556 + 0.1088 + 0.1774 + 0.3080)$$
$$= 1 - 0.6660 = 0.3340$$

(4)フィリピン

$$G_P = 1 - \sum(X_i - X_{i-1})(Y_i + Y_{i-1})$$
$$= 1 - (0.0108 + 0.0392 + 0.0830 + 0.1502 + 0.2956)$$
$$= 1 - 0.5788 = 0.4212$$

(5)中国

$$G_C = 1 - \sum(X_i - X_{i-1})(Y_i + Y_{i-1})$$
$$= 1 - (0.0094 + 0.0368 + 0.0832 + 0.1558 + 0.3000)$$
$$= 1 - 0.5852 = 0.4148$$

(6)タイ

$$G_T = 1 - \sum(X_i - X_{i-1})(Y_i + Y_{i-1})$$
$$= 1 - (0.0126 + 0.0450 + 0.0928 + 0.1624 + 0.3020)$$
$$= 1 - 0.6148 = 0.3852$$

(7)マレーシア

$$G_M = 1 - \sum(X_i - X_{i-1})(Y_i + Y_{i-1})$$
$$= 1 - (0.0088 + 0.0338 + 0.0758 + 0.1422 + 0.2914)$$
$$= 1 - 0.5520 = 0.4480$$

(8)台湾

$$G_{TA} = 1 - \sum(X_i - X_{i-1})(Y_i + Y_{i-1})$$
$$= 1 - (0.0134 + 0.0518 + 0.1116 + 0.1928 + 0.3196)$$
$$= 1 - 0.6892 = 0.3108$$

(9)韓国

$$G_K = 1 - \sum(X_i - X_{i-1})(Y_i + Y_{i-1})$$
$$= 1 - (0.0158 + 0.0588 + 0.1220 + 0.2042 + 0.3252)$$
$$= 1 - 0.7260 = 0.2740$$

(10) 日本
$$G_J = 1 - \sum(X_i - X_{i-1})(Y_i + Y_{i-1})$$
$$= 1 - (0.0172 + 0.0604 + 0.1212 + 0.2028 + 0.3248)$$
$$= 1 - 0.7264 = 0.2736$$

② 「**クズネッツの逆U字仮説**」とは、経済発展の初期段階では過剰労働力の存在が低賃金と賃金格差の拡大をもたらし、所得分配の不平等化を進めるが、やがて労働市場の需給の逼迫によって1人当たり所得がある水準を超えてさらに増加すると、所得分配は平等化に転じ、ジニ係数も低下するというものです。

開発途上国の所得分配データの不足や差異によって、ジニ係数の国際間横断面分析を厳密に行なうことは難しいのですが、①の計測結果(ジニ係数は、バングラデシュ、パキスタン、インドの低所得国で低く、フィリピン、中国、タイ、マレーシアの中所得国で高く、一転して台湾、韓国、日本の高所得国・地域で低下)は、クズネッツの逆U字仮説を支持しているように思われます。先進国では、累進課税(所得税、資産税、相続税)、社会保障、公共支出などの**再分配政策**が広く普及しているため、所得分配の平等化は一層進展します。

ただし、民主化のすすみ具合や政治・経済の安定度の差異により、クズネッツの逆U字仮説があてはまらない国も世界には多く存在します。

●例題 2-3

表2-5は、わが国の年間収入階級別データ(全世帯:2005年)で、その階級に含まれる世帯数と平均年間収入が示されています。また、表2-6は、貯蓄現在高階級別データ(全世帯:2005年)であり、同様にその世帯数と平均貯蓄現在高が示されています。ただし、両方とも単身世帯は除いたデータです。
①年間収入と貯蓄現在高について、それぞれローレンツ曲線を描きなさい。
②それぞれジニ係数を求めなさい。

表2-5　わが国の年間収入階級別の世帯数と平均年間収入
　　　　（全世帯：2005年）

年間収入(万円)	世帯数(世帯)	平均年間収入(万円)
以上　未満		
0～ 200	180	160
200～ 250	386	226
250～ 300	516	274
300～ 350	795	324
350～ 400	782	373
400～ 450	774	423
450～ 500	696	472
500～ 550	678	521
550～ 600	590	574
600～ 650	562	621
650～ 700	471	672
700～ 750	466	721
750～ 800	398	773
800～ 900	702	845
900～1000	531	945
1000～1250	825	1106
1250～1500	348	1356
1500～	301	1842

資料）総務省統計局『家計調査年報〈貯蓄・負債編〉』。

表2-6　わが国の貯蓄現在高階級別の世帯数と平均貯蓄現在高
　　　　（全世帯：2005年）

貯蓄現在高(万円)	世帯数(世帯)	平均貯蓄現在高(万円)
以上　未満		
0～ 100	886	31
100～ 200	525	143
200～ 300	506	240
300～ 400	559	343
400～ 500	487	446
500～ 600	462	544
600～ 700	415	637
700～ 800	403	744
800～ 900	389	842
900～1000	299	944
1000～1200	617	1088
1200～1400	509	1288
1400～1600	450	1488
1600～1800	350	1685
1800～2000	304	1891
2000～2500	667	2223
2500～3000	486	2727
3000～4000	617	3452
4000～	1071	6650

資料）総務省統計局『家計調査年報〈貯蓄・負債編〉』。

[解答] ①表2-5、2-6のデータに基づき表2-7と表2-8を作成します。

表2-7 累積世帯比率と累積年間収入総額の比率(2005年)

年間収入 (万円) 以上 未満	世帯			年間収入			
	(1) 世帯数 (世帯)	(2) 累積世帯 (世帯) (1)の累計	(3) 累積世帯 比率(X) $\frac{(2)}{10001}$	(4) 平均年間 収入 (万円)	(5) 年間収入 総額 (万円) (4)×(1)	(6) 累積年間 収入総額 (万円) (5)の累計	(7) 累積年間収入 総額の比率(Y) $\frac{(6)}{6497417}$
0～ 200	180	180	0.01800	160	28800	28800	0.00443
200～ 250	386	566	0.05659	226	87236	116036	0.01786
250～ 300	516	1082	0.10819	274	141384	257420	0.03962
300～ 350	795	1877	0.18768	324	257580	515000	0.07926
350～ 400	782	2659	0.26587	373	291686	806686	0.12415
400～ 450	774	3433	0.34327	423	327402	1134088	0.17454
450～ 500	696	4129	0.41286	472	328512	1462600	0.22510
500～ 550	678	4807	0.48065	521	353238	1815838	0.27947
550～ 600	590	5397	0.53965	574	338660	2154498	0.33159
600～ 650	562	5959	0.59584	621	349002	2503500	0.38531
650～ 700	471	6430	0.64294	672	316512	2820012	0.43402
700～ 750	466	6896	0.68953	721	335986	3155998	0.48573
750～ 800	398	7294	0.72933	773	307654	3463652	0.53308
800～ 900	702	7996	0.79952	845	593190	4056842	0.62438
900～1000	531	8527	0.85261	945	501795	4558637	0.70161
1000～1250	825	9352	0.93511	1106	912450	5471087	0.84204
1250～1500	348	9700	0.96990	1356	471888	5942975	0.91467
1500～	301	10001	1.00000	1842	554442	6497417	1.00000
合 計	10001				6497417		

表2-8 累積世帯比率と累積貯蓄総額の比率(2005年)

貯蓄現在高 (万円) 以上 未満	世帯			貯蓄現在高			
	(1) 世帯数 (世帯)	(2) 累積世帯 (世帯) (1)の累計	(3) 累積世帯 比率(X) $\frac{(2)}{10002}$	(4) 平均貯蓄 (万円)	(5) 貯蓄総額 (万円) (4)×(1)	(6) 累積貯蓄 総額 (万円) (5)の累計	(7) 累積貯蓄 総額の比率(Y) $\frac{(6)}{17279428}$
0～ 100	886	886	0.08858	31	27466	27466	0.00159
100～ 200	525	1411	0.14107	143	75075	102541	0.00593
200～ 300	506	1917	0.19166	240	121440	223981	0.01296
300～ 400	559	2476	0.24755	343	191737	415718	0.02406
400～ 500	487	2963	0.29624	446	217202	632920	0.03663
500～ 600	462	3425	0.34243	544	251328	884248	0.05117
600～ 700	415	3840	0.38392	637	264355	1148603	0.06647
700～ 800	403	4243	0.42422	744	299832	1448435	0.08382
800～ 900	389	4632	0.46311	842	327538	1775973	0.10278
900～1000	299	4931	0.49300	944	282256	2058229	0.11911
1000～1200	617	5548	0.55469	1088	671296	2729525	0.15796
1200～1400	509	6057	0.60558	1288	655592	3385117	0.19590
1400～1600	450	6507	0.65057	1488	669600	4054717	0.23466
1600～1800	350	6857	0.68556	1685	589750	4644467	0.26879
1800～2000	304	7161	0.71596	1891	574864	5219331	0.30205
2000～2500	667	7828	0.78264	2223	1482741	6702072	0.38786
2500～3000	486	8314	0.83123	2727	1325322	8027394	0.46456
3000～4000	617	8931	0.89292	3452	2129884	10157278	0.58782
4000～	1071	10002	1.00000	6650	7122150	17279428	1.00000
合 計	10002				17279428		

表2-7、2-8のデータ(3)(7)に基づいてローレンツ曲線を描くと、図2-3のようになります。

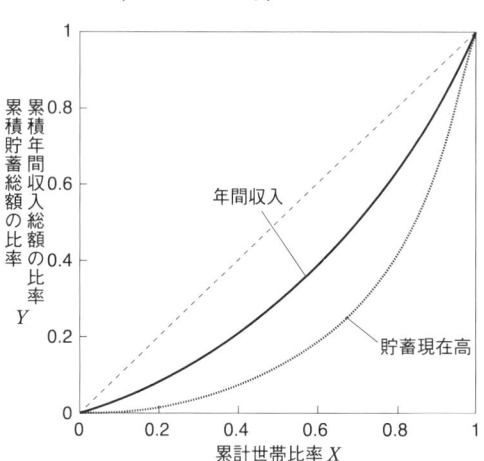

図2-3　年間収入と貯蓄現在高のローレンツ曲線
（全世帯：2005年）

図2-3より、貯蓄現在高（資産）の分布の方が、所得の分布よりはるかに不平等度が高いことがわかります。

②年間収入

（2-1）より、ジニ係数G_Iを計算すると、

$G_I = 1 - \sum(X_i - X_{i-1})(Y_i + Y_{i-1})$

　　$= 1 - \{(0.01800-0)(0.00443+0) + (0.05659-0.01800)(0.01786+0.00443)$
　　　$+ \cdots\cdots + (1.00000-0.96990)(1.00000+0.91467)\}$

　　$= 1 - (0.00008 + 0.00086 + 0.00297 + 0.00945 + 0.01591 + 0.02312$
　　　$+ 0.02781 + 0.03421 + 0.03605 + 0.04029 + 0.03859 + 0.04286 + 0.04054$
　　　$+ 0.08125 + 0.07040 + 0.12734 + 0.06113 + 0.05763)$

　　$= 1 - 0.71046$

　　$= 0.2895$

となります。

貯蓄現在高

同様に、ジニ係数 G_S を計算すると、

$G_S = 1 - \sum(X_i - X_{i-1})(Y_i + Y_{i-1})$

　　$= 1 - \{(0.08858 - 0)(0.00159 + 0) + (0.14107 - 0.08858)(0.00593 + 0.00159)$

　　　$+ \cdots\cdots + (1.00000 - 0.89292)(1.00000 + 0.58782)\}$

　　$= 1 - (0.00014 + 0.00039 + 0.00096 + 0.00207 + 0.00295 + 0.00406$

　　　$+ 0.00488 + 0.00606 + 0.00726 + 0.00663 + 0.01709 + 0.01801 + 0.01937$

　　　$+ 0.01762 + 0.01735 + 0.04601 + 0.04142 + 0.06492 + 0.17002)$

　　$= 1 - 0.44721$

　　$= 0.5528$

となります。

　貯蓄現在高の分布（$G_S = 0.5528$）が、所得分布（$G_I = 0.2895$）よりはるかに不平等であることがわかります。高所得階層の貯蓄額は大きく、それが年々ストックされるわけですから、自ずとフローである所得分布より格差が大きくなります。

[アドバイス]

　卒業論文でローレンツ曲線やジニ係数を用いると、とても興味深い分析ができるので、ぜひチャレンジしてみて下さい。そのさい基本となるデータですが、日本については、総務省統計局『家計調査年報〈貯蓄・負債編〉』、『同〈家計収支編〉』、『全国消費実態調査』（5年毎）、あるいは厚生労働省統計情報部『国民生活基礎調査』を利用して下さい。経済学部や商学部あるいは社会学部のある大学図書館には、必ず入っているはずです。なお、各省のホームページからも、データは入手できます。

●例題 2-4

　表2-9は、2004年におけるわが国の従業者規模別の事業所数と従業者数を、(1)繊維工業、(2)パルプ・紙、(3)化学工業、(4)鉄鋼業について示したものです。企業の集中度を比較するため、(1)～(4)の産業のジニ係数をそれぞれ求めなさい。

表 2-9　従業者規模別の事業所数と従業者数（2004年）

従業者の規模(人)	(1) 繊維工業		(2) パルプ・紙	
	事業所	従業者	事業所	従業者
5～ 9	4073	26359	3184	21068
10～ 19	2039	27256	2287	31534
20～ 29	711	16928	1063	25511
30～ 49	523	19660	946	36042
50～ 99	375	26008	693	47933
100～199	165	22756	285	39035
200～299	37	9163	68	16298
300～499	16	5450	43	16134
500～999	5	3643	17	11319
1000人以上	3	3188	2	3235

従業者の規模(人)	(3) 化学工業		(4) 鉄鋼業	
	事業所	従業者	事業所	従業者
5～ 9	1644	11186	1566	10548
10～ 19	1616	22388	1388	18892
20～ 29	906	22063	650	15713
30～ 49	952	36631	511	19421
50～ 99	935	65635	448	30542
100～199	592	82646	189	26937
200～299	188	45758	59	14175
300～499	160	60468	42	16310
500～999	83	55863	24	15310
1000人以上	35	51638	25	59589

資料）総務省統計局『事業所・企業統計調査報告』。

［解答］

　ジニ係数を計測するためのデータとして、まず事業所数と従業者数の累計（表 2-10）を求め、この表に基づいて同累積比率（表 2-11）を作成します。

表 2-10　事業所数と従業者数の累計（2004年）

従業者の規模(人)	(1) 繊維工業		(2) パルプ・紙	
	事業所	従業者	事業所	従業者
5～ 9	4073	26359	3184	21068
10～ 19	6112	53615	5471	52602
20～ 29	6823	70543	6534	78113
30～ 49	7346	90203	7480	114155
50～ 99	7721	116211	8173	162088
100～199	7886	138967	8458	201123
200～299	7923	148130	8526	217421
300～499	7939	153580	8569	233555
500～999	7944	157223	8586	244874
1000人以上	7947	160411	8588	248109

従業者の規模(人)	(3) 化学工業 事業所	従業者	(4) 鉄鋼業 事業所	従業者
5～ 9	1644	11186	1566	10548
10～ 19	3260	33574	2954	29440
20～ 29	4166	55637	3604	45153
30～ 49	5118	92268	4115	64574
50～ 99	6053	157903	4563	95116
100～199	6645	240549	4752	122053
200～299	6833	286307	4811	136228
300～499	6993	346775	4853	152538
500～999	7076	402638	4877	167848
1000人以上	7111	454276	4902	227437

表2-11 事業所数と従業者数の累積比率（2004年）

従業者の規模(人)	(1) 繊維工業 事業所	従業者	(2) パルプ・紙 事業所	従業者
5～ 9	0.51252	0.16432	0.37075	0.08491
10～ 19	0.76910	0.33424	0.63705	0.21201
20～ 29	0.85856	0.43976	0.76083	0.31483
30～ 49	0.92437	0.56232	0.87098	0.46010
50～ 99	0.97156	0.72446	0.95168	0.65329
100～199	0.99232	0.86632	0.98486	0.81062
200～299	0.99698	0.92344	0.99278	0.87631
300～499	0.99899	0.95742	0.99779	0.94134
500～999	0.99962	0.98013	0.99977	0.98696
1000人以上	1.00000	1.00000	1.00000	1.00000

従業者の規模(人)	(3) 化学工業 事業所	従業者	(4) 鉄鋼業 事業所	従業者
5～ 9	0.23119	0.02462	0.31946	0.04638
10～ 19	0.45844	0.07391	0.60261	0.12944
20～ 29	0.58585	0.12247	0.73521	0.19853
30～ 49	0.71973	0.20311	0.83945	0.28392
50～ 99	0.85122	0.34759	0.93084	0.41821
100～199	0.93447	0.52952	0.96940	0.53665
200～299	0.96091	0.63025	0.98144	0.59897
300～499	0.98341	0.76336	0.99000	0.67068
500～999	0.99508	0.88633	0.99490	0.73800
1000人以上	1.00000	1.00000	1.00000	1.00000

(1)繊維工業

（2-1）より、表2-11のデータを用いて、ジニ係数G_Tを計算すると、
$$G_T = 1 - \sum (X_i - X_{i-1})(Y_i + Y_{i-1})$$

$$= 1-\{(0.51252-0)(0.16432+0)+(0.76910-0.51252)(0.33424$$
$$+0.16432)+\cdots\cdots+(1.00000-0.99962)(1.00000+0.98013)\}$$
$$= 1-(0.08422+0.12792+0.06925+0.06595+0.06072+0.03303$$
$$+0.00833+0.00379+0.00122+0.00075)$$
$$= 1-0.45517 = 0.5448$$

となります。

(2)パルプ・紙

$$G_P = 1-\sum(X_i-X_{i-1})(Y_i+Y_{i-1})$$
$$= 1-\{(0.37075-0)(0.08491+0)+(0.63705-0.37075)(0.21201$$
$$+0.08491)+\cdots\cdots+(1.00000-0.99977)(1.00000+0.98696)\}$$
$$= 1-(0.03148+0.07907+0.06521+0.08536+0.08984+0.04858$$
$$+0.01336+0.00910+0.00382+0.00046)$$
$$= 1-0.42629 = 0.5737$$

(3)化学工業

$$G_C = 1-\sum(X_i-X_{i-1})(Y_i+Y_{i-1})$$
$$= 1-\{(0.23119-0)(0.02462+0)+(0.45844-0.23119)(0.07391$$
$$+0.02462)+\cdots\cdots+(1.00000-0.99508)(1.00000+0.88633)\}$$
$$= 1-(0.00569+0.02239+0.02502+0.04359+0.07241+0.07302$$
$$+0.03066+0.03136+0.01926+0.00928)$$
$$= 1-0.33268 = 0.6673$$

(4)鉄鋼業

$$G_S = 1-\sum(X_i-X_{i-1})(Y_i+Y_{i-1})$$
$$= 1-\{(0.31946-0)(0.04638+0)+(0.60261-0.31946)(0.12944$$
$$+0.04638)+\cdots\cdots+(1.00000-0.99490)(1.00000+0.73800)\}$$
$$= 1-(0.01482+0.04978+0.04349+0.05029+0.06417+0.03682$$
$$+0.01367+0.01088+0.00690+0.00886)$$
$$= 1-0.29967 = 0.7003$$

ジニ係数は、鉄鋼業（0.7003）、化学工業（0.6673）、パルプ・紙（0.5737）、繊維工業（0.5448）という順に大きく、したがって従業員の大規

模事業所への集中度が高い産業も、この順番になります。とくに、鉄鋼業、化学工業のジニ係数は大きく、**規模の経済**（economies of scale）が存在する大規模産業の特徴がよくあらわれています。

3．寄与度と寄与率

寄与度と**寄与率**は、あるデータの変化に対して、その構成要素である複数のデータの変化がどのように貢献しているか、その程度と方向（プラス、マイナス）を示す指標です。

いま、次式のような恒等式を用いて説明しましょう。

$$Y = A + B + C + D \qquad (2\text{-}2)$$

(2-2)が毎期成立するならば、その変化分についても、次式のような関係が成立します（・はドットと読む）。

$$\dot{Y} = \dot{A} + \dot{B} + \dot{C} + \dot{D} \qquad (2\text{-}3)$$

この式の両辺を、基準時のYで割ると、

$$\frac{\dot{Y}}{Y} = \frac{\dot{A}}{Y} + \frac{\dot{B}}{Y} + \frac{\dot{C}}{Y} + \frac{\dot{D}}{Y} \qquad [寄与度]\ (2\text{-}4)$$

となります。右辺の各項が寄与度であり、Yの変化に対してどれだけ貢献したかを示します。

つぎに、(2-3)の両辺を$\dot{Y}$で割ると、

$$1 = \frac{\dot{A}}{\dot{Y}} + \frac{\dot{B}}{\dot{Y}} + \frac{\dot{C}}{\dot{Y}} + \frac{\dot{D}}{\dot{Y}} \qquad [寄与率]\ (2\text{-}5)$$

となります。右辺の各項が寄与率にあたります。Yの変化分を100％としたとき、各項の変化が、それぞれ何％ずつ貢献したかを表わします。

注）1時点に対する2時点の変化分（$\dot{Y}$）は、次のように定義されます。
$\dot{Y} = Y_2 - Y_1$

●例題2-5
　表2-12は、日本の実質GDP（暦年）と総支出勘定を2000年と05年について示したものです。実質GDPの変動に対する①寄与度と②寄与率を計算しなさい。

表 2-12　日本の国民経済計算（暦年）

(単位：兆円)

項　　　　目	2000年	2005年
実質GDP　　　　　　：Y	501.3	538.4
1．民間最終消費支出：C	282.6	303.2
2．政府最終消費支出：G	84.9	95.0
3．国内総資本形成　：I	126.5	124.9
4．輸　　出　　　　：X	55.2	73.7
5．輸　　入　　　　：M	(−)47.9	(−)58.4

注) 2000暦年連鎖価格。
資料) 内閣府『国民経済計算年報』。

[解答]

GDP を支出面からみると、つぎの恒等式が成り立ちます。

$$Y = C + G + I + X - M \tag{1}$$

同様に、上式は2000年と2005年の両年について成り立つので、その変化分に関しても、

$$\dot{Y} = \dot{C} + \dot{G} + \dot{I} + \dot{X} - \dot{M} \tag{2}$$

が成り立ちます。

ここで、(2) を2000年の Y で割ると寄与度が、$\dot{Y}$ で割ると寄与率が得られます。

寄与度

$$\frac{\dot{Y}}{Y} = \frac{\dot{C}}{Y} + \frac{\dot{G}}{Y} + \frac{\dot{I}}{Y} + \frac{\dot{X}}{Y} - \frac{\dot{M}}{Y} \tag{3}$$

寄与率

$$1 = \frac{\dot{C}}{\dot{Y}} + \frac{\dot{G}}{\dot{Y}} + \frac{\dot{I}}{\dot{Y}} + \frac{\dot{X}}{\dot{Y}} - \frac{\dot{M}}{\dot{Y}} \tag{4}$$

(3)、(4) より、①寄与度と②寄与率を計算すると、表2-13のようになります。

表2-13　日本の実質GDPの変動に対する寄与度と寄与率（2000—05年）

項目	変化分(兆円)	①寄与度(%)	②寄与率(%)
実質GDP　　：Y	37.1	7.4	100.0
1．民間最終消費支出：C	20.6	4.1	55.5
2．政府最終消費支出：G	10.1	2.0	27.2
3．国内総資本形成　：I	−1.6	−0.3	−4.3
4．輸　　出　　　　：X	18.5	3.7	49.9
5．輸　　入　　　　：M	−10.5	−2.1	−28.3

4．ラスパイレス指数・パーシェ指数・フィッシャー指数

ラスパイレス指数（Laspeyres index）は、ドイツの経済学者**ラスパイレス**が1864年に考案した指数で、わが国の政府統計（**消費者物価指数[CPI]、企業物価指数[CGPI]**など）で、もっとも広く用いられている方式です。価格p、数量qとして、**ラスパイレス価格指数**P_Lを定義すると、次式のようになります。

$$P_L = \frac{\sum p_1 q_0}{\sum p_0 q_0} \tag{2-6}$$

この式は0時点を基準としており、基準時の数量q_0が、比較時（1時点）においても変化しないことを仮定しています。つまりラスパイレス価格指数は、0時点と同一数量の財を1時点で購入した場合、0時点と比較してどれだけ費用がかかるかを示します。ただし、この指数には、基準時に比べて数量が多くなっている財を過小評価し、逆に取引数量が少なくなっている財を過大評価する欠陥があるため、あまり離れた年度間の価格指数を求めることには危険性があります。

なお、**ラスパイレス数量指数**は以下のように定義され、わが国では**鉱工業生産指数**に採用されています。

$$Q_L = \frac{\sum p_0 q_1}{\sum p_0 q_0} \tag{2-7}$$

パーシェ指数（Paasche index）は、ラスパイレス指数が考案された10年後の1874年に、ドイツの経済学者**パーシェ**によって提唱されました。わが国

では、国民所得統計のデフレーターや東証株価指数（TOPIX）などで用いられています。パーシェ価格指数P_Pを定義すると、次式のようになります。

$$P_P = \frac{\sum p_1 q_1}{\sum p_0 q_1} \qquad (2\text{-}8)$$

この式がラスパイレス価格指数と異なるのは、基準時の取引数量q_0の代わりに比較時の取引数量q_1を分子分母に取り入れた点です。

　一般に、ラスパイレス価格指数の方が、パーシェ価格指数より作成しやすいといわれます。その理由は、ラスパイレス価格指数は基準時の価格と数量を調べれば、比較時では価格のみを調査すればよいのに対して、パーシェ価格指数は比較時ごとに価格と数量の両方を調査しなければならないからです。

　ところで、**パーシェ効果**といって、パーシェ価格指数の方が、ラスパイレス価格指数より小さくなる傾向があります。これは、値上がりした商品の消費量は通常減少するため、比較時の数量q_1が、基準時の数量q_0より小さくなることに起因しています。

　パーシェ数量指数については、次のように定義されます。

$$Q_P = \frac{\sum p_1 q_1}{\sum p_1 q_0} \qquad (2\text{-}9)$$

　フィッシャー指数（Fisher index）は、アメリカの経済学者であり統計学者（アメリカ計量経済学会の初代会長）でもあった**フィッシャー**（I. Fisher）によって考案され、その価格指数は、ラスパイレス価格指数とパーシェ価格指数の幾何平均として、次式のように定義されます。

$$\begin{aligned} P_F &= \sqrt{P_L \cdot P_P} \\ &= \sqrt{\frac{\sum p_1 q_0}{\sum p_0 q_0} \cdot \frac{\sum p_1 q_1}{\sum p_0 q_1}} \end{aligned} \qquad (2\text{-}10)$$

この指数は**フィッシャーの理想算式**とも呼ばれていますが、パーシェ価格指数も採用しなければならないので、あまり利用されることはありません。わが国では、**貿易価格指数**に採用されています。

　フィッシャー数量指数は、次式のとおりです。

$$Q_F = \sqrt{Q_L \cdot Q_P}$$
$$= \sqrt{\frac{\sum p_0 q_1}{\sum p_0 q_0} \cdot \frac{\sum p_1 q_1}{\sum p_1 q_0}} \quad (2\text{-}11)$$

● 例題 2 – 6

表 2 -14は、わが国の生鮮野菜6種類の、年間平均価格p_tと1世帯当たり年間購入数量q_tを示しています。

① 2000年を基準時として、2005年のラスパイレス価格指数P_Lを計算しなさい。
② 同様にして、パーシェ価格指数P_Pを計算しなさい。
③ 同じく、フィッシャー価格指数P_Fを計算しなさい。
④ 2000年を基準時として、2005年のラスパイレス、パーシェ、およびフィッシャー数量指数Q_L、Q_P、Q_Fを計算しなさい。

表 2 -14 生鮮野菜の平均価格と1世帯当たり購入数量

(単位：円/100g, 100g)

生鮮野菜	2000年		2005年	
	価格 p_0	数量 q_0	価格 p_1	数量 q_1
1．キャベツ	13	170	15	155
2．ほうれんそう	52	49	55	41
3．はくさい	13	89	14	85
4．ね ぎ	51	57	53	53
5．レ タ ス	41	55	35	57
6．ブロッコリー	45	33	48	31

資料）総務省統計局『家計調査年報〈家計収支編〉』。

［解答］

①（2‐6）より、ラスパイレス価格指数P_Lを計算します。

$$P_L = \frac{\sum p_1 q_0}{\sum p_0 q_0}$$
$$= \frac{15\times170+55\times49+14\times89+53\times57+35\times55+48\times33}{13\times170+52\times49+13\times89+51\times57+41\times55+45\times33}$$
$$= \frac{2550+2695+1246+3021+1925+1584}{2210+2548+1157+2907+2255+1485}$$
$$= \frac{13021}{12562}$$
$$= 1.037$$

2000年＝100とすると、2005年のラスパイレス価格指数は103.7になります。

②(2-8)より、パーシェ価格指数P_Pを計算します。

$$P_P = \frac{\sum p_1 q_1}{\sum p_0 q_1}$$

$$= \frac{15 \times 155 + 55 \times 41 + 14 \times 85 + 53 \times 53 + 35 \times 57 + 48 \times 31}{13 \times 155 + 52 \times 41 + 13 \times 85 + 51 \times 53 + 41 \times 57 + 45 \times 31}$$

$$= \frac{2325 + 2255 + 1190 + 2809 + 1995 + 1488}{2015 + 2132 + 1105 + 2703 + 2337 + 1395}$$

$$= \frac{12062}{11687}$$

$$= 1.032$$

パーシェ価格指数は103.2となり、ラスパイレス価格指数（103.7）より小さく、パーシェ効果が確認できます。

③(2-10)より、フィッシャー価格指数P_Fを計算します。

$$P_F = \sqrt{P_L \cdot P_P}$$

$$= \sqrt{\frac{13021}{12562} \times \frac{12062}{11687}}$$

$$= \sqrt{1.0698}$$

$$= 1.034$$

フィッシャー価格指数は、103.4になります。

④(2-7)より、ラスパイレス数量指数Q_Lを計算します。

$$Q_L = \frac{\sum p_0 q_1}{\sum p_0 q_0} = \frac{11687}{12562} = 0.930$$

2000年＝100とすると、2005年のラスパイレス数量指数は、93.0になります。

つぎに(2-9)より、パーシェ数量指数Q_Pを計算します。

$$Q_P = \frac{\sum p_1 q_1}{\sum p_1 q_0} = \frac{12062}{13021} = 0.926$$

パーシェ数量指数は、92.6になります。

最後に(2-11)より、フィッシャー数量指数Q_Fを計算します。

$$Q_F = \sqrt{Q_L \times Q_P} = \sqrt{0.8618} = 0.928$$

フィッシャー数量指数は、92.8になります。

第2章 練習問題

1. わが国の勤労者世帯の所得分布は、国際的にももっとも平等なレベルにあるといわれています。表2-15は、わが国の勤労者世帯における10分位階級別の所得（年間収入）のシェアを、(1)1980年、(2)85年、(3)90年、(4)95年、(5)2000年、(6)05年について示したものです。(1)～(6)のジニ係数を求め、所得分配の推移について考察しなさい。

表2-15 わが国の勤労者世帯における5分位階級別の所得のシェア

(単位：％)

収入階級	世帯比率	年間収入					
		(1) 1980年	(2) 1985年	(3) 1990年	(4) 1995年	(5) 2000年	(6) 2005年
第1分位	0.1	4.47	4.19	4.19	4.12	3.88	3.95
第2分位	0.1	6.03	5.81	5.83	5.80	5.68	5.55
第3分位	0.1	6.97	6.76	6.81	6.76	6.70	6.66
第4分位	0.1	7.77	7.71	7.73	7.72	7.69	7.66
第5分位	0.1	8.62	8.66	8.69	8.68	8.71	8.60
第6分位	0.1	9.58	9.67	9.70	9.67	9.77	9.67
第7分位	0.1	10.67	10.82	10.79	10.81	10.90	10.95
第8分位	0.1	12.01	12.24	12.23	12.26	12.32	12.43
第9分位	0.1	14.17	14.26	14.33	14.28	14.54	14.58
第10分位	0.1	19.71	19.88	19.70	19.90	19.81	19.95

注）2000年と2005年のデータは、農林漁家世帯と単身世帯を含む。
資料）総務省統計局『家計調査年報〈家計収支編〉』。

2．表2-16は、所得分配の不平等度が高い南米と不平等度が低い北欧各国の7分位階級別の所得分布を示しています。(1)コロンビアから(5)フィンランドまでのジニ係数を計測しなさい。

表2-16 南米と北欧各国の7分位階級別の所得分布

(単位：%)

収入階級	世帯比率	南米			北欧	
		(1) コロンビア 2003年	(2) ブラジル 2003年	(3) チリ 2000年	(4) スウェーデン 2000年	(5) フィンランド 2000年
第1分位	0.1	0.7	0.8	1.2	3.6	4.0
第2分位	0.1	1.8	1.8	2.1	5.5	5.6
第3分位	0.2	6.2	6.2	6.6	14.0	14.1
第4分位	0.2	10.6	10.7	10.5	17.6	17.5
第5分位	0.2	18.0	18.4	17.4	22.7	22.1
第6分位	0.1	15.8	16.3	15.2	14.4	14.1
第7分位	0.1	46.9	45.8	47.0	22.2	22.6

注）国名の下の西暦は、所得分布データの調査年。
資料）World Bank, *World Development Indicators*.

3．表2-17は、マレーシアの実質GDPと産業別内訳を2000年と2005年について示したものです。産業別の①寄与度と②寄与率を計算しなさい。

表2-17 マレーシアの実質GDPと産業別内訳

(単位：100万リンギ)

産業	2000年	2005年
実質GDP	210557	262029
1．農林水産業	18662	21585
2．鉱業	15385	17504
3．製造業	67250	82394
4．建設業	6964	7133
5．電気・ガス・水道	8278	10860
6．運輸・通信・倉庫	16858	23163
7．商業	31116	38437
8．金融・不動産	26755	39568
9．行政・民間サービス・他	19289	21385

注）1987年価格。
資料）Ministry of Finance, *Malaysia, Economic Report*.

4．表2-18は、わが国の鮮魚12種の、年間平均価格p_tと1世帯当たり年間購入数量q_tを示しています。
① 2000年を基準時として、2005年のラスパイレス、パーシェ、およびフィッシャー価格指数を求めなさい。
② 同様に、2000年を基準時とした2005年のラスパイレス、パーシェ、およびフィッシャー数量指数を求めなさい。

表2-18 鮮魚の平均価格と1世帯当たり購入数量

(単位：円/100g, 100g)

鮮 魚	2000年		2005年	
	価格 p_0	数量 q_0	価格 p_1	数量 q_1
1．まぐろ	248	34	217	32
2．あ じ	102	23	97	17
3．いわし	80	14	87	8
4．さ け	142	32	125	31
5．さ ば	90	17	87	15
6．さんま	90	18	63	24
7．た い	205	9	176	8
8．ぶ り	187	20	168	21
9．い か	92	41	99	31
10．た こ	140	14	163	9
11．え び	213	24	183	21
12．か に	241	12	234	10

資料）総務省統計局『家計調査年報〈家計収支編〉』。

●第3章
単純回帰モデル

　回帰分析（regression analysis）とは、2つの変数あるいはそれ以上の変数の間の因果関係を明らかにするための統計的方法であり、計量経済分析ではもっともよく利用される手法です。計量経済学という学問は、この回帰分析の改良と進歩のための研究、といっても過言ではありません。この章では、回帰分析の方法について、わかりやすく説明していきます。

1．単純回帰モデル

　いま、2つのデータXとYの関係を、1次式で表わすと、次のようになります。

$$Y_i = \alpha + \beta X_i + u_i \qquad i=1,2,\cdots\cdots,n \qquad (3\text{-}1)$$

　（以下、必要のない限りiは省略します。）

　この式を、**単純回帰モデル**といいます。Xは**原因**(cause)となる変数で、**説明変数**(explanatory variable)または**独立変数**(independent variable)と

いい、Y は**結果**(result)となる変数で、**被説明変数**(explained variable)または**従属変数**(dependent variable)といいます。u は**誤差項**(error term)または**攪乱項**(disturbance term)と呼ばれ、Y の変化が X の変化だけでは説明できない部分、いいかえると Y（現実）と $\alpha + \beta X$（理論）との間に生じるズレを示します。

　一般に回帰分析は、X を原因、Y を結果とみなす因果関係として捉えるため、X と Y との関係に、理論的な説明が成り立たなければなりません。理論的に意味のない式を推定し、たとえ良好な推定結果が得られたとしても、それは有意義な分析とはいえませんので、充分注意する必要があります。

　回帰分析の主要な目的は、**回帰係数（パラメータ）** α、β を推定することであり、そのなかでもっともよく利用されるのが、これから説明する**最小2乗法**（Ordinary Least Squares method：略称**OLS**）です。

2．最小2乗法（OLS）

OLSを用いて(3-1)を推定した、いわゆる**推定回帰線（最小2乗回帰線）**を、

$$\hat{Y} = \hat{\alpha} + \hat{\beta} X \tag{3-2}$$

とします。

図3-1　推定回帰線と残差

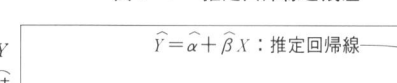

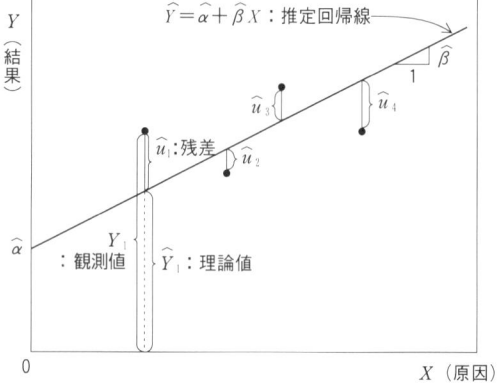

$\hat{a}$、$\hat{\beta}$は、aとβの**推定値（最小2乗推定値）**といいます。$\hat{Y}$はワイハットと読み、図3-1に示したように**観測値（実績値）** Xに対応した推定回帰線上の値であって、Yの**理論値**(推計値、推定値、計算値、予測値、回帰値、**内挿値**など) といいます。

OLSによって$\hat{a}$と$\hat{\beta}$を求める公式は、次のとおりです。

$$\hat{\beta} = \frac{n\sum XY - \sum X \sum Y}{n\sum X^2 - (\sum X)^2} \tag{3-3}$$

$$= \frac{\sum(X-\bar{X})(Y-\bar{Y})}{\sum(X-\bar{X})^2} = \frac{\sum xy}{\sum x^2} \tag{3-4}$$

$$= \frac{\frac{1}{n-1}\sum(X-\bar{X})(Y-\bar{Y})}{\frac{1}{n-1}\sum(X-\bar{X})^2} = \frac{X と Y の共分散}{X の分散} \tag{3-5}$$

$$\hat{a} = \frac{\sum X^2 \sum Y - \sum X \sum XY}{n\sum X^2 - (\sum X)^2} \tag{3-6}$$

$$= \frac{\sum Y - \hat{\beta}\sum X}{n} \tag{3-7}$$

$$= \bar{Y} - \hat{\beta}\bar{X} \tag{3-8}$$

いずれの公式を使っても、$\hat{a}$あるいは$\hat{\beta}$が求まります。

それでは、これの公式の導き方について、簡単に説明しておきましょう。

いま、**残差**(residual)を$\hat{u}$とすると、

残差＝観測値－理論値

$$\hat{u} = Y - \hat{Y} = Y - (\hat{a} + \hat{\beta}X) \tag{3-9}$$

となります。つぎに、残差の2乗の総和、すなわち**残差平方和**(sum of squared residuals, **残差2乗和**ともいう)を求めると、

$$\sum \hat{u}^2 = \sum [Y - (\hat{a} + \hat{\beta}X)]^2 \tag{3-10}$$

となります。この残差平方和が最小になるように$\hat{a}$と$\hat{\beta}$の値を決定する方法が、OLSの原理なのです（1795年、ドイツの数学者**ガウス**が発見）。残差平方和$\sum \hat{u}^2$の$\hat{a}$と$\hat{\beta}$についての最小値は、(3-10)を$\hat{a}$と$\hat{\beta}$でそれぞれ偏微分し、ゼロとおくことによって得られます。すなわち、

$$\frac{\partial \sum \hat{u}^2}{\partial \hat{a}} = -2\sum(Y - \hat{a} - \hat{\beta}X) = 0 \tag{3-11}$$

$$\frac{\partial \sum \widehat{u}^2}{\partial \widehat{\beta}} = -2\sum X(Y - \widehat{a} - \widehat{\beta}X) = 0 \qquad (3\text{-}12)$$

となり、両式を整理すると連立方程式、

$$\sum Y = n\widehat{a} + \widehat{\beta}\sum X \qquad (3\text{-}13)$$

$$\sum XY = \widehat{a}\sum X + \widehat{\beta}\sum X^2 \qquad (3\text{-}14)$$

が得られます。この連立方程式を**正規方程式**（normal equations）といい、この方程式を未知数 $\widehat{\beta}$, $\widehat{a}$ について解いたものが、先に示したOLSの公式（3-3）、（3-6）にほかなりません。そして、（3-3）を変形したものが（3-4）、（3-5）であり、（3-6）を変形したものが（3-7）、（3-8）になります。

● 例題 3-1

つぎのデータを用いて、単純回帰モデル $Y = \alpha + \beta X + u$ を、OLSにより推定しなさい。

X	6	11	17	8	13
Y	1	3	5	2	4

［解答］

データをワークシートに記入し、計算します（表3-1）。

表3-1　ワークシート

X	Y	XY	X^2
6	1	6	36
11	3	33	121
17	5	85	289
8	2	16	64
13	4	52	169
55	15	192	679
↑	↑	↑	↑
ΣX	ΣY	ΣXY	ΣX^2

$\widehat{\beta}$ を、（3-3）より求めると、

$$\widehat{\beta} = \frac{n\sum XY - \sum X \sum Y}{n\sum X^2 - (\sum X)^2} = \frac{(5)(192) - (55)(15)}{(5)(679) - (55)^2} = \frac{135}{370} = 0.365$$

となります。

つぎに、$\hat{a}$ を (3-7) より求めると、

$$\hat{a} = \frac{\sum Y - \hat{\beta} \sum X}{n} = \frac{(15) - \left(\frac{135}{370}\right)(55)}{(5)} = -1.01$$

となります。

したがって、推定回帰線は、

$$\hat{Y} = -1.01 + 0.365X$$

となります。

[別解]

データをワークシートに記入し、計算します（表3-2）。ただし、

$$\bar{X} = \frac{\sum X}{n} = \frac{55}{5} = 11$$

$$\bar{Y} = \frac{\sum Y}{n} = \frac{15}{5} = 3$$

であり、

$$x = X - \bar{X}$$
$$y = Y - \bar{Y}$$

とおきます。

表3-2　ワークシート

X	Y	x	y	xy	x^2
6	1	-5	-2	10	25
11	3	0	0	0	0
17	5	6	2	12	36
8	2	-3	-1	3	9
13	4	2	1	2	4
55	15	0	0	27	74
↑	↑	↑	↑	↑	↑
$\sum X$	$\sum Y$	$\sum x$	$\sum y$	$\sum xy$	$\sum x^2$

$\hat{\beta}$ を、(3-4) より求めると、

$$\hat{\beta} = \frac{\sum xy}{\sum x^2} = \frac{27}{74} = 0.365$$

となります。

つぎに、回帰係数（定数項）$\hat{a}$ を、(3-8) より求めると、

$$\hat{a} = \bar{Y} - \hat{\beta}\bar{X} = (3) - \left(\frac{27}{74}\right)(11) = -1.01$$

となります。よって、推定回帰線は、以下のとおりです。

$$\hat{Y} = -1.01 + 0.365X$$

3．決定係数

決定係数（coefficient of determination）は、推定回帰線の観測データに対する説明力、あるいは当てはまりのよさ（**適合度：goodness of fit**）を示す尺度で、回帰分析には欠かせない統計量です。

観測値 Y とその平均値 $\bar{Y}$ との差の平方和は、**Y の全変動**といい、

$$Y \text{ の全変動} = \sum(Y - \bar{Y})^2 \tag{3-15}$$

と表わされます。一方、理論値 $\hat{Y}$ と平均値 $\bar{Y}$ との差の平方和は、**回帰によって説明できる変動（回帰平方和）**といい、

$$\text{回帰によって説明できる変動} = \sum(\hat{Y} - \bar{Y})^2 \tag{3-16}$$

と表わされます。そこで、決定係数 R^2 は、Y の全変動に対する、回帰によって説明できる変動の比率として捉えられ、次式のかたちで定義されます。

決定係数の定義式

$$R^2 = \frac{\text{回帰によって説明できる変動（回帰平方和）}}{Y \text{ の全変動}} \tag{3-17}$$

$$= \frac{\sum(\hat{Y} - \bar{Y})^2}{\sum(Y - \bar{Y})^2} \tag{3-18}$$

$$= 1 - \frac{\text{回帰によって説明できない変動（残差平方和）}}{Y \text{ の全変動}} \tag{3-19}$$

$$= 1 - \frac{\sum(Y - \hat{Y})^2}{\sum(Y - \bar{Y})^2} \longleftarrow = \sum \hat{u}^2 \tag{3-20}$$

なお、決定係数の計算式としては次の3式のいずれかを用いると便利です。

決定係数の計算式

$$R^2 = \frac{\hat{\beta}^2 \sum(X-\bar{X})^2}{\sum(Y-\bar{Y})^2} \tag{3-21}$$

$$= \frac{[\sum(X-\bar{X})(Y-\bar{Y})]^2}{\sum(X-\bar{X})^2 \sum(Y-\bar{Y})^2} = \frac{(\sum xy)^2}{\sum x^2 \sum y^2} \tag{3-22}$$

$$= \frac{[n\sum XY - (\sum X)(\sum Y)]^2}{[n\sum X^2 - (\sum X)^2][n\sum Y^2 - (\sum Y)^2]} \tag{3-23}$$

また、決定係数と相関係数(第1章40頁参照)の間には、以下の関係が成立します。

決定係数 = (相関係数)の2乗 (3-24)

決定係数のとりうる範囲は、

$0 \leq R^2 \leq 1$

であり、1に近いほど理論値$\hat{Y}$が観測値Yをよく近似し、モデルの説明力が高いことを意味します。たとえば、$R^2=0.9$であればモデルは90%の説明力をもち、$R^2=0.3$であればモデルは30%の説明力をもつと解釈できます。

●例題 3-2

例題3-1の回帰分析の結果を用い、決定係数R^2を計算しなさい。

[解答]

$\sum X = 55$ $\sum Y = 15$ $\sum XY = 192$

$\sum X^2 = 679$ $\sum Y^2 = 55$

決定係数R^2を、(3-23)より求めると、

$$R^2 = \frac{[n\sum XY - (\sum X)(\sum Y)]^2}{[n\sum X^2 - (\sum X)^2][n\sum Y^2 - (\sum Y)^2]}$$

$$= \frac{[(5)(192) - (55)(15)]^2}{[(5)(679) - (55)^2][(5)(55) - (15)^2]} = \frac{18225}{18500} = 0.985$$

となり、回帰モデルの当てはまりは、きわめて良好であるといえます。

[別解]

$x = X - \bar{X}$、$y = Y - \bar{Y}$とおくと、

$\sum x^2 = 74$ $\sum y^2 = 10$ $\sum xy = 27$

であるから、決定係数R^2を、(3-22)式より求めると、

$$R^2 = \frac{(\sum xy)^2}{\sum x^2 \sum y^2} = \frac{(27)^2}{(74)(10)}$$

$$= \frac{729}{740} = 0.985$$

となります。

● 例題 3－3

　表 3－3 は、わが国の実質国内総生産 X と実質民間最終消費支出 Y を、1994年から2005年までの12年間について示したものです。

① ヨコ軸に X、タテ軸に Y をとり、このデータの散布図を描きなさい。

② つぎのマクロ消費関数を、OLSにより推定しなさい。

　　$Y = \alpha + \beta X + u$

③ 決定係数 R^2 を計算し、推定されたマクロ消費関数の適合度について吟味しなさい。

④ 理論値 $\hat{Y}$ と残差 $\hat{u}$ を求めなさい。

⑤ ②で推定したマクロ消費関数を用いて、実質国内総生産が(1)510兆円と(2)570兆円のときの実質民間最終消費支出をそれぞれ予測しなさい。

表 3－3　わが国の実質国内総生産と実質民間最終消費支出　(単位：兆円)

年	実質国内総生産 X	実質民間最終消費支出 Y
1994	469	266
95	478	271
96	490	277
97	497	279
98	488	277
99	487	280
2000	501	283
01	503	287
02	504	290
03	513	291
04	525	297
05	538	303

注) 2000暦年連鎖価格。
資料) 内閣府『国民経済計算年報』。

[解答]

① 図 3-2　実質国内総生産 X と実質民間最終消費支出 Y

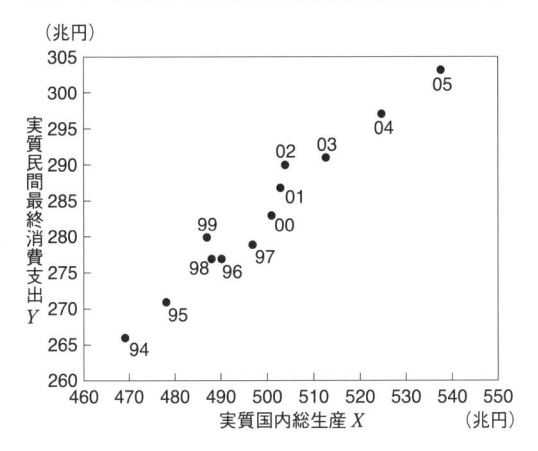

(兆円)

(実質民間最終消費支出 Y 縦軸、実質国内総生産 X 横軸の散布図。データ点：94, 95, 96, 97, 98, 99, 00, 01, 02, 03, 04, 05)

② データをワークシートに記入し計算します（表3-4）。

表 3-4　ワークシート

X	Y	XY	X^2	Y^2
469	266	124754	219961	70756
478	271	129538	228484	73441
490	277	135730	240100	76729
497	279	138663	247009	77841
488	277	135176	238144	76729
487	280	136360	237169	78400
501	283	141783	251001	80089
503	287	144361	253009	82369
504	290	146160	254016	84100
513	291	149283	263169	84681
525	297	155925	275625	88209
538	303	163014	289444	91809
5993	3401	1700747	2997131	965153
↑	↑	↑	↑	↑
$\sum X$	$\sum Y$	$\sum XY$	$\sum X^2$	$\sum Y^2$

$\widehat{\beta}$ を，(3-3) より求めると，

$$\widehat{\beta} = \frac{n\sum XY - \sum X \sum Y}{n\sum X^2 - (\sum X)^2} = \frac{(12)(1700747) - (5993)(3401)}{(12)(2997131) - (5993)^2}$$

$$= \frac{26771}{49523}$$

$$= 0.54058$$

となります。この $\hat{\beta}$ は**限界消費性向**（marginal propensity to consume）といい、1兆円の実質国内総生産の増加が、5405.8億円の実質民間最終消費支出の増加をもたらすことを意味します。

つぎに、$\hat{a}$ を(3-7)より求めると、

$$\hat{a} = \frac{\sum Y - \hat{\beta} \sum X}{n} = \frac{(3401) - \left(\frac{26771}{49523}\right)(5993)}{(12)} = 13.443$$

となります。

したがって、推定した日本のマクロ消費関数は、

$$\hat{Y} = 13.443 + 0.54058X$$

となります。

③決定係数 R^2 を、(3-23)より求めると、

$$R^2 = \frac{[n\sum XY - (\sum X)(\sum Y)]^2}{[n\sum X^2 - (\sum X)^2][n\sum Y^2 - (\sum Y)^2]}$$

$$= \frac{[(12)(1700747) - (5993)(3401)]^2}{[(12)(2997131) - (5993)^2][(12)(965153) - (3401)^2]} = \frac{716686441}{744578305}$$

$$= 0.9625$$

となります。すなわち、実質民間最終消費支出 Y の変動のうち、96.25%がモデル（$\hat{a} + \hat{\beta}X$）によって説明されうることがわかります。

④理論値 $\hat{Y}$ は、②で求めた下式

$$\hat{Y} = 13.443 + 0.54058X$$

に、X の観測値を代入して求めます。

一方残差 $\hat{u}$ は、(3-9)、

$$\hat{u} = Y - \hat{Y}$$

より求めます。表3-5が、理論値と残差の計算結果です。参考までに、$\hat{u}$ の正・負により、次のような言い方をします。

$\hat{u} = Y - \hat{Y} < 0$　すなわち　$Y < \hat{Y}$ → **過大推定**

$\hat{u} = Y - \hat{Y} > 0$ すなわち $Y > \hat{Y} \to$ **過小推定**

回帰分析では、過大推定、過小推定の発生原因について考えることがとても重要です。

表3-5 実質民間最終消費支出の観測値、理論値、残差

年	観測値 Y	理論値 $\hat{Y}$	残差 $\hat{u}(=Y-\hat{Y})$
1994	266	266.97	−0.97
95	271	271.84	−0.84
96	277	278.33	−1.33
97	279	282.11	−3.11
98	277	277.25	−0.25
99	280	276.70	3.30
2000	283	284.27	−1.27
01	287	285.35	1.65
02	290	285.89	4.11
03	291	290.76	0.24
04	297	297.25	−0.25
05	303	304.27	−1.27

⑤(1) $X=510$ のとき、

$\hat{Y} = 13.443 + 0.54058X$

$= 13.443 + 0.54058(510)$

$= 289.1$（兆円）

となります。

(2) $X=570$ のとき、

$\hat{Y} = 13.443 + 0.54058X$

$= 13.443 + 0.54058(570)$

$= 321.6$（兆円）

となります。

(1)のケースのように、説明変数 X の観測値の範囲内（469兆円 $\leq X \leq$ 538兆円）で Y を予測することを、**内挿予測**（interpolation）といいます。一方、(2)のケースのように、説明変数 X の観測値の範囲外で Y を予測することを、**外挿予測**（extrapolation）といいます。

●例題 3 - 4

　表 3 - 6 は、東証第 1 部上場の医薬品メーカー33社の売上高 X と経常利益 Y を、2006年 3 月期決算から掲げたものです。両者の関係は、わが国の企業経営において強く意識される財務要因のひとつです。

①単純回帰モデル $Y = \alpha + \beta X + u$ を、OLSにより推定しなさい。
②決定係数 R^2 と相関係数 R を計算しなさい。
③経営規模が著しく大きい武田薬品工業を除いた32社について、①と②の計算を実行しなさい。
④③のケースについて、理論値 $\hat{Y}$ と残差 $\hat{u}$ を求めなさい。

表 3 - 6　医薬品メーカーの売上高と経常利益
〔東証 1 部：2006年 3 月期〕

(単位：10億円)

社　名	売上高 X	経常利益 Y	社　名	売上高 X	経常利益 Y
1．武田薬品工業	1212	485	18．大正製薬	271	50
2．アステラス製薬	879	203	19．参天製薬	98	22
3．大日本住友製薬	246	27	20．エスエス製薬	56	3
4．塩野義製薬	196	30	21．扶桑薬品工業	43	1
5．田辺製薬	172	27	22．日本ケミファ	20	1
6．わかもと製薬	10	1	23．ツムラ	90	16
7．あすか製薬	24	1	24．みらかHD	138	14
8．日本新薬	54	3	25．キッセイ薬品工業	64	3
9．富山化学工業	23	1	26．生化学工業	23	8
10．中外製薬	327	82	27．栄研化学	24	2
11．科研製薬	76	7	28．鳥居薬品	40	8
12．エーザイ	601	100	29．東和薬品	24	4
13．ロート製薬	86	10	30．沢井製薬	27	4
14．小野薬品工業	149	59	31．ゼリア新薬工業	56	2
15．久光製薬	103	24	32．第一三共	926	160
16．有機合成薬品工業	10	1	33．キョーリン	74	9
17．持田製薬	71	9			

注）中外製薬は2005年12月期、久光製薬は2006年 2 月期決算。
資料）東洋経済新報社『会社四季報』。

［解答］

①ワークシートは省略。

$\sum X = 6213$　　$\sum Y = 1377$　　$\sum XY = 1053055$

$\sum X^2 = 3883243$　$\sum Y^2 = 329121$

$\hat{\beta}$ を、(3 - 3)より求めると、

$$\hat{\beta} = \frac{n\sum XY - \sum X \sum Y}{n\sum X^2 - (\sum X)^2} = \frac{(33)(1053055) - (6213)(1377)}{(33)(3883243) - (6213)^2}$$

$$= \frac{26195514}{89545650}$$

$$= 0.29254$$

となります。

つぎに、$\hat{a}$ を(3-7)より求めると、

$$\hat{a} = \frac{\sum Y - \hat{\beta}\sum X}{n} = \frac{(1377) - \left(\frac{26195514}{89545650}\right)(6213)}{(33)}$$

$$= -13.350$$

となります。

したがって、推定回帰線は以下のようになります。

$$\hat{Y} = -13.350 + 0.29254X$$

$\hat{\beta}$ が0.29254であることから、医薬品メーカーでは10億円の売上高の増加が、2億9254万円の経常利益の増加をもたらすことがわかります。

②決定係数 R^2 を、(3-23)より求めると、

$$R^2 = \frac{[n\sum XY - (\sum X)(\sum Y)]^2}{[n\sum X^2 - (\sum X)^2][n\sum Y^2 - (\sum Y)^2]}$$

$$= \frac{[(33)(1053055) - (6213)(1377)]^2}{[(33)(3883243) - (6213)^2][(33)(329121) - (1377)^2]}$$

$$= \frac{686204953724196}{802764574041600}$$

$$= 0.8548$$

となります。すなわち、経常利益 Y の変動のうち、85.48%がモデル（$\hat{a} + \hat{\beta}X$）によって説明できることがわかります。

つぎに、相関係数 R を求めると、

$$R = \sqrt{R^2} = \sqrt{0.8548}$$

$$= 0.9246$$

となります。ちなみにこの相関係数を検定してみると、1％水準で有意であり、売上高と経常利益の間には、有意な相関があるといえます（R の検定方

法は、第1章45頁を参照して下さい)。

③ワークシートは省略。

$\sum X = 5001$　　$\sum Y = 892$　　$\sum XY = 465235$

$\sum X^2 = 2414299$　$\sum Y^2 = 93896$

$$\hat{\beta} = \frac{n\sum XY - \sum X \sum Y}{n\sum X^2 - (\sum X)^2} = \frac{(32)(465235) - (5001)(892)}{(32)(2414299) - (5001)^2}$$

$$= \frac{10426628}{52247567}$$

$$= 0.19956$$

つぎに、$\hat{a}$を(3-7)より求めます。

$$\hat{a} = \frac{\sum Y - \hat{\beta}\sum X}{n} = \frac{(892) - \left(\frac{10426628}{52247567}\right)(5001)}{(32)}$$

$$= -3.3128$$

したがって、推定回帰線は以下のようになります。

$$\hat{Y} = -3.3128 + 0.19956X$$

決定係数R^2を、(3-23)より求めると、

$$R^2 = \frac{[n\sum XY - (\sum X)(\sum Y)]^2}{[n\sum X^2 - (\sum X)^2][n\sum Y^2 - (\sum Y)^2]}$$

$$= \frac{[(32)(465235) - (5001)(892)]^2}{[(32)(2414299) - (5001)^2][(32)(93896) - (892)^2]}$$

$$= \frac{108714571450384}{115415293483536}$$

$$= 0.9419$$

となり、モデルのフィットがかなり向上したことがわかります。

相関係数Rは、以下のようになります。

$$R = \sqrt{R^2} = \sqrt{0.9419}$$

$$= 0.9705$$

④理論値$\hat{Y}$は、③で求めた下式

$$\hat{Y} = -3.3128 + 0.19956X$$

に、Xの観測値を代入して求めます。

一方、残差 $\hat{u}$ は、(3-9)より求めます。
$$\hat{u} = Y - \hat{Y}$$

表3-7が、理論値と残差の計算結果です。小野薬品工業(32.6)、アステラス製薬(30.9)、中外製薬(20.1)の順に正の残差が大きく、収益力の強さがうかがわれます。

表3-7 理論値と残差 (単位：10億円)

社　名	理論値 $\hat{Y}$	残差 $\hat{u}$ $(=Y-\hat{Y})$	社　名	理論値 $\hat{Y}$	残差 $\hat{u}$ $(=Y-\hat{Y})$
1. 武田薬品工業	—	—	18. 大正製薬	50.8	-0.8
2. アステラス製薬	172.1	30.9	19. 参天製薬	16.2	5.8
3. 大日本住友製薬	45.8	-18.8	20. エスエス製薬	7.9	-4.9
4. 塩野義製薬	35.8	-5.8	21. 扶桑薬品工業	5.3	-4.3
5. 田辺製薬	31.0	-4.0	22. 日本ケミファ	0.7	0.3
6. わかもと製薬	-1.3	2.3	23. ツムラ	14.6	1.4
7. あすか製薬	1.5	-0.5	24. みらかHD	24.2	-10.2
8. 日本新薬	7.5	-4.5	25. キッセイ薬品工業	9.5	-6.5
9. 富山化学工業	1.3	-0.3	26. 生化学工業	1.3	6.7
10. 中外製薬	61.9	20.1	27. 栄研化学	1.5	0.5
11. 科研製薬	11.9	-4.9	28. 鳥居薬品	4.7	3.3
12. エーザイ	116.6	-16.6	29. 東和薬品	1.5	2.5
13. ロート製薬	13.8	-3.8	30. 沢井製薬	2.1	1.9
14. 小野薬品工業	26.4	32.6	31. ゼリア新薬工業	7.9	-5.9
15. 久光製薬	17.2	6.8	32. 第一三共	181.5	-21.5
16. 有機合成薬品工業	-1.3	2.3	33. キョーリン	11.5	-2.5
17. 持田製薬	10.9	-1.9			

● 例題 3-5

表3-8は、2005年における大企業（従業員規模1000人以上）の男子大学・大学院卒労働者の年齢 X と所定内給与額（月額）Y を、(1)建設業、(2)食料品製造業、(3)パルプ・紙製造業、(4)精密機械製造業、(5)卸売・小売業、(6)放送業について示しています。

① (1)建設業について、回帰モデル $Y=\alpha+\beta X+u$ を推定し、決定係数 R^2 を計算しなさい。

② 同様に(2)〜(6)の産業について、回帰モデル $Y=\alpha+\beta X+u$ を推定し、決定係数 R^2 を計算しなさい。

表 3-8　男子大学・大学院卒労働者の年齢と所定内給与額（大企業：2005年）

(1)建設業		(2)食料品製造業		(3)パルプ・紙製造業	
年齢 X	所定内給与額 Y	年齢 X	所定内給与額 Y	年齢 X	所定内給与額 Y
23.5(年)	223(千円)	23.6(年)	211(千円)	24.1(年)	225(千円)
27.7	269	27.5	236	27.5	252
32.9	358	32.4	302	33.1	319
37.2	425	37.4	367	37.8	372
42.6	513	42.3	467	42.0	400
47.4	576	47.4	483	46.6	412
52.7	598	52.6	518	52.1	522
57.0	641	57.6	561	56.6	566

(4)精密機械製造業		(5)卸売・小売業		(6)放送業	
年齢 X	所定内給与額 Y	年齢 X	所定内給与額 Y	年齢 X	所定内給与額 Y
23.8(年)	219(千円)	23.8(年)	221(千円)	23.8(年)	229(千円)
27.8	261	27.6	264	27.8	272
32.3	299	32.6	331	32.3	339
37.5	416	37.4	403	37.6	461
42.7	464	42.4	485	42.3	587
47.2	550	47.3	537	47.3	763
52.2	578	52.5	583	51.1	795
56.8	624	57.1	588	57.2	845

資料）厚生労働省『賃金構造基本統計調査報告』。

[解答]

①ワークシートは省略。

$\sum X = 321.0$　　$\sum Y = 3603$　　$\sum XY = 157487.8$

$\sum X^2 = 13873.60$　$\sum Y^2 = 1794309$

$\hat{\beta}$ を、(3-3)より求めると、

$$\hat{\beta} = \frac{n\sum XY - \sum X \sum Y}{n\sum X^2 - (\sum X)^2} = \frac{(8)(157487.8) - (321.0)(3603)}{(8)(13873.60) - (321.0)^2}$$

$$= \frac{103339.4}{7947.8} = 13.002$$

となります。

つぎに、$\hat{a}$ を (3-7) より求めると、

$$\widehat{a} = \frac{\sum Y - \widehat{\beta}\sum X}{n} = \frac{(3603) - \left(\frac{103339.4}{7947.8}\right)(321.0)}{(8)} = -71.341$$

となります。以上より、推定回帰線はつぎのようになります。

$$\widehat{Y} = -71.341 + 13.002X$$

さて、決定係数R^2は(3-23)より、

$$R^2 = \frac{[n\sum XY - (\sum X)(\sum Y)]^2}{[n\sum X^2 - (\sum X)^2][n\sum Y^2 - (\sum Y)^2]}$$

$$= \frac{[(8)(157487.8) - (321.0)(3603)]^2}{[(8)(13873.60) - (321.0)^2][(8)(1794309) - (3603)^2]}$$

$$= \frac{10679031592.36}{1091124551.4} = 0.9787$$

となり、モデルのフィットは良好であることがわかります。この回帰分析の結果は、労働者の年齢・勤続年数に応じて賃金が上昇していく、いわゆる**年功序列型賃金体系**の特徴を明確に表わしています。$\widehat{\beta}$は、年齢が1年上昇したとき、1万3002円昇給することを意味しています。

②①と同様、$\widehat{\beta}$は(3-3)、$\widehat{a}$は(3-7)を用いて推定し、決定係数R^2は(3-23)より求めます。計算プロセスは省略。

(2) **食料品製造業**

$\sum X = 320.8$ $\sum Y = 3145$ $\sum XY = 137188.9$

$\sum X^2 = 13882.30$ $\sum Y^2 = 1360533$

∴ $\widehat{Y} = -43.012 + 10.876X$ $R^2 = 0.9701$

(3) **パルプ・紙製造業**

$\sum X = 319.8$ $\sum Y = 3068$ $\sum XY = 132204.0$

$\sum X^2 = 13715.04$ $\sum Y^2 = 1276858$

∴ $\widehat{Y} = -26.999 + 10.269X$ $R^2 = 0.9790$

(4) **精密機械製造業**

$\sum X = 320.3$ $\sum Y = 3411$ $\sum XY = 149113.3$

$\sum X^2 = 13791.03$ $\sum Y^2 = 1619795$

∴ $\widehat{Y} = -93.042 + 12.973X$ $R^2 = 0.9838$

（5） 卸売・小売業

$\sum X = 320.7$　　　$\sum Y = 3412$　　　$\sum XY = 148555.4$

$\sum X^2 = 13841.43$　$\sum Y^2 = 1599734$

∴ $\hat{Y} = -52.615 + 11.952X$　　$R^2 = 0.9740$

（6） 放送業

$\sum X = 319.4$　　　$\sum Y = 4291$　　　$\sum XY = 191173.6$

$\sum X^2 = 13705.96$　$\sum Y^2 = 2726655$

∴ $\hat{Y} = -294.65 + 20.815X$　　$R^2 = 0.9723$

決定係数はいずれも0.97以上と高く、モデルのフィットは良好であるといえます。$\hat{\beta}$の値は1年の昇給額を示しますが、その順位は1位放送業（2万815円）、2位建設業（1万3002円）、3位精密機械製造業（1万2973円）、4位卸売・小売業（1万1952円）、5位食料品製造業（1万876円）、6位パルプ・紙製造業（1万269円）の順であることがわかります。

4．非線型式の回帰分析

　ここまでは、線型式すなわち1次式の回帰分析について学びましたが、この節では**非線型式**（non-linear equation）の回帰分析について説明します。被説明変数と説明変数の回帰関係は、データのちらばりがある一定の狭い範囲では大部分が線型式で近似できますが、その範囲が広くなると、非線型式で近似することが多くなってきます。一般に、非線型式を回帰分析するには、被説明変数や説明変数をなんらかの方法で変換し、非線型式を線型式に置き換えて最小2乗法を適用します。表3‐9に示した①～⑨の線型化変換は、非線型関数の回帰分析でよく利用されるタイプです。計量経済分析では、与えられたデータに対して説明力の高い関数型を見つけ出すことも大切な作業であり、しかも、その関数型は経済理論から生じる諸条件を満たすものでなくてはなりません。

表3-9 非線型式の線型化変換

非線型式	変換	線型式（推定式）
① 指数関数 I $Y = \alpha X^\beta$	両辺の対数をとると、 $\log Y = \log \alpha + \beta \log X$ となり、 $y = \log Y$、$x = \log X$、 $a = \log \alpha$、 とおく。	$y = a + \beta x$ （3章、練習問題 4）
② 指数関数 II $Y = \alpha \cdot \beta^X$	両辺の対数をとると、 $\log Y = \log \alpha + X \log \beta$ となり、 $y = \log Y$、 $a = \log \alpha$、$b = \log \beta$ とおく。	$y = a + bX$
③ 分数関数 I $Y = \alpha + \dfrac{\beta}{X}$	$x = \dfrac{1}{X}$ とおく。	$Y = \alpha + \beta x$ （例題 3-6） （3章、練習問題 2、3）
④ 分数関数 II $Y = \dfrac{1}{\alpha + \beta X}$	$y = \dfrac{1}{Y}$ とおく。	$y = \alpha + \beta X$
⑤ 半対数関数 $Y = \alpha + \beta \log X$	$x = \log X$ とおく。	$Y = \alpha + \beta x$
⑥ 2次関数 $Y = \alpha + \beta X + \gamma X^2$	$Z = X^2$ とおく。	$Y = \alpha + \beta X + \gamma Z$ （例題 4-7） （4章、練習問題 2）
⑦ コブ・ダグラス型関数 $Z = \alpha X^\beta Y^\gamma$	両辺の対数をとると、 $\log Z = \log \alpha + \beta \log X + \gamma \log Y$ となり、 $z = \log Z$、$x = \log X$、 $y = \log Y$、$a = \log \alpha$ とおく。	$z = a + \beta x + \gamma y$ （4章、練習問題 4）
⑧ ロジスティック関数 I $Y = \dfrac{e^{\alpha + \beta X}}{1 + e^{\alpha + \beta X}}$ （普及率：$0 < Y < 1$）	$y = \log \dfrac{Y}{1 - Y}$ とおく。	$y = \alpha + \beta X$
⑨ ロジスティック関数 II $Y = \dfrac{\gamma}{1 + e^{\alpha + \beta X}}$ （普及率の飽和水準：γ）	$y = \log \left(\dfrac{\gamma}{Y} - 1 \right)$ とおく。	$y = \alpha + \beta X$ （例題 3-7） （3章、練習問題 5）

●例題 3-6

表3-10は、わが国の物価上昇率$\dot{P}$と失業率Uの関係を示しています。
①ヨコ軸にU、タテ軸に$\dot{P}$をとり、このデータの散布図を描きなさい。
②つぎのフィリップス曲線を、OLSで推定しなさい。

$$\dot{P} = \alpha + \beta \frac{1}{U} + u$$

③決定係数R^2を計算しなさい。

表3-10 わが国の物価上昇率と失業率の関係

(単位:％)

年	物価上昇率 $\dot{P}$	失業率 U
1990	3.1	2.1
91	3.3	2.1
92	1.6	2.2
93	1.3	2.5
94	0.7	2.9
95	−0.1	3.2
96	0.1	3.4
97	1.8	3.4
98	0.6	4.1
99	−0.3	4.7
2000	−0.7	4.7
01	−0.7	5.0
02	−0.9	5.4
03	−0.3	5.3
04	0.0	4.7
05	−0.3	4.4

資料) 総務省統計局「消費者物価指数年報」。
　　　総務省統計局「労働力調査年報」。

[解答]

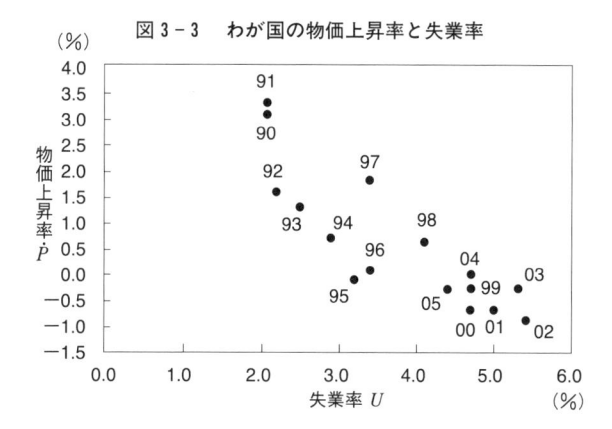

① 図3-3　わが国の物価上昇率と失業率

(グラフ: 横軸 失業率 U (%), 縦軸 物価上昇率 $\dot{P}$ (%)、各年のデータ点91〜05がプロットされている)

② $X = \dfrac{1}{U}$、$Y = \dot{P}$ とおき、フィリップス曲線を線型化すると、

$$Y = a + \beta X + u$$

となります。

$\sum X = 4.73583$　　$\sum Y = 9.2$　　$\sum XY = 4.56597$

$\sum X^2 = 1.56654$　　$\sum Y^2 = 30.92$

$\hat{\beta}$ を (3-3) より求めると、

$$\hat{\beta} = \frac{n\sum XY - \sum X \sum Y}{n\sum X^2 - (\sum X)^2} = \frac{(16)(4.56597) - (4.73583)(9.2)}{(16)(1.56654) - (4.73583)^2} = \frac{29.48588}{2.63655}$$

$$= 11.18$$

となります。つぎに、(3-7) より $\hat{a}$ を求めると、

$$\hat{a} = \frac{\sum Y - \hat{\beta} \sum X}{n} = \frac{(9.2) - \left(\dfrac{29.48588}{2.63655}\right)(4.73583)}{(16)} = -2.735$$

となります。

したがって、

$$Y = -2.735 + 11.18 X$$

となり、求めるフィリップス曲線は、

$$\dot{P} = -2.735 + 11.18 \frac{1}{U}$$

となります。

③決定係数 R^2 を (3-23) より求めると、

$$R^2 = \frac{[n\sum XY - (\sum X)(\sum Y)]^2}{[n\sum X^2 - (\sum X)^2][n\sum Y^2 - (\sum Y)^2]} = 0.8041$$

となります。

●例題 3-7

表3-11は、わが国のファクシミリの普及率を示しています。ロジスティック関数を線型化変換して、最小2乗法で推定し、ファクシミリの普及率の飽和水準を求めなさい。

表3-11 わが国のファクシミリの普及率

(単位：%)

年 (t)	普及率 Y
1992 (1)	5.5
93 (2)	6.7
94 (3)	7.6
95 (4)	10.0
96 (5)	12.9
97 (6)	17.5
98 (7)	22.2
99 (8)	26.4
2000 (9)	32.9
01 (10)	35.5
02 (11)	39.3
03 (12)	42.8
04 (13)	45.6
05 (14)	49.7
06 (15)	56.7

(資料) 内閣府経済社会総合研究所『消費動向調査年報』。

[解答]

ファクシミリの普及率を示すロジスティック関数は、以下のように表わされます。

$$Y = \frac{\gamma}{1 + e^{\alpha + \beta t}} \tag{1}$$

Y：ファクシミリの普及率（%）

t：年（$t=1,2,\cdots\cdots,15$）

γ:ファクシミリの普及率の飽和水準

e:自然対数の底($e=2.71828\cdots$)

α, β:推定すべきパラメータ

(1)式を線型化変換すると、

$$\log\left(\frac{\gamma}{Y}-1\right) = \alpha + \beta t \tag{2}$$

となります。

つぎに、飽和水準γにYの最大値より大きい数値を代入して$\log\left(\frac{\gamma}{Y}-1\right)$のデータを作成し、(2)式をOLSで推定し決定係数R^2を求めます。ある一定のγごとにこの計算をくりかえし、R^2が最大となる場合を、最終的なパラメータの推定結果とします。表3-12が、推定した飽和水準γと、そのときの決定係数R^2を示しています。

表3-12 ファクシミリの普及率の飽和水準と決定係数

普及率の飽和水準(%) γ	決定係数 R^2	
67	0.991808	
68	0.992046	
69	0.992120	←R^2が最大のケース
70	0.992071	
71	0.991930	

表3-12より、普及率の飽和水準γが69%のとき、決定係数R^2は最大になります。したがって、このときの推定結果は、

$$\log\left(\frac{69.0}{Y}-1\right) = 2.788 - 0.2782t$$

$$R^2 = 0.9921$$

となります。ロジスティック関数で表わすと、

$$Y = \frac{69.0}{1+e^{2.788-0.2782t}}$$

となります。

第3章 練習問題

1. 表3-13は、アメリカの実質個人可処分所得Xと実質個人消費支出Yを、1960年から2004年までの44年間について示したものです。
   ① 1960〜69年
   ② 1970〜79年
   ③ 1980〜89年
   ④ 1990〜2004年

   上記の期間ごとに、消費関数 $Y = a + \beta X + u$ を推定し、決定係数R^2を求めなさい。また、推定した限界消費性向の変化についても考察しなさい。

表3-13 アメリカの実質個人可処分所得と実質個人消費支出

（単位：100億ドル）

年	実質個人可処分所得 X	実質個人消費支出 Y	年	実質個人可処分所得 X	実質個人消費支出 Y
1960	157	143	83	358	324
61	162	146	84	384	341
62	169	153	85	396	357
63	176	160	86	409	371
64	188	169	87	415	382
65	200	180	88	432	397
66	211	190	89	440	406
67	220	196	90	448	413
68	230	207	91	449	411
69	237	215	92	463	422
70	247	220	93	470	434
71	256	228	94	477	449
72	268	242	95	491	461
73	287	253	96	504	475
74	285	251	97	518	491
75	290	257	98	535	515
76	301	271	99	577	542
77	311	283	2000	605	567
78	326	295	01	617	581
79	335	302	02	636	599
80	337	301	03	651	619
81	345	305	04	674	642
82	348	308			

注）1992年価格。
資料）US. Department of commerce, *Statistical Abstract of the United States*.

2．表3-14は、台湾の第1次産業就業者比率（Y）と1人当たりGNP（X）の推移を示しています。

①ヨコ軸にX、タテ軸にYをとり、散布図を描きなさい。

②回帰モデル$Y = \alpha + \beta \frac{1}{X} + u$を、OLSで推定し、決定係数$R$を求めなさい。

③②のαの推定値は何を意味するか述べなさい。

表3-14　台湾の第1次産業就業者比率と1人当たりGNP（実質）

（単位：％，100台湾元／人）

年	第1次産業就業者比率 Y	1人当たりGNP X	年	第1次産業就業者比率 Y	1人当たりGNP X
1970	36.7	669	89	12.9	2598
71	35.1	740	90	12.8	2719
72	33.0	824	91	13.0	2893
73	30.5	912	92	12.3	3083
74	30.9	908	93	11.5	3255
75	30.4	931	94	10.9	3454
76	29.0	1038	95	10.6	3643
77	26.7	1123	96	10.1	3835
78	24.9	1257	97	9.6	4038
79	21.5	1341	98	8.4	4171
80	19.5	1410	99	8.2	4384
81	18.8	1464	2000	7.8	4619
82	18.9	1496	01	7.5	4513
83	18.6	1597	02	7.5	4699
84	17.6	1759	03	7.3	4874
85	17.5	1833	04	6.6	5161
86	17.0	2038	05	5.9	5305
87	15.3	2262			
88	13.7	2428			

注）2001年価格。

資料）Counsil for Economic Planning and Development, *Taiwan Statistical Data Book*.

3．表3-15は、韓国と台湾について、それぞれ物価上昇率 $\dot{P}$ と失業率 U の関係を示しています。

①ヨコ軸に U、タテ軸に $\dot{P}$ をとり、散布図を描きなさい。

②以下のフィリップス曲線を、OLSで推定し、決定係数 R^2 を求めなさい。

$$\dot{P} = a + \beta \frac{1}{U} + u$$

表3-15　韓国・台湾の物価上昇率と失業率　(単位：%)

年	韓国		台湾	
	物価上昇率 $\dot{P}$	失業率 U	物価上昇率 $\dot{P}$	失業率 U
1990	8.6	2.4	4.1	1.7
91	9.3	2.3	3.6	1.5
92	6.2	2.4	4.5	1.5
93	4.8	2.8	2.9	1.5
94	6.3	2.4	4.1	1.6
95	4.5	2.0	3.7	1.8
96	4.9	2.0	3.1	2.6
97	4.5	2.6	0.9	2.7
98	7.5	6.8	1.7	2.7
99	0.8	6.3	0.2	2.9
2000	2.3	4.4	1.3	3.0
01	4.1	4.0	-0.01	4.6
02	2.7	3.3	-0.2	5.2
03	3.6	3.6	-0.3	5.0
04	3.6	3.7	1.6	4.4
05	2.7	3.7	2.3	4.1

資料) Korea National Statistical Office, *Major Statistics of Korean Economy.*
　　　Counsil for Economic Plannning and Development, *Taiwan Statistical Data Book.*

4．表3-16は、上海市の電力消費量(Y)と実質GDP(X)の関係を示しています。

① ヨコ軸に X、タテ軸に Y をとり、散布図を描きなさい。

② 指数関数 $Y = aX^\beta$ を対数変換し、OLSで推定しなさい。また、決定係数 R^2 も求めなさい。

③ ②の β の推定値の意味について説明しなさい。

表3-16 上海市の電力消費量と実質GDP

(単位：億kwh, 1978年=100)

年	電力消費量 Y	実質GDP X	年	電力消費量 Y	実質GDP X
1985	204	180	1995	403	436
86	216	188	96	430	493
87	229	202	97	454	556
88	241	222	98	483	612
89	247	229	99	501	674
90	265	237	2000	559	747
91	289	254	01	593	823
92	317	291	02	646	913
93	346	335	03	746	1021
94	337	382	04	821	1160

注）実質GDPは1978年を100とした指数。
資料）上海市統計局『上海統計年鑑』。

5. 表3-17は、中国人口の建国以来の推移を示しています。

①中国人口の飽和水準を、ロジスティック関数の計測（OLS）を通じて求めなさい。また、この計測結果を用いて、2010、2020、2030、2040、2050年の中国人口を予測しなさい。

②「一人っ子政策」導入後(1979～2005年)に関して、①を再計測しなさい。

表3-17　中国人口の建国以来の推移

(単位：100万人)

年	人口	年	人口	年	人口	年	人口
1949	542	1965	725	1981	1001	97	1236
50	552	66	745	82	1017	98	1248
51	563	67	764	83	1030	99	1258
52	575	68	785	84	1044	2000	1267
53	588	69	807	85	1059	01	1276
54	603	70	830	86	1075	02	1285
55	615	71	852	87	1093	03	1292
56	628	72	872	88	1110	04	1300
57	647	73	892	89	1127	05	1308
58	660	74	909	90	1143		
59	672	75	924	91	1158		
60	662	76	937	92	1172		
61	659	77	950	93	1185		
62	673	78	963	94	1199		
63	692	79	975	95	1211		
64	705	80	987	96	1224		

資料）国家統計局『中国統計年鑑』。

●第4章
重回帰モデル

1. 重回帰分析

　被説明変数(結果)と2個以上の説明変数(原因)との関係を測定する回帰分析を、**重回帰分析**(multiple regression analysis)、または**多重回帰分析**といいます。

　いま、被説明変数Yが、2個の説明変数X_1、X_2によって説明される**重回帰モデル**を、

$$Y = \alpha + \beta_1 X_1 + \beta_2 X_2 + u \qquad (4-1)$$

とおくとき、重回帰分析の主要な目的は、パラメータα、β_1、β_2を求めることにあります(uは誤差項)。

　その求め方の原理は、前章で学んだ単純回帰モデルのケースと同様、最小2乗法(OLS)によります。すなわち、残差平方和$\sum \hat{u}^2 = \sum (Y - \hat{\alpha} - \hat{\beta}_1 X_1 - \hat{\beta}_2 X_2)^2$が最小になるように、パラメータの値を決定すればよいわけです。

残差平方和を$\hat{a}$、$\hat{\beta}_1$、$\hat{\beta}_2$で偏微分して0とおけば、つぎの連立方程式が得られます。

$$\sum Y = n\hat{a} + \hat{\beta}_1 \sum X_1 + \hat{\beta}_2 \sum X_2 \qquad (4-2)$$

$$\sum YX_1 = \hat{a}\sum X_1 + \hat{\beta}_1 \sum X_1^2 + \hat{\beta}_2 \sum X_1 X_2 \qquad (4-3)$$

$$\sum YX_2 = \hat{a}\sum X_2 + \hat{\beta}_1 \sum X_1 X_2 + \hat{\beta}_2 \sum X_2^2 \qquad (4-4)$$

$\hat{a}$、$\hat{\beta}_1$、$\hat{\beta}_2$を未知数とするこの連立方程式が、重回帰における**正規方程式**であり、これを解けばよいわけです。しかし、いきなり正規方程式を解くことはむずかしいので、以下に示す〈順序1〉から〈順序4〉の手続きにしたがって、$\hat{a}$、$\hat{\beta}_1$、$\hat{\beta}_2$を求めていきます。

〈順序1〉

ワークシートを作成し、以下の統計量を求めます。

$\sum Y \qquad \sum X_1 \qquad \sum X_2$

$\sum Y^2 \qquad \sum X_1^2 \qquad \sum X_2^2$

$\sum YX_1 \qquad \sum YX_2 \qquad \sum X_1 X_2$

〈順序2〉

算術平均からの偏差の平方和と積和を、S_{YY}からS_{12}の記号で定義し、計算します。

$$S_{YY} = \sum (Y-\overline{Y})^2 = \sum Y^2 - \frac{(\sum Y)^2}{n} \qquad (4-5)$$

$$S_{11} = \sum (X_1-\overline{X}_1)^2 = \sum X_1^2 - \frac{(\sum X_1)^2}{n} \qquad (4-6)$$

$$S_{22} = \sum (X_2-\overline{X}_2)^2 = \sum X_2^2 - \frac{(\sum X_2)^2}{n} \qquad (4-7)$$

$$S_{Y1} = \sum (Y-\overline{Y})(X_1-\overline{X}_1) = \sum YX_1 - \frac{(\sum Y)(\sum X_1)}{n} \qquad (4-8)$$

$$S_{Y2} = \sum (Y-\overline{Y})(X_2-\overline{X}_2) = \sum YX_2 - \frac{(\sum Y)(\sum X_2)}{n} \qquad (4-9)$$

$$S_{12} = \sum (X_1-\overline{X}_1)(X_2-\overline{X}_2) = \sum X_1 X_2 - \frac{(\sum X_1)(\sum X_2)}{n} \qquad (4-10)$$

〈順序3〉

D_0、D_1、D_2を計算します。

$$D_0 = S_{11}S_{22} - S_{12}^2 \tag{4-11}$$
$$D_1 = S_{Y1}S_{22} - S_{Y2}S_{12} \tag{4-12}$$
$$D_2 = S_{Y2}S_{11} - S_{Y1}S_{12} \tag{4-13}$$

〈順序 4〉

$\hat{\beta}_1$、$\hat{\beta}_2$、$\hat{a}$ を求めます。

$$\hat{\beta}_1 = \frac{D_1}{D_0} \tag{4-14}$$

$$\hat{\beta}_2 = \frac{D_2}{D_0} \tag{4-15}$$

$$\hat{a} = \frac{\sum Y}{n} - \hat{\beta}_1 \frac{\sum X_1}{n} - \hat{\beta}_2 \frac{\sum X_2}{n} \tag{4-16}$$

単純回帰では、回帰直線が推定されましたが、重回帰では、図4-1のような**回帰平面**(regression plane)が求まります。

なお、$\hat{\beta}_1$と$\hat{\beta}_2$は、**偏回帰係数**(partial regression coefficient)とも呼ばれ、つぎのような重要な意味をもちます。$\hat{\beta}_1$はX_2が一定のとき、X_1の変化によって生じるYの変化を表わし、一方、$\hat{\beta}_2$はX_1が一定のとき、X_2の変化によって生じるYの変化を表わします。

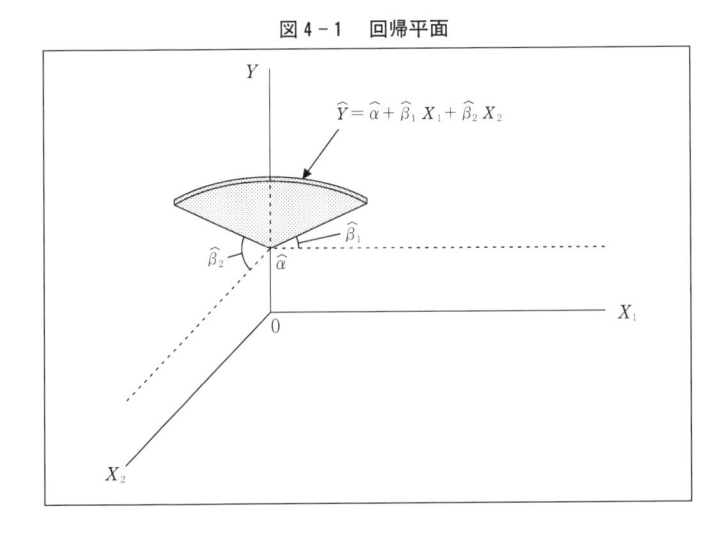

図 4-1　回帰平面

●例題 4-1

つぎのデータを用いて、重回帰モデル $Y=\alpha+\beta_1 X_1+\beta_2 X_2+u$ を、OLSにより推定しなさい。

Y	0	1	5	6	8
X_1	4	3	9	8	6
X_2	1	2	0	2	5

[解答]

〈順序1〉

ワークシートを作成します。

表 4-1　ワークシート

Y	X_1	X_2	Y^2	X_1^2	X_2^2	YX_1	YX_2	X_1X_2
0	4	1	0	16	1	0	0	4
1	3	2	1	9	4	3	2	6
5	9	0	25	81	0	45	0	0
6	8	2	36	64	4	48	12	16
8	6	5	64	36	25	48	40	30
20	30	10	126	206	34	144	54	56
↑	↑	↑	↑	↑	↑	↑	↑	↑
$\sum Y$	$\sum X_1$	$\sum X_2$	$\sum Y^2$	$\sum X_1^2$	$\sum X_2^2$	$\sum YX_1$	$\sum YX_2$	$\sum X_1X_2$

〈順序2〉

$$S_{YY} = \sum Y^2 - \frac{(\sum Y)^2}{n} = (126) - \frac{(20)^2}{(5)} = 46$$

$$S_{11} = \sum X_1^2 - \frac{(\sum X_1)^2}{n} = (206) - \frac{(30)^2}{(5)} = 26$$

$$S_{22} = \sum X_2^2 - \frac{(\sum X_2)^2}{n} = (34) - \frac{(10)^2}{(5)} = 14$$

$$S_{Y1} = \sum YX_1 - \frac{(\sum Y)(\sum X_1)}{n} = (144) - \frac{(20)(30)}{(5)} = 24$$

$$S_{Y2} = \sum YX_2 - \frac{(\sum Y)(\sum X_2)}{n} = (54) - \frac{(20)(10)}{(5)} = 14$$

$$S_{12} = \sum X_1X_2 - \frac{(\sum X_1)(\sum X_2)}{n} = (56) - \frac{(30)(10)}{(5)} = -4$$

〈順序3〉

$D_0 = S_{11}S_{22} - S_{12}^2 = (26)(14) - (-4)^2 = 348$

$D_1 = S_{Y1}S_{22} - S_{Y2}S_{12} = (24)(14) - (14)(-4) = 392$

$D_2 = S_{Y2}S_{11} - S_{Y1}S_{12} = (14)(26) - (24)(-4) = 460$

〈順序4〉

$\hat{\beta}_1 = \dfrac{D_1}{D_0} = \dfrac{392}{348} = 1.13$

$\hat{\beta}_2 = \dfrac{D_2}{D_0} = \dfrac{460}{348} = 1.32$

$\hat{\alpha} = \dfrac{\sum Y}{n} - \hat{\beta}_1 \dfrac{\sum X_1}{n} - \hat{\beta}_2 \dfrac{\sum X_2}{n} = \dfrac{(20)}{(5)} - \left(\dfrac{392}{348}\right)\dfrac{(30)}{(5)} - \left(\dfrac{460}{348}\right)\dfrac{(10)}{(5)}$

$= -5.40$

よって、推定結果を整理すると、

$\hat{Y} = -5.40 + 1.13 X_1 + 1.32 X_2$

となります。

2．決定係数と重相関係数

　重回帰の決定係数は、重回帰モデルの当てはまり具合を示す尺度で、前章で説明した単純回帰の決定係数と同様の考え方にもとづく統計量です。重回帰（説明変数が2個のケース）の決定係数R^2を定義すると、

$$R^2 = \dfrac{回帰によって説明できる変動（回帰平方和）}{Y の全変動} \tag{4-17}$$

$$= \dfrac{\sum(\hat{Y} - \bar{Y})}{\sum(Y - \bar{Y})} \tag{4-18}$$

$$= \dfrac{\hat{\beta}_1 S_{Y1} + \hat{\beta}_2 S_{Y2}}{S_{YY}} \quad [計算式] \tag{4-19}$$

となり、そのとりうる範囲は、

　　$0 \leq R^2 \leq 1$

となります。

　一方**重相関係数**（multiple correlation coefficient）は、被説明変数と2

個以上の説明変数との相関関係の強さを測るために用いられます。重相関係数は、重回帰の決定係数から非負の平方根を計算すればよく、次式によって求まります。

$$\text{重相関係数}(R) = \sqrt{\text{重回帰の決定係数}} \qquad (4\text{-}20)$$

3．自由度修正済み決定係数

前述した重回帰の決定係数には、説明変数の数を増やしていくと、自動的に大きくなってしまうという欠陥があります。その原因は、説明力をもたない説明変数でも、追加することによって残差が小さくなる点にあります。こうした欠陥を克服するために考案されたのが、**自由度修正済み決定係数**（coefficient of determination adjusted for the degrees of freedom）です。自由度修正済み決定係数は、**自由度調整済み決定係数**とも呼ばれ、次式のかたちで定義されます。

$$\bar{R}^2 = 1 - \frac{n-1}{n-k-1}(1-R^2) \qquad (4\text{-}21)$$

R^2：決定係数
n　：サンプルの数
k　：説明変数の数

重回帰分析では、R^2より$\bar{R}^2$を採用するのが一般的です。また、$\bar{R}^2$の値は、つねにR^2より小さい値であり、まれにですがマイナスの値になる場合もあります。$\bar{R}^2$のとりうる範囲は、以下のとおりです。

$$-\infty \leq \bar{R}^2 \leq 1$$

なお、**自由度修正済み重相関係数**$\bar{R}$は、つぎの式によって求められます。

$$\bar{R} = \sqrt{\text{自由度修正済み決定係数}} = \sqrt{\bar{R}^2} \qquad (4\text{-}22)$$

●例題4-2
　例題4-1のデータに基づいて、以下の問いに答えなさい。
①決定係数R^2を計算しなさい。
②自由度修正済み決定係数$\bar{R}^2$を計算しなさい。

［解答］

①決定係数R^2を（4-21）より計算すると、

$$R^2 = \frac{\hat{\beta}_1 S_{Y1} + \hat{\beta}_2 S_{Y2}}{S_{YY}} = \frac{\left(\frac{392}{348}\right)(24) + \left(\frac{460}{348}\right)(14)}{(46)}$$

$$= 0.990$$

となり、モデルの当てはまりは、きわめて良好であるといえます。

②サンプルの数nは5、説明変数の数kは2であるから、自由度修正済み決定係数$\bar{R}^2$を（4-21）より計算すると、

$$\bar{R}^2 = 1 - \frac{n-1}{n-k-1}(1-R^2) = 1 - \frac{(5)-1}{(5)-(2)-1}[1-(0.990)]$$

$$= 0.980$$

となり、決定係数の値(0.990)と比べて、やや小さくなっていることがわかります。

● 例題 4-3

つぎの①〜③のケースに関して、自由度修正済み決定係数$\bar{R}^2$を計算しなさい。R^2は決定係数、nはサンプルの数、kは説明変数の数を表わしています。
① $R^2 = 0.75$　$n = 8$　$k = 2$
② $R^2 = 0.30$　$n = 9$　$k = 3$
③ $R^2 = 0.95$　$n = 31$　$k = 5$

［解答］

（4-21）より、自由度修正済み決定係数$\bar{R}^2$を計算します。

① $\bar{R}^2 = 1 - \dfrac{n-1}{n-k-1}(1-R^2) = 1 - \dfrac{(8)-1}{(8)-(2)-1}[1-(0.75)]$

$= 0.65$

② $\bar{R}^2 = 1 - \dfrac{(9)-1}{(9)-(3)-1}[1-(0.30)]$

$= -0.12$

このように、$\bar{R}^2$はマイナスの値になることもあります。

③ $\bar{R}^2 = 1 - \dfrac{(31)-1}{(31)-(5)-1}[1-(0.95)]$
 $= 0.94$

●例題 4 - 4

 表 4 - 2 は、駅の乗降者の利用を狙って出店された、コンビニエンスストア10店舗のデータです。

 Y は 1 日平均売上高（万円）、X_1 は店舗面積（m²）、X_2 は立地条件として駅から店舗までの距離（100m）を示しています。

①重回帰モデル $Y = \alpha + \beta_1 X_1 + \beta_2 X_2 + u$ を、OLSにより推定しなさい。
②決定係数 R^2 と自由度修正済み決定係数 $\bar{R}^2$ を求めなさい。
③他の条件を一定として、店舗面積を 1 m²拡張した場合、1 日平均売上高はいくら増加するでしょうか。
④他の条件を一定として、店舗を現地点より100m駅から離れた地点へ移転した場合、1 日平均売上高はいくら減少するでしょうか。
⑤店舗面積80m²の K 店を、駅から300mの地点に出店する計画がありますが、1 日平均売上高 $\hat{Y}_K$ を予測しなさい。

表 4 - 2　コンビニエンスストア10店舗の 1 日平均売上高、店舗面積、および駅からの距離

店舗	1 日平均売上高 （万円） Y	店舗面積 （m²） X_1	駅からの距離 （100m） X_2
A	40	60	3
B	45	100	5
C	80	85	2
D	60	50	1
E	50	75	3
F	20	55	4
G	15	70	6
H	90	95	1
I	30	45	3
J	70	65	2

[解答]

①

〈順序1〉

ワークシートを作成します。

表4-3 ワークシート

Y	X_1	X_2	Y^2	X_1^2	X_2^2	YX_1	YX_2	X_1X_2
40	60	3	1600	3600	9	2400	120	180
45	100	5	2025	10000	25	4500	225	500
80	85	2	6400	7225	4	6800	160	170
60	50	1	3600	2500	1	3000	60	50
50	75	3	2500	5625	9	3750	150	225
20	55	4	400	3025	16	1100	80	220
15	70	6	225	4900	36	1050	90	420
90	95	1	8100	9025	1	8550	90	95
30	45	3	900	2025	9	1350	90	135
70	65	2	4900	4225	4	4550	140	130
500	700	30	30650	52150	114	37050	1205	2125
↑	↑	↑	↑	↑	↑	↑	↑	↑
$\sum Y$	$\sum X_1$	$\sum X_2$	$\sum Y^2$	$\sum X_1^2$	$\sum X_2^2$	$\sum YX_1$	$\sum YX_2$	$\sum X_1X_2$

〈順序2〉

$$S_{YY} = \sum Y^2 - \frac{(\sum Y)^2}{n} = (30650) - \frac{(500)^2}{(10)} = 5650$$

$$S_{11} = \sum X_1^2 - \frac{(\sum X_1)^2}{n} = (52150) - \frac{(700)^2}{(10)} = 3150$$

$$S_{22} = \sum X_2^2 - \frac{(\sum X_2)^2}{n} = (114) - \frac{(30)^2}{(10)} = 24$$

$$S_{Y1} = \sum YX_1 - \frac{(\sum Y)(\sum X_1)}{n} = (37050) - \frac{(500)(700)}{(10)} = 2050$$

$$S_{Y2} = \sum YX_2 - \frac{(\sum Y)(\sum X_2)}{n} = (1205) - \frac{(500)(30)}{(10)} = -295$$

$$S_{12} = \sum X_1X_2 - \frac{(\sum X_1)(\sum X_2)}{n} = (2125) - \frac{(700)(30)}{(10)} = 25$$

〈順序3〉

$$D_0 = S_{11}S_{22} - S_{12}^2 = (3150)(24) - (25)^2 = 74975$$

$$D_1 = S_{Y1}S_{22} - S_{Y2}S_{12} = (2050)(24) - (-295)(25) = 56575$$

$$D_2 = S_{Y2}S_{11} - S_{Y1}S_{12} = (-295)(3150) - (2050)(25) = -980500$$

〈順序4〉

$$\hat{\beta}_1 = \frac{D_1}{D_0} = \frac{56575}{74975} = 0.75458$$

$$\hat{\beta}_2 = \frac{D_2}{D_0} = \frac{-980500}{74975} = -13.078$$

$$\hat{a} = \frac{\sum Y}{n} - \hat{\beta}_1 \frac{\sum X_1}{n} - \hat{\beta}_2 \frac{\sum X_2}{n}$$

$$= \frac{(500)}{(10)} - \left(\frac{56575}{74975}\right)\frac{(700)}{(10)} - \left(\frac{-980500}{74975}\right)\frac{(30)}{(10)}$$

$$= 36.412$$

よって、推定結果を整理すると、

$$\hat{Y} = 36.412 + 0.75458 X_1 - 13.078 X_2$$

となります。

②決定係数 R^2 を(4-19)より計算すると、

$$R^2 = \frac{\hat{\beta}_1 S_{Y1} + \hat{\beta}_2 S_{Y2}}{S_{YY}}$$

$$= \frac{\left(\frac{56575}{74975}\right)(2050) + \left(\frac{-980500}{74975}\right)(-295)}{(5650)}$$

$$= 0.9566$$

となります。

自由度修正済み決定係数 $\bar{R}^2$ は、(4-21)より、

$$\bar{R}^2 = 1 - \frac{n-1}{n-k-1}(1-R^2)$$

$$= 1 - \frac{(10)-1}{(10)-(2)-1}[1-(0.9566)] = 0.9442$$

となり、さきに求めた決定係数の値(0.9566)と比べて、やや小さくなっていることがわかります。

③ $\hat{\beta}_1$ が0.75458であることから、他の条件を一定として、店舗面積を1㎡拡張した場合、1日平均売上高は、約7546円増加することがわかります。

④ $\hat{\beta}_2$ が-13.078であることから、他の条件を一定として、店舗を現地点よ

り100m駅から離れた地点へ移転した場合、1日平均売上高は、約13万780円減少することがわかります。

⑤K店のケースは、$X_1=80$、$X_2=3$であるから、1日平均売上高は、

$$\hat{Y}_K = 36.412 + 0.75458 X_1 - 13.078 X_2$$
$$= 36.412 + 0.75458(80) - 13.078(3)$$
$$= 57.5444 \text{（万円）}$$

と予測されます。

4．偏相関係数

Y、X_1、X_2のような3変数データについて、X_1を一定としたとき（X_1の影響を受けないようにしたとき）の、YとX_2の相関関係を示す指標を**偏相関係数**（partial correlation coefficient）といいます。X_1を一定としたときの、YとX_2の偏相関係数$R_{Y2 \cdot 1}$は、次式のように2変数間の相関係数（**単純相関係数**）R_{Y1}、R_{Y2}、R_{12}を用いて簡単に計算できます。

$$R_{Y2 \cdot 1} = \frac{R_{Y2} - R_{Y1} R_{12}}{\sqrt{(1 - R_{Y1}^2)(1 - R_{12}^2)}} \qquad (4-23)$$

また、X_2を一定としたときの、YとX_1の偏相関係数$R_{Y1 \cdot 2}$も、同様に次式のかたちで計算できます。

$$R_{Y1 \cdot 2} = \frac{R_{Y1} - R_{Y2} R_{12}}{\sqrt{(1 - R_{Y2}^2)(1 - R_{12}^2)}} \qquad (4-24)$$

$R_{Y2 \cdot 1}$、$R_{Y1 \cdot 2}$のとりうる範囲は、以下のとおりです。

$-1 \leqq R_{Y2 \cdot 1} \leqq 1$

$-1 \leqq R_{Y1 \cdot 2} \leqq 1$

参考までに、Y、X_1、X_2、X_3のような4変数データの偏相関係数$R_{Y1 \cdot 23}$を示すと、次式のようになります。

$$R_{Y1 \cdot 23} = \frac{R_{Y1 \cdot 2} - R_{Y3 \cdot 2} R_{13 \cdot 2}}{\sqrt{(1 - R_{Y3 \cdot 2}^2)(1 - R_{13 \cdot 2}^2)}} \qquad (4-25)$$

$$= \frac{R_{Y1 \cdot 3} - R_{Y2 \cdot 3} R_{12 \cdot 3}}{\sqrt{(1 - R_{Y2 \cdot 3}^2)(1 - R_{12 \cdot 3}^2)}} \qquad (4-26)$$

●例題 4 - 5

　家計の消費Y、所得X_1、資産X_2に関する相関分析の結果、単純相関係数が以下のように算出されました。

　　　$R_{Y1}=0.97$　　$R_{Y2}=0.79$　　$R_{12}=0.72$

①所得X_1を一定としたときの、YとX_2の偏相関係数$R_{Y2\cdot 1}$を計算しなさい。

②資産X_2を一定としたときの、YとX_1の偏相関係数$R_{Y1\cdot 2}$を計算しなさい。

[解答]

①偏相関係数$R_{Y2\cdot 1}$を、(4-23)を用いて計算します。

$$R_{Y2\cdot 1} = \frac{R_{Y2} - R_{Y1}R_{12}}{\sqrt{(1-R_{Y1}^2)(1-R_{12}^2)}}$$

$$= \frac{(0.79) - (0.97)(0.72)}{\sqrt{[1-(0.97)^2][1-(0.72)^2]}}$$

$$= 0.543$$

②偏相関係数$R_{Y1\cdot 2}$を、(4-24)を用いて計算します。

$$R_{Y1\cdot 2} = \frac{R_{Y1} - R_{Y2}R_{12}}{\sqrt{(1-R_{Y2}^2)(1-R_{12}^2)}}$$

$$= \frac{(0.97) - (0.79)(0.72)}{\sqrt{[1-(0.79)^2][1-(0.72)^2]}}$$

$$= 0.943$$

●例題 4 - 6

　表4-4のデータは、2002年におけるアジア各国の出生時平均余命Y、購買力平価による1人当たりGDP X_1、成人識字率X_2、および1歳児予防接種率（はしか）X_3を表わしています。なお、X_1を経済水準、X_2を教育水準、X_3を保健・医療水準を示す指標とみなすこともできます。

①重回帰モデル$Y=\alpha+\beta_1 X_1+\beta_2 X_2+u$を、OLSにより推定しなさい。

②①について、決定係数R^2と自由度修正済み決定係数$\bar{R}^2$を計算しなさい。

③*計量経済分析用もしくは統計解析用のソフトウェア（Excel、TSP など）を使用して、つぎの重回帰モデルをOLSにより推定しなさい。あわせて、決定係数R^2と自由度修正済み決定係数$\bar{R}^2$も求めなさい。

　　　$Y=\alpha+\beta_1 X_1+\beta_2 X_2+\beta_3 X_3+u$

表4-4 アジア各国の人間開発指標（2002年）

国	出生時平均余命（年） Y	購買力平価による1人当たりGDP（100米ドル） X_1	成人識字率（％） X_2	1歳児予防接種率（％） X_3
1　日本	82	280	100	99
2　シンガポール	79	245	93	88
3　韓国	77	180	98	96
4　スリランカ	74	38	90	99
5　マレーシア	73	103	86	92
6　中国	72	50	91	84
7　ベトナム	71	25	90	93
8　フィリピン	70	43	93	80
9　イラン	70	70	77	99
10　タイ	70	76	93	94
11　インドネシア	67	34	88	72
12　インド	63	29	61	67
13　パキスタン	63	21	49	61
14　ブータン	63	20	47	88
15　バングラデシュ	63	18	41	88
16　ネパール	62	14	49	75
17　ラオス	55	18	69	42

資料）UNDP, *Human Development Report.*

[解答]

①

〈順序1〉

ワークシートは省略。

$\sum Y = 1174$　　$\sum X_1 = 1264$　　$\sum X_2 = 1315$

$\sum Y^2 = 81858$　　$\sum X_1^2 = 202210$　　$\sum X_2^2 = 108275$

$\sum YX_1 = 94791$　　$\sum YX_2 = 92586$　　$\sum X_1 X_2 = 113356$

〈順序2〉

$$S_{YY} = \sum Y^2 - \frac{(\sum Y)^2}{n} = 782.9412$$

$$S_{11} = \sum X_1^2 - \frac{(\sum X_1)^2}{n} = 108227.9$$

$$S_{22} = \sum X_2^2 - \frac{(\sum X_2)^2}{n} = 6555.882$$

$$S_{Y1} = \sum YX_1 - \frac{(\sum Y)(\sum X_1)}{n} = 7500.647$$

$$S_{Y2} = \sum YX_2 - \frac{(\sum Y)(\sum X_2)}{n} = 1773.647$$

$$S_{12} = \sum X_1 X_2 - \frac{(\sum X_1)(\sum X_2)}{n} = 15581.88$$

〈順序3〉

$$D_0 = S_{11}S_{22} - S_{12}^2 = 466734206$$

$$D_1 = S_{Y1}S_{22} - S_{Y2}S_{12} = 21536600$$

$$D_2 = S_{Y2}S_{11} - S_{Y1}S_{12} = 75083865$$

〈順序4〉

$$\hat{\beta}_1 = \frac{D_1}{D_0} = 0.046143$$

$$\hat{\beta}_2 = \frac{D_2}{D_0} = 0.16087$$

$$\hat{a} = \frac{\sum Y}{n} - \hat{\beta}_1 \frac{\sum X_1}{n} - \hat{\beta}_2 \frac{\sum X_2}{n} = 53.184$$

となります。

よって、推定結果を整理すると、

$$\hat{Y} = 53.184 + 0.046143 X_1 + 0.16087 X_2$$

となります。

②決定係数は、(4-19)より、

$$R^2 = \frac{\hat{\beta}_1 S_{Y1} + \hat{\beta}_2 S_{Y2}}{S_{YY}}$$

$$= \frac{(0.046143)(7500.647) + (0.16087)(1773.647)}{(782.9412)}$$

$$= 0.8065$$

となります。Y の変動のうち、約81％がモデルによって説明されます。

サンプルの数 n が17、説明変数の数 k が2であることから、自由度修正済み決定係数 $\bar{R}^2$ を、(4-21)を用いて計算すると、

$$\bar{R}^2 = 1 - \frac{n-1}{n-k-1}(1-R^2)$$

$$= 1 - \frac{(17)-1}{(17)-(2)-1}[1-(0.8065)]$$
$$= 0.7788$$

となります。

③この重回帰モデルの推定結果を整理すると、つぎのようになります。Y の変動のうち、約94％がモデルによって説明されることがわかります。

$$Y = 41.343 + 0.035698X_1 + 0.12094X_2 + 0.18844X_3$$
$$R^2 = 0.9396 \quad \bar{R}^2 = 0.9257$$

●例題 4-7

表4-5は、わが国の小企業（10〜99人）における、現金給与額（月間）Y と労働者の年齢 X の関係を示しています。

① ヨコ軸に X、タテ軸に Y をとり、このデータの散布図を描きなさい。
② 重回帰モデル $Y = \alpha + \beta_1 X + \beta_2 X^2 + u$ をOLSで推定し、決定係数 R^2 と自由度修正済み決定係数 $\bar{R}^2$ も計算しなさい。

表4-5 わが国の小企業における現金給与額と年齢の関係（2005年）

現金給与額（1000円） Y	労働者の年齢（歳） X
148.9	16.9
169.5	19.1
198.4	22.8
237.2	27.6
274.3	32.5
303.7	37.4
312.6	42.4
314.8	47.5
312.2	52.6
315.0	57.2
262.3	62.2
241.2	68.9

資料）厚生労働省『賃金構造基本統計調査報告』。

[解答]

① 図 4-2　わが国の小企業における現金給与額と年齢の関係（2005年）

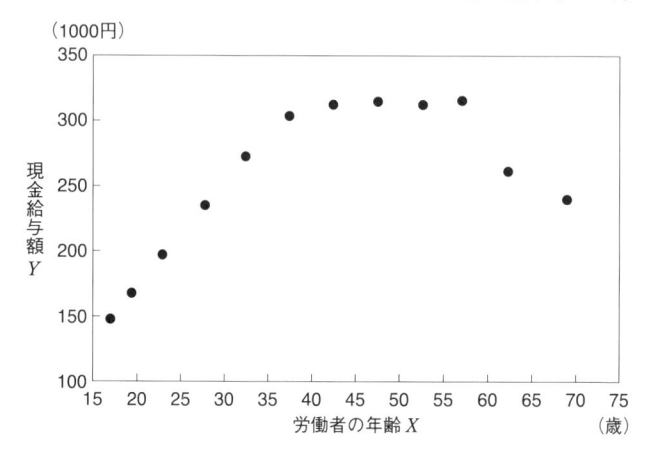

② このモデルは非線型（2次関数）ですから、$Z=X^2$とおいて線型化変換を行なうと（第3章 表3-9参照）、

$$Y = a + \beta_1 X + \beta_2 Z + u$$

となり、上式にOLSを適用します。計算プロセスは省略しますが、推定結果はつぎのとおりです。

$$Y = -96.220 + 17.292X - 0.18091\underset{(=Z)}{X^2}$$

$$R^2 = 0.9833 \quad \bar{R}^2 = 0.9795$$

モデルのフィットは、良好であるといえます。

[補足1] OLSにおける誤差項u_tの仮定

① $E(u_t) = 0$
　u_tの期待値は0である（u_tの平均は0）。

② $E(u_t^2) = \sigma^2$
　u_tの分散は、どの時点でも一定である。これを、**均一分散**（homoscedasticity）の仮定という。

③ $E(u_t u_s) = 0$ 　　（$t \neq s$）
　u_tとu_sは、互いに無相関である。すなわち**系列相関（自己相関）**がないことを仮定する。

④ $E(X_t u_t) = 0$
　説明変数X_tは、u_tと無相関である。

⑤ $u_t \sim N(0, \sigma^2)$
　u_tは、平均0、分散σ^2の正規分布に従う。

　①〜④の仮定（**回帰モデルの標準的仮定**ともいう）が成立するとき、OLSから得られる推定量は**最良線型不偏推定量**（Best Linear Unbiased Estimator、頭文字より**BLUE**）となり、このことを発見者の名から**ガウス＝マルコフ**（Gauss-Markov）**の定理**といいます。最良線型不偏推定量をわかりやすくいうと、すべての線型で不偏（推定量の平均が真のパラメータに等しい）な推定量のなかで、いちばん小さい分散（最小分散）をもつことを意味します。もちろん、分散が小さいということはとても望ましいことです。したがって、①〜④の仮定がみたされるもとでOLSを実行すると、得られたパラメータの精度は、きわめて高いということになります。

　さて、実際の経済現象においては、①〜⑤の仮定がすべてみたされるとは限りません。むしろ、これらの仮定の成立しないことの方が、多くあります。そこで計量経済学では、それぞれの仮定が満たされないとき、どのような問題が発生し、そしてそれを解決するためにはどうすればよいかということが、学問上大切なテーマになっています。

[補足2] 不均一分散（分散不均一性）

回帰モデルにおいて、誤差項の仮定②が成立しないとき、誤差項は**不均一分散**（heteroscedasticity）の状況にあるといいます。たとえば、説明変数の値が大きくなるにつれて、誤差項のばらつきも大きくなる現象は、不均一分散の典型です（図4-3）。不均一分散の下でOLSを実行すると、得られた推定値は不偏推定量ですが、BLUEではありません。

不均一分散は、長期の時系列データや、クロスセクション・データを利用する際に発生しやすい問題です。なお、不均一分散の存在をチェックする方法としては、**ゴールドフェルド・クォントの検定、不均一分散のLM検定**などがあります〔Maddala（1992）、森棟（2005）に詳しい〕。TSPでOLSを実行すると、不均一分散のLM検定の結果が、自動的に出力されます。

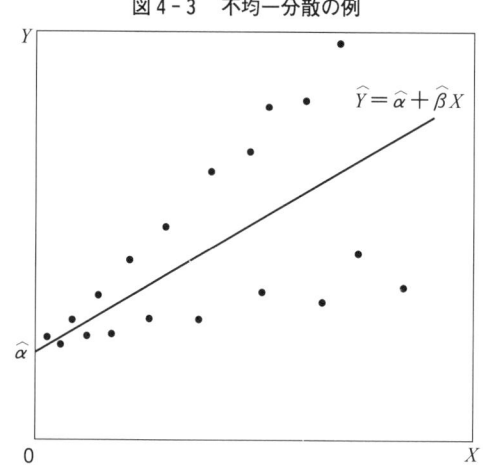

図4-3　不均一分散の例

〔不均一分散の解決法〕
①モデルに欠落している説明変数を見つけ、追加する。
②被説明変数や説明変数を対数変換するなど、関数型の変更を試みる。
③**加重最小2乗法**（Weighted Least Squares：WLS）、あるいは**最尤法**でモデルを推定する。

　注）加重最小2乗法については高橋（1993）、縄田（2006）、最尤法については岩田（1982）を参照して下さい。

[補足3] 多重共線性（マルティコリニアリティ）

重回帰分析において、説明変数の間にきわめて高い相関があると、**多重共線性**（multicollinearity：**マルティコリニアリティ**）というやっかいな問題が発生することがあります。多重共線性が生じると、①決定係数は高いのに、t 値（5章参照）が低い、②推定した回帰係数の符号（正・負）が、理論と一致しない、といった症状があらわれ、重回帰モデルの推定結果は、信頼性の低いものになります。

多重共線性の完全な解決法はいまのところありませんが、以下の8つの方法がよく採用されます。

〔多重共線性の解決法〕
①モデルにとって、不必要な説明変数を除去する。
②データがもっと存在するならば、計測期間を延長して重回帰モデルを推定する。
③年次データでだめならば、四半期データや月次データを用いて、重回帰モデルを推定してみる。
④時系列データでだめならば、横断面データや**パネルデータ**（横断面方向と同時に時系列方向にも広がりをもつデータ）を用いて、重回帰モデルを推定してみる。
⑤説明変数や被説明変数を、階差や比率のかたちに変換して重回帰モデルを作成し、推定してみる。
⑥先行研究や②〜⑤などの方法によって得た推定結果を部分的にモデルに取り入れ、残されたパラメータのみを推定してみる。
⑦**リッジ回帰**（ridge regression）を試みる。
⑧説明変数の**主成分分析**（principal component analysis）により、互いに無相関な合成変数をつくり、これを新たな説明変数としたモデルを作成し、推定する。

注）パネルデータ分析については北村（2005）、樋口・太田・新保（2006）を、リッジ回帰については蓑谷千凰彦（1992）、主成分分析については岩田（1982）を参照して下さい。

第4章　練習問題

1. 表4-6は、わが国の家計の年間消費支出Y、年間収入X_1、および世帯人員X_2（年間収入10分位階級別データ：2005年）を示しています。

    ① 重回帰モデル$Y = a + \beta_1 X_1 + \beta_2 X_2 + u$を、OLSで推定しなさい。

    ② 決定係数R^2と自由度修正済み決定係数$\bar{R}^2$を求めなさい。

    ③ X_1を一定としたときの、YとX_2の偏相関係数$R_{Y2\cdot 1}$を計算しなさい。

    ④ X_2を一定としたときの、YとX_1の偏相関係数$R_{Y1\cdot 2}$を計算しなさい。

表4-6　わが国の家計の年間消費支出、年間収入、および世帯人員（2005年）

（単位：万円、人）

年間消費支出 Y	年間収入 X_1	世帯人員 X_2
141	136	1.20
204	235	1.69
230	304	2.04
264	368	2.26
292	436	2.51
323	513	2.82
359	603	3.08
389	720	3.21
448	886	3.36
548	1335	3.56

注）農林漁家世帯と単身世帯を含む。
資料）総務省統計局『家計調査年報〈家計収支編〉』。

2. 表4-7は、わが国の銀行業（男子：大学・大学院卒）における、現金給与額（月額）Yと行員の年齢Xの関係を示しています。

    ① ヨコ軸にX、タテ軸にYをとり、このデータの散布図を描きなさい。

    ② 重回帰モデル$Y = a + \beta_1 X + \beta_2 X^2 + u$を、OLSで推定しなさい。

    ③ 決定係数R^2と自由度修正済み決定係数$\bar{R}^2$を求めなさい。

表4-7 わが国の銀行業（男子：大学・大学院卒）における、現金給与額と年齢の関係（2005年）

（単位：1000円、歳）

現金給与額 Y	行員の年齢 X
213.8	23.5
317.8	27.7
458.4	32.6
539.4	37.4
633.7	42.2
663.6	47.5
656.3	52.3
525.7	56.7
404.3	62.4
249.8	68.9

資料）厚生労働省『賃金構造基本統計調査報告』。

3.* 例題4-4（120頁）に関して、つぎのような1日の駅の乗降者数 X_3（万人）のデータが得られました。

A-8　B-10　C-17　D-11　E-7
F-6　G-14　H-5　I-9　J-23

計量経済分析用もしくは統計解析用のソフトウェアを利用して、以下の重回帰分析を実行しなさい。

① 重回帰モデル $Y = \alpha + \beta_1 X_1 + \beta_2 X_2 + \beta_3 X_3 + u$ を、OLSで推定しなさい。

② 決定係数 R^2 と自由度修正済み決定係数 $\bar{R}^2$ を計算しなさい。

③ 他の条件が一定で、駅の乗降者数 X_3 が1万人増加したならば、売上高はいくら増加するでしょうか。

④ X_2 と X_3 を一定としたときの、Y と X_1 の偏相関係数 $R_{Y1 \cdot 23}$ を計算しなさい。

⑤ X_1 と X_3 を一定としたときの、Y と X_2 の偏相関係数 $R_{Y2 \cdot 13}$ を計算しなさい。

⑥ X_1 と X_2 を一定としたときの、Y と X_3 の偏相関係数 $R_{Y3 \cdot 12}$ を計算しなさい。

4.* 表 4-8 は、ある産業の付加価値生産額 Y、労働者数 L、および資本額 K の推移を実質額で示したもので、t はトレンド変数にあたります。ただし、計測期間において、1 人当たり労働時間と資本の稼動率に変化はないものとします。

① つぎのコブ・ダグラス型生産関数（C-D関数）を対数変換し、OLSで推定しなさい。また、自由度修正済み決定係数 $\bar{R}^2$ も求めなさい。

$$Y = \alpha L^{\beta_1} K^{\beta_2} e^{\beta_3 t} u$$

α、β_1、β_2、β_3 は推定すべきパラメータ、e は自然対数の底（= 2.71828）、u は誤差項。

② ①の推定結果より、この産業の技術進歩率はいくらになりますか。

③ 1次同次を仮定した①のC-D関数を、①のケースと同様に対数変換し、OLSで推定しなさい。また、$\bar{R}^2$ も求めなさい。

④ ③の推定結果より、この産業の技術進歩率はいくらになるか求めなさい。

表 4-8　ある産業の付加価値生産額、労働者数、および資本額の推移（実質額）

年	付加価値生産額 （10億円） Y	労働者数 （千人） L	資本額 （10億円） K	トレンド変数 t
1996	242	36	60	1
97	262	38	65	2
98	299	38	74	3
99	328	44	72	4
2000	336	41	78	5
01	365	43	80	6
02	378	40	83	7
03	402	40	89	8
04	409	38	91	9
05	432	39	93	10

注）2000年価格。

[補足]

もしC-D関数を用いた実際の分析で、1人当たり労働時間と資本の稼動率に変化が見られ、かつデータが入手可能ならば、それぞれ労働者数と資本に掛けて用いるべきです。

●第5章
回帰モデルの仮説検定と予測

　この章では、推定した回帰モデルがどの程度信頼できるかチェックするための方法である、回帰係数の t 検定と F 検定について説明します。あわせて、構造変化の F 検定（チャウ・テスト）と回帰モデルによる予測の方法についても、わかりやすく解説しましょう。

1. 回帰係数の t 検定

　t 検定（t-test）とは、OLS によって推定された回帰係数が、有意であるか否かを知るための方法です。回帰係数が統計学的にゼロではないと判定されることが、「有意である」ということになります。逆に、回帰係数が有意でない場合、説明変数は被説明変数に何の影響も与えておらず、その説明変数はモデルにおいて必要ないことになります。このように t 検定は、説明変数を選択する役割も担っています。
　ところで、定数項の t 検定に関しては、経済理論上大切な意味がある場合

や予測の場合を除くと、一般に、有意でなくてもあまり気にする必要はありません。

それでは、回帰係数の t 検定の方法について、単純回帰モデルと重回帰モデルのケースに分けて説明しましょう。

単純回帰モデルのケース

> モデル：$Y = \alpha + \beta X + u$
> α、β の OLS による推定値を、$\hat{\alpha}$、$\hat{\beta}$ とします。

〈順序1〉

残差分散 s^2（残差の不偏分散）を推定します。

$$s^2 = \frac{残差平方和}{サンプルの数 - 説明変数の数 - 1} = \frac{\sum \hat{u}^2}{n-2} \qquad (5-1)$$

ただし、$\hat{u} = Y - \hat{Y}$

また、s^2 の正の平方根 s は、**残差の標準誤差**（あるいは**回帰モデルの標準誤差**）と呼ばれます。

〈順序2〉

$\hat{\alpha}$ と $\hat{\beta}$ の分散を推定します。

$$s_{\hat{\alpha}}^2 = s^2 \left[\frac{1}{n} + \frac{\overline{X}^2}{\sum(X-\overline{X})^2} \right] \qquad (5-2)$$

$$= \frac{s^2 \sum X^2}{n \sum (X-\overline{X})^2} \qquad (5-3)$$

$$= \frac{s^2 \sum X^2}{n \sum X^2 - (\sum X)^2} \quad 〔計算式〕 \qquad (5-4)$$

$$s_{\hat{\beta}}^2 = \frac{s^2}{\sum (X-\overline{X})^2} \qquad (5-5)$$

$$= \frac{s^2 n}{n \sum X^2 - (\sum X)^2} \quad 〔計算式〕 \qquad (5-6)$$

〔計算式〕の（5-4）、（5-6）は分母が同じになっています。

$\hat{\alpha}$ と $\hat{\beta}$ は、母集団から何度も標本データのセットを取り出し、OLS により回帰係数を推定すると考えた場合（実際は1回のみ推定）、分布をするこ

とになります。$s_{\hat{a}}^2$と$s_{\hat{\beta}}^2$は、こうした場合のちらばりの程度を示します。

〈順序3〉

回帰係数の標準誤差を計算します。

$$s_{\hat{a}} = \sqrt{s_{\hat{a}}^2} \qquad (5\text{-}7)$$

$$s_{\hat{\beta}} = \sqrt{s_{\hat{\beta}}^2} \qquad (5\text{-}8)$$

いま、α、βが真の回帰係数であるとすれば、推定した回帰係数$\hat{\alpha}$、$\hat{\beta}$との誤差（推定誤差）すなわち$\hat{\alpha}-\alpha$、$\hat{\beta}-\beta$が、$2s_{\hat{a}}$、$2s_{\hat{\beta}}$をこえる確率は5％以下であり、$3s_{\hat{a}}$、$3s_{\hat{\beta}}$をこえることはきわめて稀なことになります。計量経済分析では、この標準誤差を、推定した回帰係数のすぐ下に付すことがよくあります。

〈順序4〉

t値（t-value）を計算します。

$$t_{\hat{a}} = \frac{回帰係数\alpha の推定値}{回帰係数\alpha の標準誤差} = \frac{\hat{\alpha}}{s_{\hat{a}}} \qquad (5\text{-}9)$$

$$t_{\hat{\beta}} = \frac{回帰係数\beta の推定値}{回帰係数\beta の標準誤差} = \frac{\hat{\beta}}{s_{\hat{\beta}}} \qquad (5\text{-}10)$$

〈順序5〉

推定した回帰係数$\hat{\alpha}$と$\hat{\beta}$の有意性検定（***t*検定**）を行ないます。

t検定には、**両側検定**（two-tailed test）と**片側検定**（one-tailed test）の2種類がありますが、ここでは、一般によく用いられる両側検定のケースについて説明しましょう。

まず、**帰無仮説**（null hypothesis）と**対立仮説**（alternative hypothesis）をたてます。

$$帰無仮説 \begin{cases} H_0 : \alpha = 0 \\ H_0' : \beta = 0 \end{cases}$$

$$対立仮説 \begin{cases} H_1 : \alpha \neq 0 \\ H_1' : \beta \neq 0 \end{cases}$$

計量経済分析では通常、帰無仮説が棄却され、対立仮説が支持されることを期待して、仮説検定を行ないます。

〈順序 4〉で求めた t 値は、**自由度 $n-2$**（自由度＝サンプルの数－説明変数の数－1）の t 分布に従うので、表5-1の t 分布表にもとづいて、有意性検定を行ないます。具体的には、計算した t 値の絶対値 $|t_{\hat{\alpha}}|$、$|t_{\hat{\beta}}|$ が、t 分布表で探した t 値（**臨界値**）より大きければ、帰無仮説は棄却され、推定した回帰係数は有意であることになります。

表5-1　t 分布表

自由度	両側検定 有意水準5%	両側検定 有意水準1%	片側検定 有意水準5%	片側検定 有意水準1%	自由度	両側検定 有意水準5%	両側検定 有意水準1%	片側検定 有意水準5%	片側検定 有意水準1%
1	12.706	63.657	6.314	31.821	31	2.040	2.744	1.696	2.453
2	4.303	9.925	2.920	6.965	32	2.037	2.738	1.694	2.449
3	3.182	5.841	2.353	4.541	33	2.035	2.733	1.692	2.445
4	2.776	4.604	2.132	3.747	34	2.032	2.728	1.691	2.441
5	2.571	4.032	2.015	3.365	35	2.030	2.724	1.690	2.438
6	2.447	3.707	1.943	3.143	36	2.028	2.719	1.688	2.434
7	2.365	3.499	1.895	2.998	37	2.026	2.715	1.687	2.431
8	2.306	3.355	1.860	2.896	38	2.024	2.712	1.686	2.429
9	2.262	3.250	1.833	2.821	39	2.023	2.708	1.685	2.426
10	2.228	3.169	1.812	2.764	40	2.021	2.704	1.684	2.423
11	2.201	3.106	1.796	2.718	41	2.020	2.701	1.683	2.421
12	2.179	3.055	1.782	2.681	42	2.018	2.698	1.682	2.418
13	2.160	3.012	1.771	2.650	43	2.017	2.695	1.681	2.416
14	2.145	2.977	1.761	2.624	44	2.015	2.692	1.680	2.414
15	2.131	2.947	1.753	2.602	45	2.014	2.690	1.679	2.412
16	2.120	2.921	1.746	2.583	46	2.013	2.687	1.679	2.410
17	2.110	2.898	1.740	2.567	47	2.012	2.685	1.678	2.408
18	2.101	2.878	1.734	2.552	48	2.011	2.682	1.677	2.407
19	2.093	2.861	1.729	2.539	49	2.010	2.680	1.677	2.405
20	2.086	2.845	1.725	2.528	50	2.009	2.678	1.676	2.403
21	2.080	2.831	1.721	2.518	60	2.000	2.660	1.671	2.390
22	2.074	2.819	1.717	2.508	80	1.990	2.639	1.664	2.374
23	2.069	2.807	1.714	2.500	120	1.980	2.617	1.658	2.358
24	2.064	2.797	1.711	2.492	240	1.970	2.596	1.651	2.342
25	2.060	2.787	1.708	2.485	∞	1.960	2.576	1.645	2.326
26	2.056	2.779	1.706	2.479					
27	2.052	2.771	1.703	2.473					
28	2.048	2.763	1.701	2.467					
29	2.045	2.756	1.699	2.462					
30	2.042	2.750	1.697	2.457					

注）自由度＝サンプルの数 n －説明変数の数 $k-1$
　　ただし、定数項のある回帰分析の場合。

そのさい、有意水準（回帰係数が本当は0であるにもかかわらず、誤って0ではないと判定する確率、すなわち分析者が判定ミスをおかす確率）は、分析者自身の判断で定めますが、一般に5％がもっともよく用いられ、つぎ

に1％が採用されます。当然のことですが、有意水準が小さいほどきびしい検定になります。

なお、サンプルの数nがある程度大きい場合（$n \geq 30$）、t値が2.0以上あれば回帰係数は有意であると判断する習慣が、エコノメトリックスにはあります。検定する回帰係数が沢山あるとき、このルールを覚えておくと、t分布表をわざわざ調べなくてもすむのでとても便利です。なぜt値が2.0以上あれば有意かというと、もっともよく使用される有意水準5％（両側検定）の臨界値において、自由度が28以上の場合（すなわち単純回帰の$n \geq 30$の場合）、小数第2位を四捨五入するとすべて2.0になるからです（自由度＝∞の場合でも$1.96 \fallingdotseq 2.0$）。

[補足] **片側検定**（one-tailed test）
　たとえば、ケインズ型消費関数（$C = \alpha + \beta Y$）の限界消費性向βが事前に$\beta > 0$とわかっているように、理論モデルにおいて**符号条件**（sign condition）が決まっている場合、以下のような片側検定を行ないます。
　　帰無仮説　$H_0 : \beta = 0$
　　対立仮説　$H_1 : \beta > 0$
両側検定のとき、対立仮説H_1は$\beta \neq 0$でしたが、片側検定では、対立仮説H_1は$\beta > 0$となります。ちなみに符号条件が負の場合は、対立仮説H_1を$\beta < 0$とおきます。計量経済分析では、理論モデルにおいて符号条件が定まっているケースが多く、片側検定もしばしば行なわれます。

重回帰モデルのケース（説明変数の数$k = 2$）

> モデル：$Y = \alpha + \beta_1 X_1 + \beta_2 X_2 + u$
> α、β_1、β_2のOLSによる推定値を、$\hat{\alpha}$、$\hat{\beta}_1$、$\hat{\beta}_2$とします。

〈順序1〉

　残差分散s^2を推定します。

$$s^2 = \frac{残差平方和}{サンプルの数 - 説明変数の数 - 1} = \frac{\sum \hat{u}^2}{n - 3} \tag{5-11}$$

〈順序 2〉

$\hat{a}$、$\hat{\beta}_1$、$\hat{\beta}_2$の分散を推定します。

$$s_{\hat{a}}^2 = s^2\left(\frac{1}{n} + \frac{\bar{X}_1^2 S_{22} + \bar{X}_2^2 S_{11} - 2\bar{X}_1\bar{X}_2 S_{12}}{S_{11}S_{22} - S_{12}^2}\right) \quad (5\text{-}12)$$

$$s_{\hat{\beta}_1}^2 = s^2\left(\frac{S_{22}}{S_{11}S_{22} - S_{12}^2}\right) \quad (5\text{-}13)$$

$$s_{\hat{\beta}_2}^2 = s^2\left(\frac{S_{11}}{S_{11}S_{22} - S_{12}^2}\right) \quad (5\text{-}14)$$

ただし、

$$S_{11} = \sum(X_1 - \bar{X}_1)^2 = \sum X_1^2 - \frac{(\sum X_1)^2}{n}$$

$$S_{22} = \sum(X_2 - \bar{X}_2)^2 = \sum X_2^2 - \frac{(\sum X_2)^2}{n}$$

$$S_{12} = \sum(X_1 - \bar{X}_1)(X_2 - \bar{X}_2) = \sum X_1 X_2 - \frac{(\sum X_1)(\sum X_2)}{n}$$

〈順序 3〉

回帰係数の標準誤差を計算します。

$$s_{\hat{a}} = \sqrt{s_{\hat{a}}^2} \quad (5\text{-}15)$$

$$s_{\hat{\beta}_1} = \sqrt{s_{\hat{\beta}_1}^2} \quad (5\text{-}16)$$

$$s_{\hat{\beta}_2} = \sqrt{s_{\hat{\beta}_2}^2} \quad (5\text{-}17)$$

〈順序 4〉

t 値を計算します。

$$t_{\hat{a}} = \frac{回帰係数 \alpha の推定値}{回帰係数 \alpha の標準誤差} = \frac{\hat{a}}{s_{\hat{a}}} \quad (5\text{-}18)$$

$$t_{\hat{\beta}_1} = \frac{回帰係数 \beta_1 の推定値}{回帰係数 \beta_1 の標準誤差} = \frac{\hat{\beta}_1}{s_{\hat{\beta}_1}} \quad (5\text{-}19)$$

$$t_{\hat{\beta}_2} = \frac{回帰係数 \beta_2 の推定値}{回帰係数 \beta_2 の標準誤差} = \frac{\hat{\beta}_2}{s_{\hat{\beta}_2}} \quad (5\text{-}20)$$

〈順序 5〉

推定した回帰係数 $\hat{a}$、$\hat{\beta}_1$、$\hat{\beta}_2$ の有意性検定（ t 検定）を行ないます。

〈順序 4〉で求めた t 値は、**自由度 $n-3$ の** t 分布に従うので、表 5-1 の t 分布表にもとづいて、有意性検定（ t 検定）を実行します。

●例題 5-1

表 5-2 に掲げた①〜⑥の回帰分析のケースについて、自由度を求め、回帰係数の有意性検定（t 検定）を行ない、有意である場合は○、有意でない場合は×を記入しなさい。ただし、回帰モデルに定数項はあるものとします。

表 5-2

計算した t 値	説明変数の数	サンプルの数	自由度	両側検定		片側検定	
				有意水準 5％	有意水準 1％	有意水準 5％	有意水準 1％
①4.327	2	6					
②1.951	5	47					
③2.883	1	30					
④2.540	3	54					
⑤1.635	4	125					
⑥2.428	2	300					

［解答］

定数項のある回帰モデルの自由度は、次式から求めます。

自由度＝（サンプルの数）－（説明変数の数）－1

有意性検定は、計算した t 値が自由度に対応した t 分布表（表 5-1）の臨界値より大きければ有意であり、小さければ有意でないことになります。

表 5-3

	自由度	両側検定		片側検定	
		有意水準 5％	有意水準 1％	有意水準 5％	有意水準 1％
①	3	○	×	○	×
②	41	×	×	○	×
③	28	○	○	○	○
④	50	○	×	○	○
⑤	120	×	×	×	×
⑥	297	○	×	○	○

●例題 5-2

単純回帰モデル：$Y＝\alpha＋\beta X＋u$ の推定結果にもとづいて、以下の設問に答えなさい。（　）内の数値は、上段が回帰係数の標準誤差、下段が t 値を示しています。

$\hat{Y} = 14.107 + 1.224X$
　　(1.863) (0.061)　$R^2 = 0.9760$
　　(7.751) (20.166)　$n = 12$

①回帰係数の有意性検定(t 検定)を、有意水準5%(両側検定)で行ないなさい。

②αとβに関して、**95%信頼区間**(confidence interval)を求めなさい。

[解答]

① t 検定の自由度は、サンプルの数をn、説明変数の数をkとすると、

　　$n - k - 1 = 12 - 1 - 1 = 10$

となります。両側検定における有意水準5%、自由度10の臨界値は、表5-1の t 分布表より、2.228となります。

　よって、

　　$|t_{\hat{\alpha}}| = 7.751 > 2.228$

　　$|t_{\hat{\beta}}| = 20.166 > 2.228$

となり、帰無仮説（$H_0 : \alpha = 0$、$H_0' : \beta = 0$）は棄却され、推定した回帰係数は、5%水準で有意であるといえます。

②αとβの95%信頼区間は、推定値を$\hat{\alpha}$、$\hat{\beta}$、回帰係数の標準誤差を$s_{\hat{\alpha}}$、$s_{\hat{\beta}}$とすると、

> $\hat{\alpha}$ ± （両側検定における有意水準5%で
> 　　自由度$n-2$のt分布表の臨界値）×$s_{\hat{\alpha}}$
> $\hat{\beta}$ ± （両側検定における有意水準5%で
> 　　自由度$n-2$のt分布表の臨界値）×$s_{\hat{\beta}}$

であるから、αの95%信頼区間は、

　　$14.107 \pm 2.228 \times 1.863 = (9.956, 18.258)$

となります。

　一方、βの95%信頼区間は、

　　$1.224 \pm 2.228 \times 0.061 = (1.088, 1.360)$

となります。すなわち、分析者は、αが9.956から18.258、βが1.088から1.360の区間内にあることを、95%の確率で確信することができます。

● 例題 5-3

表5-4は、アメリカにおける1991年から2005年の15年間の実質 GDP X と同輸入額 Y の推移を示したものです。

① 輸入関数 $Y = \alpha + \beta X + u$ の回帰係数 α と β を、OLS で推定しなさい。ただし、$\beta > 0$。
② 決定係数 R^2 を計算しなさい。
③ 残差分散 s^2 と残差の標準誤差 s を計算しなさい。
④ 回帰係数の標準誤差 $s_{\hat{\alpha}}$、$s_{\hat{\beta}}$ を計算しなさい。
⑤ t 値を計算し、回帰係数の有意性検定を1%水準で行ないなさい。

表5-4 アメリカの実質GDPと実質輸入額の推移

(単位：100億ドル)

年	実質GDP X	実質輸入額 Y
1991	710	60
92	734	65
93	753	70
94	784	79
95	803	85
96	833	92
97	870	105
98	907	117
99	947	130
2000	982	148
01	989	144
02	1005	148
03	1030	155
04	1070	171
05	1105	182

注) 2000年価格。
資料) U.S. Department of Commerce, *Statistical Abstract of the United States*.

[解答]

① データをワークシートに記入し、計算します（表5-5）。

表5-5　ワークシート

年	X	Y	XY	X^2	Y^2	$\hat{Y}$	$\hat{u}$	$\hat{u}^2$
1991	710	60	42600	504100	3600	56.44693	3.55307	12.62428
92	734	65	47710	538756	4225	64.00372	0.99628	0.99257
93	753	70	52710	567009	4900	69.98618	0.01382	0.00019
94	784	79	61936	614656	6241	79.74704	−0.74704	0.55807
95	803	85	68255	644809	7225	85.72950	−0.72950	0.53217
96	833	92	76636	693889	8464	95.17548	−3.17548	10.08370
97	870	105	91350	756900	11025	106.82554	−1.82554	3.33259
98	907	117	106119	822649	13689	118.47559	−1.47559	2.17738
99	947	130	123110	896809	16900	131.07025	−1.07025	1.14544
2000	982	148	145336	964324	21904	142.09056	5.90944	34.92147
01	989	144	142416	978121	20736	144.29463	−0.29463	0.08681
02	1005	148	148740	1010025	21904	149.33249	−1.33249	1.77553
03	1030	155	159650	1060900	24025	157.20415	−2.20415	4.85827
04	1070	171	182970	1144900	29241	169.79880	1.20120	1.44289
05	1105	182	201110	1221025	33124	180.81912	1.18088	1.39447
—	13522	1751	1650648	12418872	227203	—	—	75.92578
	↑	↑	↑	↑	↑			↑
	$\sum X$	$\sum Y$	$\sum XY$	$\sum X^2$	$\sum Y^2$			$\sum \hat{u}^2$

$$\hat{\beta} = \frac{n\sum XY - \sum X \sum Y}{n\sum X^2 - (\sum X)^2}$$

$$= \frac{(15)(1650648) - (13522)(1751)}{(15)(12418872) - (13522)^2}$$

$$= \frac{1082698}{3438596}$$

$$= 0.3148663$$

$$\hat{\alpha} = \frac{\sum Y - \hat{\beta}\sum X}{n}$$

$$= \frac{(1751) - \left(\frac{1082698}{3438596}\right)(13522)}{(15)}$$

$$= -167.10814$$

したがって、アメリカの輸入関数は、

$\hat{Y} = -167.10814 + 0.3148663X$

となります。限界輸入性向が0.3148663であることから、1単位のGDPの増加によって、輸入が約0.3単位増加することがわかります。

②決定係数は、

$$R^2 = \frac{[n\sum XY - (\sum X)(\sum Y)]^2}{[n\sum X^2 - (\sum X)^2][n\sum Y^2 - (\sum Y)^2]}$$

$$= \frac{[(15)(1650648) - (13522)(1751)]^2}{[(15)(12418872) - (13522)^2][(15)(227203) - (1751)^2]}$$

$$= \frac{1172234959204}{1176151130224}$$

$$= 0.99667$$

となり、推定した輸入関数の適合度は、きわめて良好であるといえます。

③残差分散 s^2 は、(5-1) より、

$$s^2 = \frac{\sum \hat{u}^2}{n-2}$$

$$= \frac{(75.92578)}{(15)-2}$$

$$= 5.84044$$

となり、残差の標準誤差 s は、

$$s = \sqrt{s^2}$$

$$= \sqrt{5.84044}$$

$$= 2.41670$$

となります。

④まず、回帰係数の推定値 $\hat{\alpha}$、$\hat{\beta}$ の分散 $s_{\hat{\alpha}}^2$、$s_{\hat{\beta}}^2$ を、(5-4)、(5-6) より計算します。

$$s_{\hat{\alpha}}^2 = \frac{s^2 \sum X^2}{n\sum X^2 - (\sum X)^2}$$

$$= \frac{(5.84044)(12418872)}{(15)(12418872) - (13522)^2}$$

$$= 21.0934$$

$$s_{\hat{\beta}}^2 = \frac{s^2 n}{n\sum X^2 - (\sum X)^2}$$

$$= \frac{(5.84044)(15)}{3438596}$$

$$= 0.0000254774$$

回帰係数の標準誤差 $s_{\hat{a}}$、$s_{\hat{\beta}}$ は、$s_{\hat{a}}^2$ と $s_{\hat{\beta}}^2$ の正の平方根であるから、

$$s_{\hat{a}} = \sqrt{s_{\hat{a}}^2}$$
$$= \sqrt{21.0934}$$
$$= 4.5928$$
$$s_{\hat{\beta}} = \sqrt{s_{\hat{\beta}}^2}$$
$$= \sqrt{0.0000254774}$$
$$= 0.0050475$$

となります。

⑤ t 値を、(5-9)、(5-10) より求めると、

$$t_{\hat{a}} = \frac{\hat{a}}{s_{\hat{a}}} = \frac{-167.10814}{4.5928}$$
$$= -36.385$$
$$t_{\hat{\beta}} = \frac{\hat{\beta}}{s_{\hat{\beta}}} = \frac{0.3148663}{0.0050475}$$
$$= 62.380$$

となります。

t 検定の自由度は、

$$n - k - 1 = 15 - 1 - 1 = 13$$

となります。$t_{\hat{a}}$ は両側検定とし、一方、$t_{\hat{\beta}}$ は、$\beta > 0$ という符号条件があるので片側検定とします。表 5-1 の t 分布表より、

$$|t_{\hat{a}}| = 36.385 > 3.012$$
$$|t_{\hat{\beta}}| = 62.380 > 2.650$$

となり、帰無仮説（$H_0 : \alpha = 0$、$H_0' : \beta = 0$）は棄却され、推定した回帰係数は、1％水準で有意であるといえます。

2. 回帰係数の F 検定

t 検定は個々の回帰係数の有意性を検定するのに用いられますが、**F 検定**（F-test）は、重回帰分析において、複数の回帰係数をまとめて検定す

るときに用いられます。

〈順序1〉

帰無仮説と対立仮説をたてます。

帰無仮説 H_0：定数項を除くすべての回帰係数（**スロープ係数**という）はゼロである。

対立仮説 H_1：H_0でない。

この帰無仮説は、定数項を除くすべての説明変数が、被説明変数Yに対して何も影響を与えない、すなわち推定した重回帰モデルは統計的に意味がないことを示しています。H_0の制約を、**ゼロ・スロープ係数の制約**ともいいます。もし、帰無仮説が棄却され、対立仮説が支持されると、説明変数の全部、または一部が、被説明変数Yに影響を与えていると判断できます。しかし、どの説明変数が有効かというところまでは判定できません。t検定と同様、F検定も帰無仮説が棄却され、対立仮説が支持されることを期待して実行されます。

〈順序2〉

F値を計算します。

$$F = \frac{回帰平方和/説明変数の数}{残差平方和/(サンプルの数-説明変数の数-1)}$$

$$= \frac{\sum(\hat{Y}-\bar{Y})/k}{\sum \hat{u}^2/(n-k-1)} \qquad (5\text{-}21)$$

$$= \frac{決定係数}{1-決定係数} \cdot \frac{サンプルの数-説明変数の数-1}{説明変数の数}$$

$$= \frac{R^2}{1-R^2} \cdot \frac{n-k-1}{k} \quad 〔計算式〕 \qquad (5\text{-}22)$$

ただし、kは説明変数の数であり、定数項は含まないので注意して下さい。

〈順序3〉

計算したF値は、自由度（分子, 分母）$=(k, n-k-1)$のF分布に従うので、表5-6のF分布表から得られるF値（臨界値）と比べて有意性検定を行ないます。もし計算したF値が臨界値より大きければ、帰無仮説は棄却され、有意であることになります。有意水準は、5％もしくは1％がよく用

いられます。ちなみにF分布表（表5-6）は、ヨコを**分子の自由度**、タテを**分母の自由度**と見ます。

表5-6　F分布表

		分子の自由度（ヨコ）									
		有意水準 5%					有意水準 1%				
		1	2	3	4	5	1	2	3	4	5
分母の自由度（タテ）	1	161	200	216	225	230	4052	5000	5403	5625	5764
	2	18.5	19.0	19.2	19.2	19.3	98.5	99.0	99.2	99.2	99.3
	3	10.1	9.55	9.28	9.12	9.01	34.1	30.8	29.5	28.7	28.2
	4	7.71	6.94	6.59	6.39	6.26	21.2	18.0	16.7	16.0	15.5
	5	6.61	5.79	5.41	5.19	5.05	16.3	13.3	12.1	11.4	11.0
	6	5.99	5.14	4.76	4.53	4.39	13.7	10.9	9.78	9.15	8.75
	7	5.59	4.74	4.35	4.12	3.97	12.2	9.55	8.45	7.85	7.46
	8	5.32	4.46	4.07	3.84	3.69	11.3	8.65	7.59	7.01	6.63
	9	5.12	4.26	3.86	3.63	3.48	10.6	8.02	6.99	6.42	6.06
	10	4.96	4.10	3.71	3.48	3.33	10.0	7.56	6.55	5.99	5.64
	11	4.84	3.98	3.59	3.36	3.20	9.65	7.21	6.22	5.67	5.32
	12	4.75	3.89	3.49	3.26	3.11	9.33	6.93	5.95	5.41	5.06
	13	4.67	3.81	3.41	3.18	3.03	9.07	6.70	5.74	5.21	4.86
	14	4.60	3.74	3.34	3.11	2.96	8.86	6.51	5.56	5.04	4.70
	15	4.54	3.68	3.29	3.06	2.90	8.68	6.36	5.42	4.89	4.56
	16	4.49	3.63	3.24	3.01	2.85	8.53	6.23	5.29	4.77	4.44
	17	4.45	3.59	3.20	2.96	2.81	8.40	6.11	5.19	4.67	4.34
	18	4.41	3.55	3.16	2.93	2.77	8.29	6.01	5.09	4.58	4.25
	19	4.38	3.52	3.13	2.90	2.74	8.19	5.93	5.01	4.50	4.17
	20	4.35	3.49	3.10	2.87	2.71	8.10	5.85	4.94	4.43	4.10
	21	4.32	3.47	3.07	2.84	2.68	8.02	5.78	4.87	4.37	4.04
	22	4.30	3.44	3.05	2.82	2.66	7.95	5.72	4.82	4.31	3.99
	23	4.28	3.42	3.03	2.80	2.64	7.88	5.66	4.76	4.26	3.94
	24	4.26	3.40	3.01	2.78	2.62	7.82	5.61	4.72	4.22	3.90
	25	4.24	3.39	2.99	2.76	2.60	7.77	5.57	4.68	4.18	3.86
	30	4.17	3.32	2.92	2.69	2.53	7.56	5.39	4.51	4.02	3.70
	40	4.08	3.23	2.84	2.61	2.45	7.31	5.18	4.31	3.83	3.51
	60	4.00	3.15	2.76	2.53	2.37	7.08	4.98	4.13	3.65	3.34
	120	3.92	3.07	2.68	2.45	2.29	6.85	4.79	3.95	3.48	3.17
	∞	3.84	3.00	2.60	2.37	2.21	6.63	4.61	3.78	3.32	3.02

注）この表は、F検定とチャウ・テストで用います。

●例題 5-4

表 5-7 は、10世帯の 1 カ月当たりの貯蓄 Y と所得 X_1、および家族人員数 X_2 を示しています。

① 重回帰モデル

$$Y = \alpha + \beta_1 X_1 + \beta_2 X_2 + u$$

$\beta_1 > 0$、$\beta_2 < 0$

を、OLS で推定しなさい。

② 決定係数 R^2 と自由度修正済み決定係数 $\bar{R}^2$ を計算しなさい。

③ F 値を計算し、推定した回帰係数（定数項を除く）の有意性を一括して検定しなさい（ゼロ・スロープ係数の検定）。有意水準は、1%を使いなさい。

④ t 値を計算し、推定した回帰係数の有意性を個別に検定しなさい。有意水準は、1%を使いなさい。

表 5-7　10世帯の 1 カ月当たりの貯蓄と所得、および家族人員数

世帯 i	貯蓄（万円）Y	所得（万円）X_1	家族人員数（人）X_2
1	7	40	4
2	6	32	3
3	9	48	4
4	5	26	3
5	4	35	5
6	7	30	2
7	4	27	4
8	5	41	6
9	9	37	2
10	4	44	7

[解答]

① 〈順序 1〉

ワークシートは省略。

$\sum Y = 60$　　$\sum X_1 = 360$　　$\sum X_2 = 40$

$\sum Y^2 = 394$　　$\sum X_1^2 = 13444$　　$\sum X_2^2 = 184$

$\sum Y X_1 = 2206$　　$\sum Y X_2 = 223$　　$\sum X_1 X_2 = 1497$

$\sum \hat{u}^2 = 0.558145$

〈順序2〉

$$S_{YY} = \sum Y^2 - \frac{(\sum Y)^2}{n} = 34$$

$$S_{11} = \sum X_1^2 - \frac{(\sum X_1)^2}{n} = 484$$

$$S_{22} = \sum X_2^2 - \frac{(\sum X_2)^2}{n} = 24$$

$$S_{Y1} = \sum YX_1 - \frac{(\sum Y)(\sum X_1)}{n} = 46$$

$$S_{Y2} = \sum YX_2 - \frac{(\sum Y)(\sum X_2)}{n} = -17$$

$$S_{12} = \sum X_1 X_2 - \frac{(\sum X_1)(\sum X_2)}{n} = 57$$

〈順序3〉

$$D_0 = S_{11}S_{22} - S_{12}^2 = 8367$$

$$D_1 = S_{Y1}S_{22} - S_{Y2}S_{12} = 2073$$

$$D_2 = S_{Y2}S_{11} - S_{Y1}S_{12} = -10850$$

〈順序4〉

α、β_1、β_2の推定値を、$\hat{\alpha}$、$\hat{\beta}_1$、$\hat{\beta}_2$とすると、

$$\hat{\beta}_1 = \frac{D_1}{D_0} = 0.247759$$

$$\hat{\beta}_2 = \frac{D_2}{D_0} = -1.296761$$

$$\hat{\alpha} = \frac{\sum Y}{n} - \hat{\beta}_1 \frac{\sum X_1}{n} - \hat{\beta}_2 \frac{\sum X_2}{n} = 2.267718$$

となります。

よって、推定した重回帰モデルは、

$$\hat{Y} = 2.267718 + 0.247759 X_1 - 1.296761 X_2$$

となり、回帰係数の符号条件も満たされています。

②決定係数R^2は、(4-19) より、

$$R^2 = \frac{\hat{\beta}_1 S_{Y1} + \hat{\beta}_2 S_{Y2}}{S_{YY}} = \frac{(0.247759)(46) + (-1.296761)(-17)}{(34)}$$

$$= 0.98358$$

となります。

　自由度修正済み決定係数$\bar{R}^2$は、サンプルの数nが10、説明変数の数kが2ですから、(4-21) より、

$$\bar{R}^2 = 1 - \frac{n-1}{n-k-1}(1-R^2) = 1 - \frac{(10)-1}{(10)-(2)-1}[1-(0.98358)]$$
$$= 0.97889$$

となります。

③F値を、(5-22) より計算すると、

$$F = \frac{R^2}{1-R^2} \cdot \frac{n-k-1}{k} = \frac{(0.98358)}{1-(0.98358)} \cdot \frac{(10)-(2)-1}{(2)}$$
$$= 209.7$$

となります。有意水準1％で自由度（分子, 分母）＝ ($k=2$, $n-k-1=7$) のF検定の臨界値F_0を、表5-6のF分布表で探すと$F_0=9.55$ですから、計算したF値（209.7）はこれより大きく、帰無仮説（H_0：$\beta_1=\beta_2=0$）は棄却され、説明変数のすべて、もしくは一部がYに影響を与えていると判断できます。

④〈順序1〉

残差分散s^2は、(5-11) より、

$$s^2 = \frac{\sum \hat{u}^2}{n-3} = \frac{0.558145}{(10)-3} = 0.079735$$

となります。

〈順序2〉

　回帰係数の推定値$\hat{a}$、$\hat{\beta}_1$、$\hat{\beta}_2$の分散$s_{\hat{a}}^2$、$s_{\hat{\beta}_1}^2$、$s_{\hat{\beta}_2}^2$を、(5-12)、(5-13)、(5-14) より計算します。

$$s_{\hat{a}}^2 = s^2\left(\frac{1}{n} + \frac{\bar{X}_1^2 S_{22} + \bar{X}_2^2 S_{11} - 2\bar{X}_1\bar{X}_2 S_{12}}{S_{11}S_{22} - S_{12}^2}\right)$$
$$= (0.079735)\left[\frac{1}{(10)} + \frac{(36^2)(24)+(4^2)(484)-2(36)(4)(57)}{(484)(24)-(57^2)}\right] = 0.221744$$

$$s_{\hat{\beta}_1}^2 = s^2\left(\frac{S_{22}}{S_{11}S_{22}-S_{12}^2}\right) = (0.079735)\frac{(24)}{(8367)} = 0.000228712$$

$$s_{\hat{\beta}_2}^2 = s^2\left(\frac{S_{11}}{S_{11}S_{22}-S_{12}^2}\right) = (0.079735)\frac{(484)}{(8367)} = 0.00461237$$

〈順序3〉

回帰係数の標準誤差 $s_{\hat{\alpha}}$、$s_{\hat{\beta}_1}$、$s_{\hat{\beta}_2}$ は、$s_{\hat{\alpha}}^2$、$s_{\hat{\beta}_1}^2$、$s_{\hat{\beta}_2}^2$ の正の平方根であるから、

$$s_{\hat{\alpha}} = \sqrt{s_{\hat{\alpha}}^2} = \sqrt{0.221744} = 0.470897$$

$$s_{\hat{\beta}_1} = \sqrt{s_{\hat{\beta}_1}^2} = \sqrt{0.000228712} = 0.015123$$

$$s_{\hat{\beta}_2} = \sqrt{s_{\hat{\beta}_2}^2} = \sqrt{0.00461237} = 0.067914$$

となります。

〈順序4〉

t 値を、(5-18)、(5-19)、(5-20) より計算すると、

$$t_{\hat{\alpha}} = \frac{\hat{\alpha}}{s_{\hat{\alpha}}} = \frac{2.267718}{0.470897} = 4.816$$

$$t_{\hat{\beta}_1} = \frac{\hat{\beta}_1}{s_{\hat{\beta}_1}} = \frac{0.247759}{0.015123} = 16.383$$

$$t_{\hat{\beta}_2} = \frac{\hat{\beta}_2}{s_{\hat{\beta}_2}} = \frac{-1.296761}{0.067914} = -19.094$$

となります。

〈順序5〉

t 検定の自由度は、

$$n-k-1 = 10-2-1 = 7$$

となります。$t_{\hat{\alpha}}$ は両側検定とし、一方、$t_{\hat{\beta}_1}$ と $t_{\hat{\beta}_2}$ は $\beta_1>0$、$\beta_2<0$ という符号条件があるので片側検定とします。表5-1の t 分布表より、

$$|t_{\hat{\alpha}}| = 4.816 > 3.499$$

$$|t_{\hat{\beta}_1}| = 16.383 > 2.998$$

$$|t_{\hat{\beta}_2}| = 19.094 > 2.998$$

となり、帰無仮説 (H_0：$\alpha=0$、H_0'：$\beta_1=0$、H_0''：$\beta_2=0$) は棄却され、推定した回帰係数は1％水準で有意であるといえます。

3. 構造変化の F 検定

構造変化のF検定は、**チャウ・テスト**（Chow test）とも呼ばれ、経済分析においてきわめて重要な問題である「構造変化の有無」を調べるためのテストです。構造変化のF検定の手順は、以下のとおりです。

〈順序1〉

時系列データを用いた回帰分析において、推定期間内で構造変化が起こったと考えられる時点（**分割時点**）を決め、その時点をはさんで①**前期**と②**後期**に分けます。

〈順序2〉

①前期、②後期、③全期間において回帰分析を実行し、それぞれの残差平方和$SSR1$、$SSR2$、SSRを求めます。

〈順序3〉

構造変化のF検定の公式から、F値を求めます。

$SSR1$：前期の残差平方和　　$n1$：前期のサンプル数
$SSR2$：後期の残差平方和　　$n2$：後期のサンプル数
SSR ：全期間の残差平方和　k ：説明変数の数（定数項は含まない）

①$n1>k+1$ かつ $n2>k+1$ のケース

構造変化のF検定：

$$F = \frac{SSR-(SSR1+SSR2)}{SSR1+SSR2} \times \frac{n1+n2-2(k+1)}{k+1} \tag{5-23}$$

②$n2 \leq k+1$ のケース（または$n1 \leq k+1$のケース）

構造変化のF検定：

$$F = \frac{SSR-SSR1}{SSR1} \times \frac{n1-(k+1)}{n2} \tag{5-24}$$

〈順序4〉

〈順序3〉で求めたF値を、表5-6のF分布表を用いて検定します（有意水準は5％と1％がよく用いられる）。

そのさい、①のケースは自由度（分子, 分母）＝$(k+1, n1+n2-2k-2)$、②のケースは自由度 $(n2, n1-k-1)$ の F 検定を行ないます。

求めた F 値が F 分布表の臨界値より大きければ、「前期の回帰係数と後期の回帰係数は互いにすべて等しい」という仮説は棄却され、構造変化が起こったことになります。反対に、求めた F 値が F 分布表の臨界値より小さければ、「前期の回帰係数と後期の回帰係数は互いにすべて等しい」という仮説は棄却されず、構造変化が起こったとはいえません。

●例題 5-5

表5-8は、わが国の通信支出 Y と国内家計最終消費支出 X の推移を、実質額で示したものです。1990年代後半から急速に普及した携帯電話やインターネットによって、通信支出の傾向にも変化が生じたかどうか、つぎの単純回帰モデルの推定と、構造変化の F 検定（チャウ・テスト、有意水準5％）を通じて調べなさい。

$$Y = \alpha + \beta X + u$$

ただし、分割時点を1996年とし、①前期を1990〜1996年、②後期を1997〜2004年とします。

表5-8 わが国の通信支出と国内家計最終消費支出（実質）

(単位：100億円)

年	通信支出 Y	国内家計最終消費支出 X	年	通信支出 Y	国内家計最終消費支出 X
1990	272	24169	1998	871	27861
91	299	24805	99	929	27826
92	321	25476	2000	1000	28152
93	382	25822	01	1091	28663
94	418	26507	02	1094	28794
95	443	26940	03	1127	29158
96	549	27619	04	1187	29754
97	738	27917			

注）1995暦年価格。
資料）内閣府『国民経済計算年報』。

[解答]

〈順序1〉

分割時点：1996年

①前　期：1990〜96年（$n1 = 7$）
②後　期：1997〜2004年（$n2 = 8$）

〈順序2〉

①前期（1990〜96年）

$$Y = -1619.97 + 0.077335X$$

$R^2 = 0.9451$　　$SSR1 = 3054.88$（前期の残差平方和）

②後期（1997〜2004年）

$$Y = -4325.17 + 0.186908X$$

$R^2 = 0.7589$　　$SSR2 = 38190.75$（後期の残差平方和）

③全期間（1990〜2004年）

$$Y = -4631.33 + 0.195844X$$

$R^2 = 0.8730$　　$SSR = 210092.39$（全期間の残差平方和）

〈順序3〉

$n1 > k+1$ かつ $n2 > k+1$ のケースだから、(5-23) より F 値を計算すると、

$$\begin{aligned}
F &= \frac{SSR - (SSR1 + SSR2)}{SSR1 + SSR2} \times \frac{n1 + n2 - 2(k+1)}{k+1} \\
&= \frac{210092.39 - (3054.88 + 38190.75)}{3054.88 + 38190.75} \times \frac{7 + 8 - 2(1+1)}{1+1} \\
&= \frac{168846.76}{41245.63} \times \frac{11}{2} \\
&= 22.515
\end{aligned}$$

となります。

〈順序4〉

　有意水準5％で自由度（$k+1 = \mathbf{2}, n1 + n2 - 2k - 2 = \mathbf{11}$）の F 検定の臨界値 F_0 を、表5-6の F 分布表で探すと $F_0 = 3.98$ であるから、計算した F 値（22.515）はこれより大きく、「前期の回帰係数と後期の回帰係数は互いにすべて等しい」という仮説は棄却され、構造変化は起こったと判断できます。すなわち、90年代後半からの携帯電話やインターネットの急速な普及の影響で、わが国の通信支出の傾向にも変化が生じたといえます。

4. 予測

ここでは、推定した回帰モデルを利用した、**予測値の信頼区間**の求め方について説明します。予測値の信頼区間とは、被説明変数Yの予測値Y_0が、ある確率（たとえば95％）のもとでとりうる、**上限と下限**の範囲のことをいいます。具体的には、つぎの〈順序1〉から〈順序5〉の手順で、予測値の信頼区間を求めます。

〈順序1〉

単純回帰モデルを、与えられた観測データを用いて、OLSにより推定します。

$$\hat{Y} = \hat{\alpha} + \hat{\beta}X$$

また、このステップでは、s（残差の標準誤差）、n（サンプルの数）、$\bar{X}$（平均値）、$\sum(X-\bar{X})^2$を計算しメモしておくと、〈順序5〉で便利です。

〈順序2〉

予測の基となるX_0を分析者自身が決定し、〈順序1〉で推定した回帰モデルにそれを代入して、$\hat{Y}_0$（予測値）を求めます。この作業を**点予測**といいます。

$$\hat{Y}_0 = \hat{\alpha} + \hat{\beta}X_0 \tag{5-25}$$

なお、X_0は将来の値に限らず、観測期間以外の過去の値でも構いません。

〈順序3〉

予測の信頼度（信頼係数）A％を決定します。信頼度は**95％**もしくは**99％**がよく用いられます。

〈順序4〉

t分布表（表5-1）より、自由度$n-2$で、有意水準（両側）が（100－A）％の t値 を探します。

〈順序5〉

つぎの予測値の信頼区間を求める公式（5-26）に、これまでのステップ

で求めた数値を代入して、予測値の区間推定は完了します。

$$\widehat{Y}_0 \pm \boxed{t\,\text{値}} \times s \times \sqrt{1+\frac{1}{n}+\frac{(X_0-\bar{X})^2}{\sum(X-\bar{X})^2}} \qquad (5\text{-}26)$$

さて、予測の精度が悪くなる原因としては、つぎの4点があげられます。

① サンプルの数 n が小さい。
② 残差の標準誤差 s が大きい。
③ $\sum(X-\bar{X})^2$ が小さい。つまり、X が平均値 $\bar{X}$ のまわりにコンパクトに集まっているケース。
④ 予測の基準となる X_0 が、平均値 $\bar{X}$ からかけはなれている。

予測値の信頼区間の上限と下限を図示すると、図5-1のようになります。X_0 が $\bar{X}$ からはなれるほど（④のケース）、信頼区間の幅が大きくなる（予測の精度が悪くなる）のがわかります。

なお、重回帰モデルによる予測値の信頼区間の求め方については、岩田（1982）、マダラ（1992）を参照して下さい。

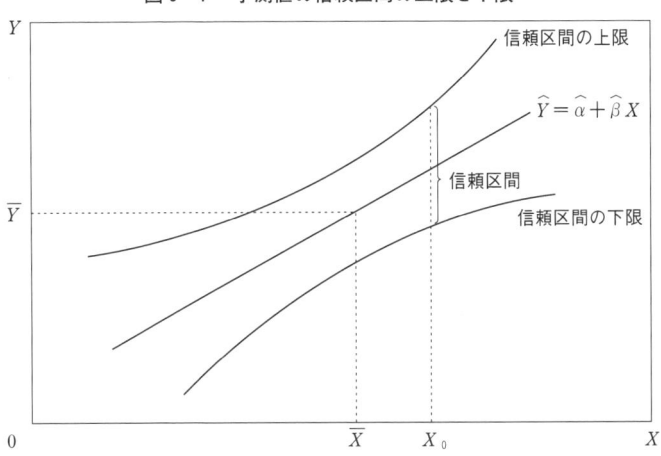

図5-1　予測値の信頼区間の上限と下限

● 例題 5 - 6

例題 5 - 3 の回帰分析の結果に基づいて、アメリカの実質GDPが $X_0=1200$ になったときの、実質輸入額の予測値の信頼区間を求めなさい。ただし、予測の信頼度は95%とします。

[解答]

〈順序1〉

アメリカの輸入関数をOLSで推定した結果は、以下のとおりです。

$\hat{Y} = -167.10814 + 0.3148663X$

$s = 2.41670$
$n = 15$
$\bar{X} = 901.46667$
$\sum(X-\bar{X})^2 = 229239.73$

〈順序5〉で使用します。

〈順序2〉

〈順序1〉で推定した輸入関数に、$X_0=1200$ を代入し、$\hat{Y}_0$（予測値）を求めます。

$\hat{Y}_0 = -167.10814 + 0.3148663 \times (1200)$

$\quad = 210.73142$ ←点予測

〈順序3〉

いま、予測の信頼度は95%とします。

〈順序4〉

t 分布表（表5-1）より、自由度 $n-2 = 15-2 = 13$ で、有意水準（両側）が $100-95 = 5$ %の $\boxed{t\,値}$ を探します。

$\boxed{t\,値} = 2.160$

〈順序5〉

(5-26) に、これまでのステップで求めた数値を代入し、予測値の信頼区間を計算します。

$$\hat{Y}_0 \pm \boxed{t\,値} \times s \times \sqrt{1 + \frac{1}{n} + \frac{(X_0-\bar{X})^2}{\sum(X-\bar{X})^2}}$$

$$= 210.73142 \pm 2.160 \times 2.41670 \times \sqrt{1+\frac{1}{15}+\frac{(1200-901.46667)^2}{229239.73}}$$

$$= 210.73142 \pm 6.2976$$

$$= (204.43,\ 217.03)$$

よって、アメリカの実質輸入額 Y_0 は、実質GDPが1200のとき、信頼度95％で（下限, 上限）=(204.43, 217.03) の範囲にあることがわかります。

第5章 練習問題

1. 表5-9は、(1)イギリス、(2)オーストラリア、(3)ニュージーランドのGDPと民間最終消費支出（いずれも実質）の推移を示したものです。

   ① つぎの単純回帰モデル（消費関数）を、国ごとにOLSで推定し、決定係数 R^2、標準誤差、および t 値も求めなさい。

   $$Y = \alpha + \beta X + u$$

   ② 推定した各国の限界消費性向 $\hat{\beta}$ に関して、95％信頼区間を求めなさい。

   ③ 各国の実質GDPが以下の値になったとき、民間最終消費支出（実質）の予測値 $\hat{Y}_0$ を求めなさい。

   (1) イギリス　　　　$X_0 = 1200$
   (2) オーストラリア　$X_0 = 900$
   (3) ニュージーランド $X_0 = 1300$

   ④ ③の(1)〜(3)のケースに関して、民間最終消費支出（実質）の予測の95％信頼区間を求めなさい。

表5-9　イギリス、オーストラリア、ニュージーランドのGDPと民間最終消費支出（実質）

（単位：10億ポンド、10億オーストラリアドル、億ニュージーランドドル）

年	(1)イギリス		(2)オーストラリア		(3)ニュージーランド	
	GDP X	民間消費 Y	GDP X	民間消費 Y	GDP X	民間消費 Y
1995	885	562	608	362	934	545
96	909	583	634	372	964	571
97	937	601	660	388	992	592
98	968	624	693	409	1004	616
99	997	649	723	430	1056	635
2000	1035	678	748	440	1082	641
01	1060	699	764	453	1123	651
02	1081	712	796	471	1173	690
03	1110	724	820	482	1219	716
04	1147	742	849	500	1260	741
05	1168	755	870	503	1286	765

注）イギリスは2003年価格、オーストラリアは2001/02年価格、ニュージーランドは1995年価格。

資料）IMF, *International Financial Statistical Yearbook*.

2*. 表5-10は、北海道、東北、関東の14都道県の農業粗生産額、農家数、耕地面積、および専業農家の割合を示しています。計量経済分析用のソフトウェアを用いて、以下の重回帰分析を実行しなさい。

① つぎの重回帰モデルをOLSで推定し、決定係数R^2、自由度修正済み決定係数$\bar{R}^2$を計算しなさい。

$$Y = a + \beta_1 X_1 + \beta_2 X_2 + \beta_3 X_3 + u$$

② 回帰係数の標準誤差、t値、およびF値を計算しなさい。

表5-10 北海道・東北・関東14都道県の農業粗生産額、農家数、耕地面積および専業農家の割合(2004年)

都道県	農業粗生産額 (億円) Y	農家数 (10戸) X_1	耕地面積 (100ha) X_2	専業農家の割合 (%) X_3
1. 北海道	10942	5799	11720	49.2
2. 青森	2953	5544	1597	17.7
3. 岩手	2619	7087	1571	13.4
4. 宮城	2101	6758	1386	10.2
5. 秋田	1788	6627	1528	11.3
6. 山形	2140	5267	1254	12.8
7. 福島	2568	8535	1540	11.6
8. 茨城	4203	9660	1775	17.5
9. 栃木	2769	6049	1307	14.2
10. 群馬	2281	4403	792	25.8
11. 埼玉	1968	5786	854	17.4
12. 千葉	4224	6945	1345	23.1
13. 東京	300	807	84	18.5
14. 神奈川	761	1784	212	21.2

資料) 農林水産省『農業構造動態調査報告書』。
農林水産省『生産農業所得統計』。

3. 例題5-5について、データを2分割するすべての期間についてチャウ・テストを試みる、いわゆる**ステップワイズ・チャウ・テスト（逐次チャウ・テスト）**を実行し、F値を求めなさい。

●第6章
ダミー変数

　この章では、重回帰分析における特殊な説明変数、**ダミー変数**（dummy variable）について解説しましょう。ダミー変数は、①データの中の異常値や季節性を取り除く場合、②構造変化が観察される場合、③数量化が困難な質的データを処理する場合に用いられます。計量経済分析においてダミー変数は、導入の理由を明確にしたうえで、多くの重回帰モデルに採用されています。

1. 一時的ダミー

　一時的ダミーは、**突発的ダミー**ともいわれ、地震、台風、水害、干害、冷害などの自然災害や、戦争、内乱、ストライキなどの突発的な出来事によって生じた**異常値**（outlier）を、回帰モデル内に取り込み、その影響を除去して、モデルをうまく推定するために用いられる手法です。一時的ダミー変数を1個導入した重回帰モデルは、つぎのようになります。

$$Y = \alpha + \beta_1 X + \beta_2 D + u \qquad (6\text{-}1)$$

$$D = \begin{cases} 1 & 異常時 \\ 0 & 平\ \ 時 \end{cases}$$

上の式で、$\beta_2 D$ が一時的ダミー変数になります。一般に、一時的ダミー変数は、1個の異常値について1個を採用します。もし異常値が2個ある場合は（たとえば地震の年度と水害の年度）、つぎの重回帰モデルのように、一時的ダミー変数を2個導入します。

$$Y = \alpha + \beta_1 X + \beta_2 D_1 + \beta_3 D_2 + u \qquad (6\text{-}2)$$

$$D_1 = \begin{cases} 1 & 地震の年度 \\ 0 & その他の年度 \end{cases}$$

$$D_2 = \begin{cases} 1 & 水害の年度 \\ 0 & その他の年度 \end{cases}$$

このように一時的ダミー変数は、異常値の処理に関してとても便利な変数ですが、導入にあたっては前述したように、必ずはっきりとした理由、根拠が必要となります。したがって、理由もなく単にモデルのフィットを高めるためだけに使用してはいけません。

●例題 6－1

表6－1は、わが国の水稲の収穫量 Y と作付面積 X の推移を、1990年から2005年の16年間について示したものです。

① ヨコ軸に X、タテ軸に Y をとり、このデータの散布図を描きなさい。

② つぎの単純回帰モデルをOLSにより推定し、t 値と決定係数 R^2 も計算しなさい。

$$Y = \alpha + \beta X + u$$

③ 1993年は記録的な冷害にみまわれ、水稲の作況指数は戦後最悪（74）、未曾有の凶作の年となりました。そこで、1993年を $D=1$、その他の年を $D=0$ とする一時的ダミー変数を導入した、つぎの重回帰モデルを推定しなさい。t 値、決定係数 R、自由度修正済み決定係数 $\bar{R}^2$ もあわせて計算しなさい。

$$Y = \alpha + \beta_1 X + \beta_2 D + u$$

表 6-1　わが国の水稲の収穫量と作付面積の推移

年	収穫量 (10万t) Y	作付面積 (万ha) X	年	収穫量 (10万t) Y	作付面積 (万ha) X
1990	105	206	98	90	180
91	96	203	99	92	179
92	105	209	2000	95	177
93	78	213	01	91	171
94	120	220	02	89	169
95	107	211	03	78	167
96	103	198	04	87	170
97	100	195	05	91	171

資料）農林水産省『作付統計』。

[解答]

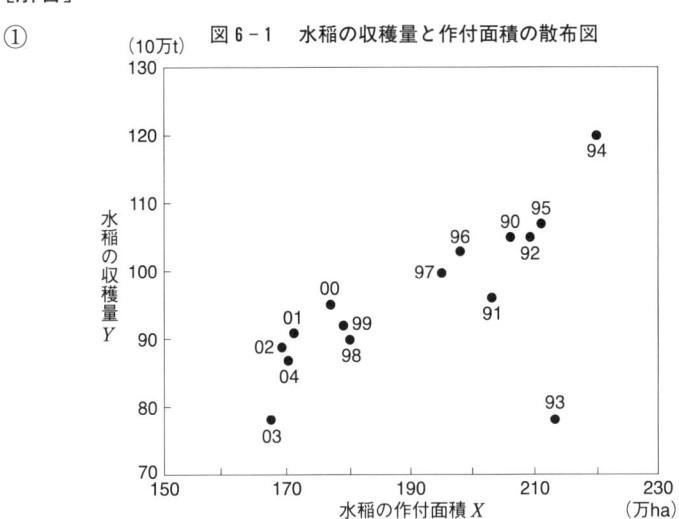

① 図 6-1　水稲の収穫量と作付面積の散布図

②ワークシート、および計算プロセスは省略。

$\sum X = 3039$　　$\sum Y = 1527$　　$\sum XY = 292010$

$\sum X^2 = 582447$　　$\sum Y^2 = 147533$　　$\sum \hat{u}^2 = 1053.35$

$n = 16$

$\hat{Y} = 23.654 + 0.37793 X$
　　　(1.033)　(3.150)

$R^2 = 0.4148$

決定係数は低く、モデルのフィットは良好とはいえません。
③ワークシート、および計算プロセスは省略。

$\sum Y = 1527$　　$\sum X = 3039$　　$\sum D = 1$

$\sum Y^2 = 147533$　　$\sum X^2 = 582447$　　$\sum D^2 = 1$

$\sum YX = 292010$　　$\sum YD = 78$　　$\sum XD = 213$

$\sum \hat{u}^2 = 234.906$

$\hat{Y} = -0.61628 + 0.51601 X - 31.294 D$
　　　　(-0.052)　　(8.286)　　(-6.730)

　　$R^2 = 0.8695$　　$\bar{R}^2 = 0.8494$

R^2は向上し、推定した回帰係数も定数項を除き1％水準で有意になっています。このように、凶作の年（1993年）に対して、一時的ダミー変数を導入することにより、異常値の影響を除去することができます。

[補足]

凶作の1993年のデータを除いた、$Y = \alpha + \beta X + u$（②のモデル）の推定結果は、

$Y = -0.61628 + 0.51601 X$
　　(-0.052)　　(8.286)

　　$R^2 = 0.8408$　　$\bar{R}^2 = 0.8286$

となり、一時的ダミー変数を導入した③のモデルの推定結果と比較すると、定数項と回帰係数、およびそれに対応する t 値が同じであることがわかります（ただし、R^2 と $\bar{R}^2$ は異なる）。つまり、一時的ダミー変数を導入した推定結果は、異常値を除いた推定結果と回帰係数およびその t 値が等しくなります。そして、異常値の年度（1993年）に関しては、理論値と観測値が一致し、例題ならば $\hat{Y}_{1993} = Y_{1993}$（両辺とも78）ということになります。

2．季節ダミー

季節ダミーは、四半期データや月次データなどの季節変動を、回帰モデルの定数項の変化によって捉える方法で（傾きの回帰係数は一定）、「技術的」には**定数項ダミー**といいます。季節変動の除去は、第1章で学んだ**移動平均**による方法もありますが、季節ダミーも簡単かつ有効な方法です。

たとえば、四半期データを用いて消費Yと所得Xの回帰分析を行なう場合、冬ボーナス期（第4四半期）の所得はいちじるしく高くなるので、こうしたデータの季節性を取り除くため、つぎのような季節ダミー変数D_1、D_2、D_3を導入した重回帰モデルが設定できます。

$$Y = \alpha + \beta_1 X + \beta_2 D_1 + \beta_3 D_2 + \beta_4 D_3 + u \qquad (6-3)$$

$D_1 = \begin{cases} 1 & 第1四半期 \\ 0 & その他 \end{cases}$

$D_2 = \begin{cases} 1 & 第2四半期 \\ 0 & その他 \end{cases}$

$D_3 = \begin{cases} 1 & 第3四半期 \\ 0 & その他 \end{cases}$

四半期データでは4つの時点が存在しますが、ダミー変数は第4四半期（$D_1=0$、$D_2=0$、$D_3=0$）を基準としているので、3個ですみます。また、第1四半期から第4四半期の定数項は、

第1四半期：$\alpha + \beta_2$

第2四半期：$\alpha + \beta_3$

第3四半期：$\alpha + \beta_4$

第4四半期：α　　（基準期）

となります。β_2、β_3、β_4は、第4四半期と各期との差を表わしています。

●例題6-2

　表6-2の四半期マクロデータは、わが国の住居・電気・ガス・水道支出Yと国内家計最終消費支出Xの推移を、実質額で示したものです。

①つぎのモデルを、OLSにより推定しなさい。また、t値と決定係数R^2も計算しなさい。

$$Y = \alpha + \beta X + u$$

②*季節ダミー変数D_1（第1四半期）、D_2（第2四半期）、D_3（第3四半期）を導入した以下のモデルを、計量経済分析用のソフトウェアを利用して推定しなさい。t値、決定係数R、自由度修正済み決定係数$\bar{R}^2$もあわせて計算しなさい。

$$Y = a + \beta_1 X + \beta_2 D_1 + \beta_3 D_2 + \beta_4 D_3 + u$$

③②の推定結果にもとづいて、各期ごとのモデルを計測し、その結果を図示しなさい。

表6-2 わが国の住居・電気・ガス・水道支出と国内家計最終消費支出（実質）

（単位：兆円）

年・期	住居・電気・ガス・水道支出 Y	国内家計最終消費支出 X
2000年1〜3月 (1)	16.26	67.93
4〜6月 (2)	15.84	66.75
7〜9月 (3)	15.98	68.88
10〜12月 (4)	16.15	71.20
2001年1〜3月 (1)	16.67	68.87
4〜6月 (2)	16.13	68.03
7〜9月 (3)	16.29	69.98
10〜12月 (4)	16.41	72.25
2002年1〜3月 (1)	16.88	69.08
4〜6月 (2)	16.37	68.81
7〜9月 (3)	16.59	71.28
10〜12月 (4)	16.77	72.85
2003年1〜3月 (1)	17.34	69.88
4〜6月 (2)	16.73	69.39
7〜9月 (3)	16.78	71.45
10〜12月 (4)	17.01	73.82
2004年1〜3月 (1)	17.65	71.58
4〜6月 (2)	17.13	71.12
7〜9月 (3)	17.28	73.36
10〜12月 (4)	17.43	74.64
2005年1〜3月 (1)	18.10	72.96

注）2000年暦年価格。
資料）内閣府『国民経済計算年報』。

[解答]

①ワークシート、および計算プロセスは省略。

$\sum X = 1484.11$　　$\sum Y = 351.79$　　$\sum XY = 24878.2551$

$\sum X^2 = 104977.60$　$\sum Y^2 = 5900.0161$　$\sum \hat{u}^2 = 3.89658$

$\hat{Y} = 4.1098 + 0.17888 X$
　　(1.236)　(3.804)

$R^2 = 0.43228$

②季節ダミー変数D_1、D_2、D_3のデータ表を、第4四半期を基準として、表6-3のように作成します。

表6-3　季節ダミー変数のデータ表

年・期	D_1	D_2	D_3
2000年1～3月（1）	1	0	0
4～6月（2）	0	1	0
7～9月（3）	0	0	1
10～12月（4）	0	0	0
2001年1～3月（1）	1	0	0
4～6月（2）	0	1	0
7～9月（3）	0	0	1
10～12月（4）	0	0	0
2002年1～3月（1）	1	0	0
4～6月（2）	0	1	0
7～9月（3）	0	0	1
10～12月（4）	0	0	0
2003年1～3月（1）	1	0	0
4～6月（2）	0	1	0
7～9月（3）	0	0	1
10～12月（4）	0	0	0
2004年1～3月（1）	1	0	0
4～6月（2）	0	1	0
7～9月（3）	0	0	1
10～12月（4）	0	0	0
2005年1～3月（1）	1	0	0

このモデルの推定結果は、以下のとおりです。

$$\hat{Y} = -7.3184 + 0.32998X + 1.3536D_1 + 1.0495D_2 + 0.47741D_3$$
$$(-6.209)\quad(20.442)\quad\quad(16.585)\quad\;(10.870)\quad\;(6.228)$$

$$R^2 = 0.97160 \quad \bar{R}^2 = 0.96450$$

$\bar{R}^2$は高く、このモデルの適合度は、良好であるといえます。また、推定した回帰係数は、1％水準ですべて有意となっています。

③ ②で推定したモデルに、第1四半期は$D_1=1$、$D_2=0$、$D_3=0$、第2四半期は$D_1=0$、$D_2=1$、$D_3=0$、第3四半期は$D_1=0$、$D_2=0$、$D_3=1$、第4四半期は$D_1=0$、$D_2=0$、$D_3=0$を代入して、各期ごとのモデルを計測します。

(1)第1四半期

$$Y = -7.3184 + 1.3536 + 0.32998X$$
$$= -5.9648 + 0.32998X$$

(2) 第2四半期

$$Y = -7.3184 + 1.0495 + 0.32998X$$
$$= -6.2689 + 0.32998X$$

(3) 第3四半期

$$Y = -7.3184 + 0.4774 + 0.32998X$$
$$= -6.8410 + 0.32998X$$

(4) 第4四半期

$$Y = -7.3184 + 0.32998X$$

いずれの計測結果も、Xの回帰係数(0.32998)は同一です。

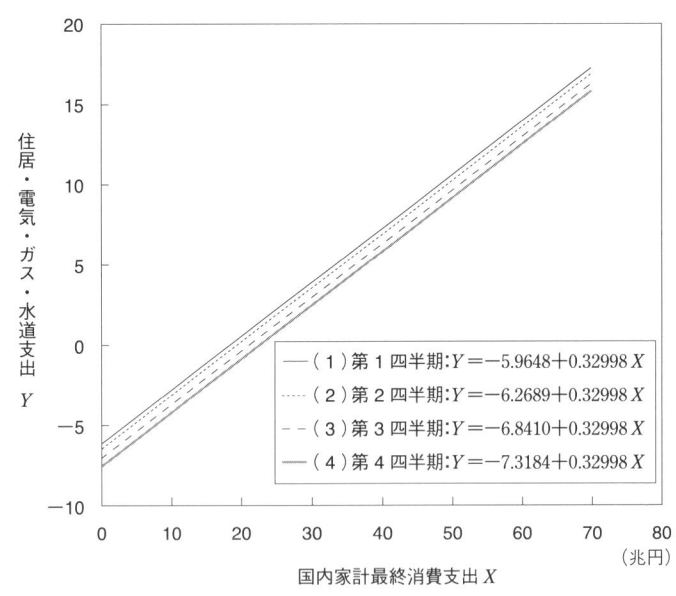

図6-2 季節ダミー（定数項ダミー）

3. 質的データのダミー処理

計量経済分析では、学歴、性別、人種、都市と農村、持家と借家、正社員と非正社員、製造業と非製造業などといった、質的な差異を扱うことが頻繁にあります。そのさい、ダミー変数を用いると、こうした**質的データ**を重回

帰モデルにうまく取り込むことができます。たとえば、つぎのようなダミー処理が可能です。

$$
\text{学歴} \qquad D_1 = \begin{cases} 1 & \text{大卒} \\ 0 & \text{その他} \end{cases}
$$

$$
\text{性別} \qquad D_2 = \begin{cases} 1 & \text{男性} \\ 0 & \text{女性} \end{cases}
$$

$$
\text{人種} \qquad D_3 = \begin{cases} 1 & \text{白人} \\ 0 & \text{その他} \end{cases}
$$

$$
\text{都市と農村} \qquad D_4 = \begin{cases} 1 & \text{都市} \\ 0 & \text{農村} \end{cases}
$$

$$
\text{持家と借家} \qquad D_5 = \begin{cases} 1 & \text{持家} \\ 0 & \text{借家} \end{cases}
$$

$$
\text{正社員と非正社員} \qquad D_6 = \begin{cases} 1 & \text{正社員} \\ 0 & \text{非正社員} \end{cases}
$$

$$
\text{製造業と非製造業} \qquad D_7 = \begin{cases} 1 & \text{製造業} \\ 0 & \text{非製造業} \end{cases}
$$

●例題6－3

表6－4は、労働者15人の月間給与額と、それに対応する性、年齢階級（30代・40代）、学歴（大卒・高卒・中卒）、企業規模（大企業・中企業・小企業）の関係を表わしています。これらの質的データから、給与格差が生じる要因を、設問を通じて分析しなさい。

①質的データを説明変数としてモデルに取り入れるために、つぎの6つのダミー変数を導入します。表6－4に基づいて、ダミー変数のデータ表を作成しなさい。

$$
\text{性} \qquad S = \begin{cases} 1 & \text{男性} \\ 0 & \text{女性} \end{cases}
$$

$$
\text{年齢} \qquad A = \begin{cases} 1 & \text{40代} \\ 0 & \text{30代} \end{cases}
$$

学　歴(1)　　$E_1 = \begin{cases} 1 & 大卒 \\ 0 & その他 \end{cases}$

学　歴(2)　　$E_2 = \begin{cases} 1 & 高卒 \\ 0 & その他 \end{cases}$

企業規模(1)　$F_1 = \begin{cases} 1 & 大企業 \\ 0 & その他 \end{cases}$

企業規模(2)　$F_2 = \begin{cases} 1 & 中企業 \\ 0 & その他 \end{cases}$

②*つぎの重回帰モデル（賃金関数）を、計量経済分析用のソフトウェアを使用し、OLSで推定しなさい。t 値と自由度修正済み決定係数 $\bar{R}^2$ も計算しなさい。

$$Y = \alpha + \beta_1 S + \beta_2 A + \beta_3 E_1 + \beta_4 E_2 + \beta_5 F_1 + \beta_6 F_2 + u$$
$\alpha > 0$、$\beta_1 > 0$、$\beta_2 > 0$、$\beta_3 > 0$、$\beta_4 > 0$、$\beta_5 > 0$、$\beta_6 > 0$

③推定した定数項は何を意味していますか。

④つぎの属性に対応する、月間給与額を計算しなさい。
　a) 大企業の40代男子大卒労働者の月間給与額 $\hat{Y}_a$
　b) 中企業の30代女子高卒労働者の月間給与額 $\hat{Y}_b$
　c) 小企業の30代男子中卒労働者の月間給与額 $\hat{Y}_c$

表 6-4　月間給与額と、性・年齢階級・学歴・企業規模の関係

月間給与額（万円）	性	年齢階級	学　歴	企業規模
25	女性	40代	中卒	小企業
26	男性	30代	中卒	小企業
28	女性	40代	高卒	小企業
30	女性	40代	高卒	小企業
31	男性	30代	中卒	中企業
32	男性	30代	高卒	小企業
34	女性	30代	大卒	中企業
36	男性	30代	高卒	中企業
39	女性	30代	大卒	大企業
40	男性	30代	高卒	中企業
43	男性	30代	大卒	小企業
46	男性	30代	大卒	中企業
52	男性	40代	中卒	大企業
54	女性	40代	大卒	大企業
55	男性	40代	高卒	大企業

[解答]
① 表6-5 質的データをダミー処理したデータ表

月間給与額 (万円) Y	性 S	年齢階級 A	学　歴		企業規模	
			大卒 E_1	高卒 E_2	大企業 F_1	中企業 F_2
25	0	1	0	0	0	0
26	1	0	0	0	0	0
28	0	1	0	1	0	0
30	0	1	0	1	0	0
31	1	0	0	0	0	1
32	1	0	0	1	0	0
34	0	0	1	0	0	1
36	1	0	0	1	0	1
39	0	0	1	0	1	0
40	1	0	0	1	0	1
43	1	0	1	0	0	0
46	1	0	1	0	0	1
52	1	1	0	0	1	0
54	0	1	1	0	1	0
55	1	1	0	1	1	0

② $\hat{Y} = 11.966 + 14.385 S + 12.643 A + 15.873 E_1 + 5.083 E_2 + 12.152 F_1 + 5.544 F_2$
　　(7.061)　(11.612)　(8.320)　(10.821)　(4.541)　(9.163)　(4.635)

$\bar{R}^2 = 0.9708$

推定した回帰係数は、すべて符号条件を満たしており、同時に1％水準ですべて有意であるといえます。

③ 推定した定数項（11万9660円）は、小企業の30代女子中卒労働者の月間給与額を表わしています。

④　a) $\hat{Y}_a = 11.966 + 14.385 \times 1 + 12.643 \times 1 + 15.873 \times 1 + 5.083 \times 0$
　　　　　$+ 12.152 \times 1 + 5.544 \times 0$
　　　　$= 67万190円$

　　b) $\hat{Y}_b = 11.966 + 14.385 \times 0 + 12.643 \times 0 + 15.873 \times 0 + 5.083 \times 1$
　　　　　$+ 12.152 \times 0 + 5.544 \times 1$
　　　　$= 22万5930円$

　　c) $\hat{Y}_c = 11.966 + 14.385 \times 1 + 12.643 \times 0 + 15.873 \times 0 + 5.083 \times 0$
　　　　　$+ 12.152 \times 0 + 5.544 \times 0$
　　　　$= 26万3510円$

4. 係数ダミー

係数ダミーは、構造変化の前と後を、定数項ではなく、回帰係数（傾き）の違いとして捉え、ダミー変数で処理する方法です。係数ダミー変数を用いたモデルは、つぎのように表わすことができます。

$$Y = \alpha + \beta_1 X + \beta_2 DX + u \qquad (6-4)$$

係数ダミー $D = \begin{cases} 0 & \text{構造変化の前} \\ 1 & \text{構造変化の後} \end{cases}$

すなわち、構造変化の前の回帰係数はβ_1、一方、構造変化の後の回帰係数は$\beta_1 + \beta_2$になります。どちらの場合も、定数項αは一定です。

また、構造変化によって回帰係数と定数項の両方が変化した場合、係数ダミーと定数項ダミーを取り入れた、つぎのモデルを用います。

$$Y = \alpha + \beta_1 X + \beta_2 DX + \beta_3 D + u \qquad (6-5)$$

●例題 6-4

表6-6は、ある国の1次エネルギー需要量Yと実質GDP Xの推移を、1973年のオイルショックをはさむ1965年から79年について、指数（1965年＝100）のかたちで示したものです。

① ヨコ軸にX、タテ軸にYをとり、このデータの散布図を描きなさい。
② つぎの回帰モデル（エネルギー需要関数）を、OLSで推定し、t値と決定係数R^2も計算しなさい。

$$Y = \alpha + \beta X + u, \quad \beta > 0$$

③ 1973年のオイルショック以降、この国のエネルギー需要構造が変化したものと考え、つぎの係数ダミー変数Dを導入した重回帰モデルを、OLSで推定しなさい。そのさい、データ表も作成しなさい。

$$Y = \alpha + \beta_1 X + \beta_2 DX + u \qquad \beta_1 > 0 、\beta_2 < 0$$

係数ダミー変数 $D = \begin{cases} 0 & \text{オイルショック前（1965～72年）} \\ 1 & \text{オイルショック後（1973～79年）} \end{cases}$

なお、$\beta_2 < 0$と置くのは、オイルショック後はエネルギー節約的な経済成長に変化すると考えるからです。

表6-6 1次エネルギー需要量と実質GDPの推移

(指数:1965年=100)

年	1次エネルギー需要量 Y	実質GDP X
1965	100	100
66	106	108
67	115	117
68	122	123
69	129	132
70	136	141
71	141	145
72	143	154
73	114	150
74	117	156
75	121	161
76	123	169
77	129	174
78	130	177
79	134	183

[解答]

① 図6-3 実質GDPと1次エネルギー需要量の散布図
(指数:1965年=100)

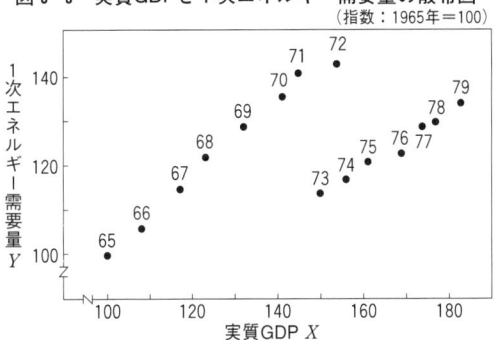

②ワークシート、および計算プロセスは省略。

$\sum X = 2190$ $\sum Y = 1860$ $\sum XY = 274178$

$\sum X^2 = 328940$ $\sum Y^2 = 232764$ $\sum \hat{u}^2 = 1379.01$

$\hat{Y} = 82.453 + 0.28457 X$
    (5.185) (2.650)

$R^2 = 0.35075$ $\bar{R}^2 = 0.30081$ $s = 10.299$

R^2が低く、モデルの適合度は、良好とはいえません。
③ワークシート、および計算プロセスは省略。

表6-7 係数ダミー変数を用いたデータ表

年	1次エネルギー需要量 Y	実質GDP X	係数ダミー変数 D	Dを含む説明変数 DX
1965	100	100	0	0
66	106	108	0	0
67	115	117	0	0
68	122	123	0	0
69	129	132	0	0
70	136	141	0	0
71	141	145	0	0
72	143	154	0	0
73	114	150	1	150
74	117	156	1	156
75	121	161	1	161
76	123	169	1	169
77	129	174	1	174
78	130	177	1	177
79	134	183	1	183

$\sum DX = 1170 \qquad \sum (DX)^2 = 196412$
$\sum X(DX) = 196412 \quad \sum Y(DX) = 145598$
$\sum \hat{u}^2 = 31.6177$

$\hat{Y} = 17.095 + 0.83864 X - 0.19918 DX$
$\qquad (4.469) \quad (28.163) \quad (-22.614)$

$\qquad R^2 = 0.98511 \quad \bar{R}^2 = 0.98263 \quad s = 1.62321$

R^2は著しく向上しており、推定した回帰係数は符号条件を満たし、かつ1％水準ですべて有意です。オイルショック前のXの回帰係数は0.83864、オイルショック後は0.63946（0.83864−0.19918）へと低下し、オイルショック後はエネルギー節約的な経済成長へ移行したことがうかがわれます。

第6章 練習問題

1. 表6-8は、わが国のりんごの収穫量Yと栽培面積Xの推移を、1990年から2000年の11年間について示したものです。

   ① つぎの単純回帰モデルをOLSで推定し、t値と決定係数R^2も計算しなさい。

   $$Y = \alpha + \beta X + u$$

   ② 1991年は、超大型台風19号による風水害の影響で、りんごは大凶作となりました。一時的ダミー変数Dを導入した、つぎの重回帰モデルをOLSで推定し、t値、決定係数R、自由度修正済み決定係数$\bar{R}^2$も計算しなさい。

   $$Y = \alpha + \beta_1 X + \beta_2 D + u \qquad D = \begin{cases} 1：1991年 \\ 0：その他の年 \end{cases}$$

   表6-8 わが国のりんごの収穫量と栽培面積の推移

   (単位：10000t, 1000ha)

年	収穫量 Y	栽培面積 X
1990	105	54
91	76	53
92	104	53
93	101	52
94	99	51
95	96	51
96	90	50
97	99	49
98	88	48
99	93	48
2000	80	47

   資料）農林水産省『作物統計』。

2. 表6-9は、わが国の1941年から1955年における、民間消費支出YとGNP Xの実質額の推移を示しています。

   ① ヨコ軸にX、タテ軸にYをとり、このデータの散布図を描きなさい。

②つぎの単純回帰モデルをOLSにより推定し、t値と決定係数R^2も計算しなさい。
$$Y = \alpha + \beta X + u$$

③第2次世界大戦時（1941〜44年、45年はデータ欠損）を$D=1$とするダミー変数を導入した、つぎの重回帰モデルを推定しなさい。t値、決定係数R^2、自由度修正済み決定係数$\bar{R}^2$も、あわせて計算しなさい。
$$Y = \alpha + \beta_1 X + \beta_2 D + u$$

表6-9　わが国の戦間・戦後の民間消費支出とGNP（実質） (単位：億円)

年	民間消費支出 Y	GNP X	年	民間消費支出 Y	GNP X
1941	94	211	1949	93	145
1942	90	214	1950	101	161
1943	85	214	1951	110	182
1944	70	206	1952	129	202
1945	—	—	1953	141	217
1946	68	116	1954	147	225
1947	74	126	1955	159	250
1948	84	142			

注）1934〜36年平均価格。45年のデータは欠損。41〜44年は暦年、46〜55年は会計年度。
資料）日本銀行『明治以降　本邦主要経済統計』。

3．表6-10の四半期マクロデータは、わが国の娯楽・レジャー・文化支出（実質）Yの推移を示したものです。例題6-2の国内家計最終消費支出Xのデータも利用して、以下の設問に答えなさい。

①つぎの回帰モデルをOLSで推定し、t値と決定係数R^2も計算しなさい。
$$Y = \alpha + \beta X + u$$

②*季節ダミー変数D_1（第1四半期）、D_2（第2四半期）、D_3（第3四半期）を導入したつぎの重回帰モデルを、OLSで推定しなさい。t値、決定係数R^2、自由度修正済み決定係数$\bar{R}^2$も、あわせて計算しなさい。
$$Y = \alpha + \beta_1 X + \beta_2 D_1 + \beta_3 D_2 + \beta_4 D_3 + u$$

表 6-10 わが国の娯楽・レジャー・文化支出（実質） （単位：兆円）

年・期	娯楽・レジャー・文化 Y	年・期	娯楽・レジャー・文化 Y
2000年 1～3月 (1)	7.56	2003年 1～3月 (1)	8.67
4～6月 (2)	7.44	4～6月 (2)	8.80
7～9月 (3)	7.91	7～9月 (3)	9.16
10～12月 (4)	8.49	10～12月 (4)	9.95
2001年 1～3月 (1)	8.14	2004年 1～3月 (1)	9.37
4～6月 (2)	8.07	4～6月 (2)	9.40
7～9月 (3)	8.24	7～9月 (3)	9.94
10～12月 (4)	9.03	10～12月 (4)	10.61
2002年 1～3月 (1)	8.38	2005年 1～3月 (1)	10.14
4～6月 (2)	8.35		
7～9月 (3)	8.57		
10～12月 (4)	9.27		

注) 2000年暦年価格。
資料) 内閣府『国民経済計算年報』。

4*. 表6-11は、2005年のわが国の大学・大学院卒労働者（20代、30代）の月間給与額 Y と、年齢 X、性 S、企業規模 F_i（大企業：1000人以上、中企業：100～999人、小企業：10～99人）の関係を表わしています。

① つぎの回帰モデルを、OLSにより推定しなさい。また、t 値と決定係数 R^2 も計算しなさい。

$$Y = \alpha + \beta X + u$$

② つぎの重回帰モデルを、計量経済分析用のソフトウェアを用いて、OLSにより推定しなさい。t 値、決定係数 R^2、自由度修正済み決定係数 $\bar{R}^2$ も計算しなさい。

$$Y = \alpha + \beta_1 X + \beta_2 S + \beta_3 F_1 + \beta_4 F_2 + u$$

性　　　　　$S = \begin{cases} 1 & 男性 \\ 0 & 女性 \end{cases}$

企業規模(1)　$F_1 = \begin{cases} 1 & 大企業 \\ 0 & その他 \end{cases}$

企業規模(2)　$F_2 = \begin{cases} 1 & 中企業 \\ 0 & その他 \end{cases}$

③ つぎの属性に対応する月間給与額を計算しなさい。

a) 大企業の26.0歳の女子大学・大学院卒労働者の月間給与額 $\hat{Y}_a$
b) 大企業の30.0歳の男子大学・大学院卒労働者の月間給与額 $\hat{Y}_b$
c) 中企業の34.0歳の女子大学・大学院卒労働者の月間給与額 $\hat{Y}_c$
d) 小企業の38.0歳の男子大学・大学院卒労働者の月間給与額 $\hat{Y}_d$

表6-11 わが国の大学・大学院卒労働者の月間給与額と、年齢、性、企業規模（2005年）

月間給与額 (1000円) Y	年齢 (歳) X	性 S	企業規模 F_i
252.5	23.8	男性	大企業
319.6	27.6	男性	大企業
400.9	32.5	男性	大企業
483.0	37.4	男性	大企業
235.5	23.7	男性	中企業
285.0	27.6	男性	中企業
346.9	32.5	男性	中企業
415.0	37.4	男性	中企業
222.3	23.8	男性	小企業
260.9	27.6	男性	小企業
310.3	32.5	男性	小企業
378.2	37.4	男性	小企業
229.7	23.7	女性	大企業
275.2	27.4	女性	大企業
319.9	32.4	女性	大企業
380.3	37.3	女性	大企業
219.4	23.6	女性	中企業
254.6	27.4	女性	中企業
300.2	32.3	女性	中企業
371.3	37.2	女性	中企業
207.2	23.7	女性	小企業
228.6	27.4	女性	小企業
280.7	32.2	女性	小企業
316.1	37.2	女性	小企業

資料）厚生労働省『賃金構造基本統計調査報告』。

5．表6-12は、ある開発途上国の自動車の輸入額 Y とGDP X の関係を実質額で示したものです。2001年から自動車の国内生産がはじまり、自動車の輸入額の減少が観察されます。

①(1)～(4)の回帰モデルをOLSで推定し、t 値、決定係数 R^2、自由度修正済み決定係数 $\bar{R}^2$ を計算しなさい。ただし、ダミー変数 D は、以下のように定義します。

$$D = \begin{cases} 0 : 1995\sim2000年 \\ 1 : 2001\sim2005年 \end{cases}$$

(1) 単純回帰モデル

$Y = \alpha + \beta X + u$

(2) 定数項ダミーを用いた重回帰モデル

$Y = \alpha + \beta_1 X + \beta_2 D + u$

(3) 係数ダミーを用いた重回帰モデル

$Y = \alpha + \beta_1 X + \beta_2 DX + u$

(4) 係数ダミーと定数項ダミーを用いた重回帰モデル

$Y = \alpha + \beta_1 X + \beta_2 DX + \beta_3 D + u$

② (1)の単純回帰モデルを用いて、分割時点を2000年とした（前期：1995〜2000年、後期：2001〜2005年）、構造変化のF検定（チャウ・テスト）を実行しなさい。

表6-12 自動車の輸入額とGDPの関係（実質）

（単位：100万ドル）

年	自動車輸入額 Y	GDP X
1995	6.1	52
96	6.5	54
97	6.9	58
98	7.0	61
99	7.3	63
2000	7.6	69
01	7.1	71
02	6.8	76
03	6.6	80
04	6.5	82
05	6.3	85

注）2000年価格。

●第7章
系列相関

この章では、時系列データの回帰分析にとって厄介な問題である、系列相関をとりあげます。まず系列相関の意味について述べ、その検定法であるダービン・ワトソン検定を説明します。そして解決法として、コクラン・オーカット法と、プレイス・ウインステン変換に基づく一般化最小2乗法を、わかりやすく解説したいと思います。

1. 系列相関とは

系列相関 (serial correlation) は、自己相関 (autocorrelation) ともいい、時系列データを用いた回帰分析でしばしば起こる問題であり、誤差項の間に相関があることを意味します。とくに、経済活動の場合、今期の活動が来期の活動に影響を及ぼすことが多く、系列相関が発生しやすいといえます。たとえば、もっとも頻繁に生じる1階の正の系列相関のケースにOLSを適用すると、t値、F値、決定係数R^2を大きめに計算してしまい、本当は有意

でないものを、誤って有意であるとみなす危険性が大きくなってしまいます。そして、系列相関を無視して回帰モデルを OLS で推定すると、推定した係数は不偏ではありますが、もはや BLUE ではありません（第 4 章［補足 1］、129頁を参照して下さい）。

さて、誤差項uに 1 階の系列相関がある場合、つぎのように表わすことができます（これを、**1 階の自己回帰モデル**といいます）。

$$u_t = \rho u_{t-1} + \varepsilon_t, \quad -1 < \rho < 1 \tag{7-1}$$

$\quad 0 < \rho < 1 \quad \rightarrow \quad$ 1 階の正の系列相関
$\quad -1 < \rho < 0 \quad \rightarrow \quad$ 1 階の負の系列相関

ρ（ローと読む）は**自己相関係数**といい、ε（イプシロンと読む）は平均 0、均一分散、系列相関なしの誤差項です。いま、1 階の正の系列相関がある場合、$u_{t-1} > 0$ならば$u_t > 0$, $u_{t-1} < 0$ならば$u_t < 0$となる傾向があります（図 7-1 参照）。一方、1 階の負の系列相関がある場合、$u_{t-1} > 0$ならば$u_t < 0$、$u_{t-1} < 0$ならば$u_t > 0$となる傾向があります（図 7-2 参照）。

図 7-1　正の系列相関　　　　　図 7-2　負の系列相関

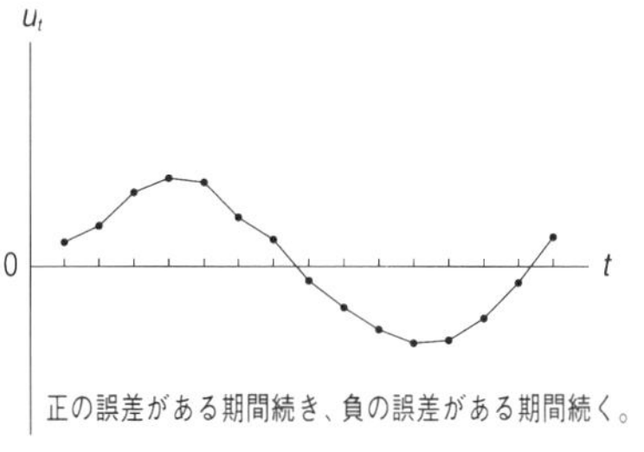

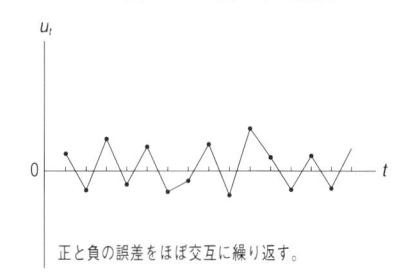

正の誤差がある期間続き、負の誤差がある期間続く。　　　正と負の誤差をほぼ交互に繰り返す。

誤差項に系列相関が生じる原因としては、主につぎの 5 つがあげられます。

系列相関の発生原因
　①重要な説明変数が、モデルから欠落している。
　②経済行動（消費、貯蓄、投資、輸出、輸入など）における習慣性。
　③あるショック（オイルショック、戦争など）の経済的影響が、期間内で終息せず、次期以降にも及ぶ場合。

④関数型の特定化の失敗。

⑤時系列の回帰分析の時間単位が短いほど（年→四半期→月→週）、前期の影響を受けやすく、系列相関が発生しやすい。

2．ダービン・ワトソン検定

ダービン・ワトソン統計量DW（Durbin-Watson statistic）は**ダービン・ワトソン比**ともいい、1階の系列相関が存在しているかどうかをチェックするための統計量で、OLSの残差を$\hat{u}_t$とすると、次のように定義されます。

$$DW = \frac{\sum_{t=2}^{n}(\hat{u}_t - \hat{u}_{t-1})^2}{\sum_{t=1}^{n}\hat{u}_t^2} \qquad (7\text{-}2)$$

$0 \leq DW \leq 4$

また、ダービン・ワトソン統計量DWは、サンプルの数が十分大きいとき（$n \geq 30$）、次式によって近似されます。

$$DW \fallingdotseq 2(1-\hat{\rho}) \qquad (7\text{-}3)$$

ただし、$\hat{\rho}$は自己相関係数ρの推定値であり、

$$\hat{\rho} = \frac{\sum_{t=2}^{n}\hat{u}_t\hat{u}_{t-1}}{\sum_{t=2}^{n}\hat{u}_{t-1}^2} \qquad (7\text{-}4)$$

となります。$\hat{\rho}=0$ならば$DW=2$、$\hat{\rho}=1$ならば$DW=0$、そして$\hat{\rho}=-1$ならば$DW=4$となります。すなわち、誤差項間に相関がないとき（系列相関のないケース）DWはほぼ2となり、誤差項間に正相関があるとき（正の系列相関のケース）DWは0に近づき、誤差項間に負相関があるとき（負の系列相関のケース）DWは4に近づきます。

それでは、ダービン・ワトソン検定の方法について具体的に説明しましょう。①が1階の正の系列相関を、②が1階の負の系列相関を見つけるためのダービン・ワトソン検定の方法を簡潔に示したものです（ふつう、①の検定方法を用いることが多い）。

① 1階の正の系列相関を見つける場合のダービン・ワトソン検定

帰無仮説　$H_0: \rho=0$
対立仮説　$H_1: \rho>0$
$DW < d_L$　　　→H_0を棄却（1階の正の系列相関あり）
$d_L \leq DW \leq d_U$　→H_0を棄却も採択もできない（判定不能）
$DW > d_U$　　　→H_0を採択（1階の系列相関なし）

② 1階の負の系列相関を見つける場合のダービン・ワトソン検定

帰無仮説　$H_0: \rho=0$
対立仮説　$H_1: \rho<0$
$DW > 4-d_L$　　　　→H_0を棄却（1階の負の系列相関あり）
$4-d_U \leq DW \leq 4-d_L$→H_0を棄却も採択もできない（判定不能）
$DW < 4-d_U$　　　　→H_0を採択（1階の系列相関なし）

　ダービン・ワトソン検定には、t検定やF検定の場合と異なり、判定不能で結論が出せない領域があります。**d_L**と**d_U**は、その結論が出せない領域の**下限値**と**上限値**にあたります。d_Lとd_Uは、①サンプルの数n、②定数項を除く説明変数の数k、③検定の有意水準（5％または1％）、④片側検定あるいは両側検定（本書はよく利用される片側検定のケースを説明します）によって決まります。表7-1は、ダービン・ワトソン検定における有意水準5％（片側検定）の下限値（d_L）と上限値（d_U）を数表化したものです。

　また、図7-3は、ダービン・ワトソン検定における各領域を、わかりやすく図示したものです。

図7-3　ダービン・ワトソン検定

正の系列相関 ($\rho>0$)	判定不能	系列相関なし ($\rho=0$)	判定不能	負の系列相関 ($\rho<0$)
0　　　　　　　　　d_L	d_U	2　　　$4-d_U$	$4-d_L$	4

計算したDWが、このゾーンに入ることを期待して、検定を行なう。

表7-1　ダービン・ワトソン検定（片側検定：有意水準5％）

n	k=1 d_L	k=1 d_U	k=2 d_L	k=2 d_U	k=3 d_L	k=3 d_U	k=4 d_L	k=4 d_U	k=5 d_L	k=5 d_U
15	1.08	1.36	0.95	1.54	0.82	1.75	0.69	1.97	0.56	2.21
16	1.10	1.37	0.98	1.54	0.86	1.73	0.74	1.93	0.62	2.15
17	1.13	1.38	1.02	1.54	0.90	1.71	0.78	1.90	0.67	2.10
18	1.16	1.39	1.05	1.53	0.93	1.69	0.82	1.87	0.71	2.06
19	1.18	1.40	1.08	1.53	0.97	1.68	0.86	1.85	0.75	2.02
20	1.20	1.41	1.10	1.54	1.00	1.68	0.90	1.83	0.79	1.99
21	1.22	1.42	1.13	1.54	1.03	1.67	0.93	1.81	0.83	1.96
22	1.24	1.43	1.15	1.54	1.05	1.66	0.96	1.80	0.86	1.94
23	1.26	1.44	1.17	1.54	1.08	1.66	0.99	1.79	0.90	1.92
24	1.27	1.45	1.19	1.55	1.10	1.66	1.01	1.78	0.93	1.90
25	1.29	1.45	1.21	1.55	1.12	1.66	1.04	1.77	0.95	1.89
26	1.30	1.46	1.22	1.55	1.14	1.65	1.06	1.76	0.98	1.88
27	1.32	1.47	1.24	1.56	1.16	1.65	1.08	1.76	1.01	1.86
28	1.33	1.48	1.26	1.56	1.18	1.65	1.10	1.75	1.03	1.85
29	1.34	1.48	1.27	1.56	1.20	1.65	1.12	1.74	1.05	1.84
30	1.35	1.49	1.28	1.57	1.21	1.65	1.14	1.74	1.07	1.83
31	1.36	1.50	1.30	1.57	1.23	1.65	1.16	1.74	1.09	1.83
32	1.37	1.50	1.31	1.57	1.24	1.65	1.18	1.73	1.11	1.82
33	1.38	1.51	1.32	1.58	1.26	1.65	1.19	1.73	1.13	1.81
34	1.39	1.51	1.33	1.58	1.27	1.65	1.21	1.73	1.15	1.81
35	1.40	1.52	1.34	1.58	1.28	1.65	1.22	1.73	1.16	1.80
36	1.41	1.52	1.35	1.59	1.29	1.65	1.24	1.73	1.18	1.80
37	1.42	1.53	1.36	1.59	1.31	1.66	1.25	1.72	1.19	1.80
38	1.43	1.54	1.37	1.59	1.32	1.66	1.26	1.72	1.21	1.79
39	1.43	1.54	1.38	1.60	1.33	1.66	1.27	1.72	1.22	1.79
40	1.44	1.54	1.39	1.60	1.34	1.66	1.29	1.72	1.23	1.79
45	1.48	1.57	1.43	1.62	1.38	1.67	1.34	1.72	1.29	1.78
50	1.50	1.59	1.46	1.63	1.42	1.67	1.38	1.72	1.34	1.77
55	1.53	1.60	1.49	1.64	1.45	1.68	1.41	1.72	1.38	1.77
60	1.55	1.62	1.51	1.65	1.48	1.69	1.44	1.73	1.41	1.77
65	1.57	1.63	1.54	1.66	1.50	1.70	1.47	1.73	1.44	1.77
70	1.58	1.64	1.55	1.67	1.52	1.70	1.49	1.74	1.46	1.77
75	1.60	1.65	1.57	1.68	1.54	1.71	1.51	1.74	1.49	1.77
80	1.61	1.66	1.59	1.69	1.56	1.72	1.53	1.74	1.51	1.77
90	1.63	1.68	1.61	1.70	1.59	1.73	1.57	1.75	1.54	1.78
100	1.65	1.69	1.63	1.72	1.61	1.74	1.59	1.76	1.57	1.78

注1）nはサンプルの数。kは定数項を除く説明変数の数。d_Lとd_Uは判定不能領域の下限値と上限値。

注2）$6 < n < 14$のケースについては、蓑谷（1997a）または浅野・中村（2000）を参照してください。*Econometrica*から転載されたダービン・ワトソン統計量があります。

出所）J. Durbin and G.S. Watson (1951), "Testing for Serial Correlation in Least Squares Regression", *Biometrica* 38.

［補足1］ダービン・ワトソン検定の留意点

①**定数項のない回帰モデル**では、ダービン・ワトソン検定は利用できません。

②回帰モデルの説明変数の中に、**ラグ付き被説明変数**が入っているときも、ダービン・ワトソン検定は利用できません。このケースには、**ダービンの h 統計量**を用いて検定を行います。（［補足2］を参照）。

③ダービン・ワトソン検定は、前述したように1階の系列相関の有無をチェック

するための方法であり、**高次の系列相関**には利用できません。このようなケースには、**ブロシュ・ゴドフレイ**（Breusch-Godfrey）**検定**などがよく用いられます〔浅野・中村（2000）に詳しい〕。

[補足2] ダービンのh統計量

たとえば、$Y_t = \alpha + \beta_1 X_t + \beta_2 Y_{t-1} + u_t$のように、回帰モデルの説明変数に、**ラグ付き被説明変数**（Y_{t-1}）が導入されている場合、DWが2に近い値になる傾向があります。すなわち、1階の系列相関があるのに、「ない」と判断する危険性が生じます。このようなケースでは、DW検定は用いず、**ダービンのh統計量**による検定を行ないます。

$$\text{ダービンの}h\text{統計量} = \hat{\rho}\sqrt{\frac{n}{1 - n \cdot s_{\hat{\beta}_2}^2}}$$

$\hat{\rho}$：自己相関係数ρの推定値←（7-4）より求めます。

n：サンプルの数

$s_{\hat{\beta}_2}^2$：$\hat{\beta}_2$の分散

nが十分大きいとき（$n \geq 30$）、$\rho = 0$のもとでダービンのh統計量は標準正規分布で近似されます。したがって、有意水準5％（両側検定）で系列相関の有無を検定すると、以下のようになります。

｜ダービンのh統計量｜ < 1.960 → 系列相関なし
｜ダービンのh統計量｜ ≧ 1.960 → 系列相関あり

●例題7-1

つぎの@〜⨍のダービン・ワトソン統計量DWのケースについて、以下の設問に答えなさい。nはサンプルの数、kは説明変数の数、ρは自己相関係数を表わしています。

① @〜©について、$H_0: \rho = 0$、$H_1: \rho > 0$というダービン・ワトソン検定を、有意水準5％（片側）で実行しなさい。

② @〜⨍について、$H_0: \rho = 0$、$H_1: \rho < 0$というダービン・ワトソン検定を、有意水準5％（片側）で実行しなさい。

@ $DW = 0.92$（$n = 15$、$k = 1$）

ⓑ $DW = 1.60$（$n = 40$、$k = 3$）

© $DW = 1.81$（$n = 90$、$k = 5$）

@ $DW = 2.75$（$n = 20$、$k = 2$）

ⓔ $DW=2.54$ ($n=70$、$k=4$)
ⓕ $DW=2.27$ ($n=100$、$k=1$)

[解答]
① 表7‐1を用いて、ダービン・ワトソン検定(有意水準5%の片側検定)を行ないます。
ⓐ $DW(0.92)<d_L(1.08)$となり、$H_0: \rho=0$は棄却され、$H_1: \rho>0$が採択されます。すなわち、1階の正の系列相関があると考えられます。
ⓑ $d_L(1.34) \leq DW(1.60) \leq d_U(1.66)$となり、このケースは仮説検定が不可能で、結論が出ません。すなわち、1階の正の系列相関があるともないともいえません。
ⓒ $DW(1.81)>d_U(1.78)$となり、$H_0: \rho=0$は採択されます。すなわち、1階の系列相関はないと考えられます。

② ①と同様、表7‐1を用いて、ダービン・ワトソン検定を行ないます。
ⓓ $4-d_U(2.46) \leq DW(2.75) \leq 4-d_L(2.90)$となり、このケースは仮説検定が不可能で、結論が出ません。すなわち、1階の負の系列相関があるともないともいえません。
ⓔ $DW(2.54)>4-d_L(2.51)$となり、$H_0: \rho=0$は棄却され、$H_1: \rho<0$が採択されます。すなわち、1階の負の系列相関があると考えられます。
ⓕ $DW(2.27)<4-d_U(2.31)$となり、$H_0: \rho=0$は採択されます。すなわち、1階の系列相関はないと考えられます。

●例題7‐2
表7‐3は、わが国の勤労者世帯における、実質家計消費支出Yと同可処分所得Xの推移を、1970年から94年の25年間について示したものです。
① つぎの回帰モデルをOLSにより推定し、t値と決定係数R^2も計算しなさい。
$$Y_t=a+\beta X_t+u_t$$
② ①の推定結果を用いてOLS残差$\hat{u}_t$を計算し、ダービン・ワトソン統計量DWを求めなさい。
③ ②のDWについて、$H_0: \rho=0$、$H_1: \rho>0$というダービン・ワトソン検定を、有意水準5%(片側)で実行しなさい。

表 7-3　わが国の勤労者世帯における実質家計消費支出と同可処分所得

(単位：1000円)

年	実質家計消費支出 Y	実質家計可処分所得 X	年	実質家計消費支出 Y	実質家計可処分所得 X
1970	239	300	83	304	384
71	248	311	84	308	392
72	258	329	85	310	400
73	272	351	86	312	403
74	268	354	87	314	411
75	280	364	88	324	428
76	279	360	89	326	434
77	282	366	90	332	441
78	285	370	91	334	449
79	293	378	92	336	451
80	291	374	93	334	449
81	294	371	94	330	449
82	302	381			

注）1990年価格。
資料）日本銀行『経済統計年報』。

[解答]

①計算プロセスは省略。

$\sum X_t = 9700$　　$\sum Y_t = 7455$　　$\sum X_t Y_t = 2921268$

$\sum X_t^2 = 3808668$　　$\sum Y_t^2 = 2241861$

$\sum \hat{u}_t^2 = 467.717$

$\hat{Y}_t = 50.875 + 0.63744 X_t$
　　　(6.136)　(30.008)

$R^2 = 0.9751$

②次式よりOLS残差 $\hat{u}_t$ を計算し、DW を求めるためのワークシート（表7-4）を作成します。

$\hat{u}_t = Y_t - \hat{Y}_t = Y_t - 50.875 - 0.63744 X_t$

表7-4　例題7-2のダービン・ワトソン統計量の計算

年	$\hat{u}_t = Y_t - \hat{Y}_t$	$\hat{u}_t - \hat{u}_{t-1}$	$\hat{u}_t^2$	$(\hat{u}_t - \hat{u}_{t-1})^2$
1970	−3.1056	—	9.6445	—
71	−1.1174	1.9882	1.2485	3.9529
72	−2.5912	−1.4739	6.7145	2.1723
73	−2.6148	−0.0236	6.8374	0.0006
74	−8.5272	−5.9123	72.7123	34.9554
75	−2.9015	5.6256	8.4188	31.6477
76	−1.3518	1.5497	1.8273	2.4017
77	−2.1764	−0.8246	4.7367	0.6800
78	−1.7261	0.4503	2.9796	0.2027
79	1.1744	2.9005	1.3791	8.4129
80	1.7241	0.5497	2.9726	0.3022
81	6.6364	4.9123	44.0421	24.1308
82	8.2621	1.6256	68.2616	2.6427
83	8.3497	0.0877	69.7183	0.0077
84	7.2503	−1.0995	52.5662	1.2089
85	4.1508	−3.0995	17.2288	9.6069
86	4.2384	0.0877	17.9644	0.0077
87	1.1390	−3.0995	1.2972	9.6069
88	0.3025	−0.8364	0.0915	0.6996
89	−1.5221	−1.8246	2.3168	3.3292
90	0.0159	1.5379	0.0003	2.3653
91	−3.0836	−3.0995	9.5089	9.6069
92	−2.3585	0.7251	5.5626	0.5258
93	−3.0836	−0.7251	9.5089	0.5258
94	−7.0836	−4.0000	50.1780	16.0000
計	—	—	467.717	164.993
			↑	↑
			$\sum_{t=1}^{25}\hat{u}_t^2$	$\sum_{t=2}^{25}(\hat{u}_t - \hat{u}_{t-1})^2$

　表7-4の計算結果を(7-2)へ代入し、DWを求めます。

$$DW = \frac{\sum_{t=2}^{25}(\hat{u}_t - \hat{u}_{t-1})^2}{\sum_{t=1}^{25}\hat{u}_t^2} = \frac{164.993}{467.717}$$

$$= 0.3528$$

③表7-1を用いて、ダービン・ワトソン検定を行ないます。いま、$n=25$、$k=1$であるから、

　　　$DW(0.3528) < d_L(1.29)$

となり、$H_0: \rho=0$は棄却され、$H_1: \rho>0$が採択されます。すなわち、1

階の正の系列相関があると考えられます。

3．コクラン・オーカット法

ダービン・ワトソン検定によって1階の系列相関が検出されても、①新たに説明変数を加えたり、あるいは②モデルの関数型を変えたり、また③大きなショックが影響を与えているときはダミー変数を導入したりして、系列相関の除去に努めるべきです。しかし、こうした方法でも系列相関が取り除けない場合は、OLSに代わるパラメータ推定法を採用する必要があります。つぎの3つの推定法は、その代表的な方法です。

①コクラン・オーカット（Cochrane-Orcutt：CO）法
②プレイス・ウインステン（Prais-Winsten：PW）変換に基づく一般化最小2乗法（Generalized Least Squares：GLS）
③最尤法（Maximum Likelihood：ML）

本書では、エコノメトリックスの入門者にも理解しやすい、①と②の推定法について解説します。まず、CO変換について説明し、次いでこの変換によって構築されたモデルを、具体的に推定する手続きについて述べましょう。

以下のような1階の系列相関のあるモデルを想定します。
$$Y_t = \alpha + \beta X_t + u_t \tag{7-5}$$
$$t = 1, 2, \cdots, n$$
$$u_t = \rho u_{t-1} + \varepsilon_t \tag{7-6}$$
ε_t は平均が0、均一分散で、自己相関のない誤差項です。(7-5)を1期前のかたちで表わすと、
$$Y_{t-1} = \alpha + \beta X_{t-1} + u_{t-1} \tag{7-7}$$
$$t = 2, 3, \cdots, n$$
と書け、この式の両辺に ρ をかけると、
$$\rho Y_{t-1} = \rho\alpha + \rho\beta X_{t-1} + \rho u_{t-1} \tag{7-8}$$

$$t=2,3,\cdots,n$$

が得られます。つぎに、この式を(7-5)から引くと、

$$Y_t - \rho Y_{t-1} = a - \rho a + \beta X_t - \rho \beta X_{t-1} + \underline{u_t - \rho u_{t-1}}$$
$$\phantom{Y_t - \rho Y_{t-1} = a - \rho a + \beta X_t - \rho \beta X_{t-1}} \hookrightarrow = \varepsilon_t \leftarrow (7-6) \text{ より}$$

$$Y_t - \rho Y_{t-1} = a(1-\rho) + \beta(X_t - \rho X_{t-1}) + \varepsilon_t \tag{7-9}$$
$$t=2,3,\cdots,n$$

となり、この式の誤差項 ε_t に系列相関はなくなります。ここで、(7-9)を新たな変数と回帰係数で置き換えると、

$$Y_t^* = Y_t - \rho Y_{t-1} \tag{7-10}$$

$$X_t^* = X_t - \rho X_{t-1} \tag{7-11}$$

$$a^* = a(1-\rho) \tag{7-12}$$

$$\beta^* = \beta \tag{7-13}$$

$$t=2,3,\cdots,n$$

となり、(7-9)は、

$$Y_t^* = a^* + \beta^* X_t^* + \varepsilon_t \tag{7-14}$$
$$t=2,3,\cdots,n$$

と表わすことができます。この変換をCO変換といい、CO法では最終的にこの(7-14)を、OLSで推定することになります。

さて、実際にCO法を用いてモデルを推定するには、次の〈順序1〉から〈順序5〉の手順に従います。ただし、**くりかえし計算によるCO法**の場合は、〈順序8〉まで続きます。

コクラン・オーカット法の手順

〈順序1〉

(7-5)をOLSで推定し、残差 $\hat{u}_t$ を求めます。

〈順序2〉

(7-6)を**定数項なしのOLS**で推定し、ρ の推定値 $\hat{\rho}$ を求めます。具体的には、次式によって $\hat{\rho}$ を計算します。

$$\widehat{\rho} = \frac{\sum_{t=2}^{n} \widehat{u}_t \widehat{u}_{t-1}}{\sum_{t=2}^{n} \widehat{u}_{t-1}^2} \qquad (7\text{-}15)$$

注) ρ の推定法には、これ以外にもいろいろな方法があり、蓑谷（1992）には、5つの推定法が紹介されています。

〈順序3〉

$\widehat{\rho}$ を（7-10）と（7-11）へ代入して、Y_t^* と X_t^* のデータを作成します。

〈順序4〉

（7-14）へOLSを適用し、α^* と β^* を推定します。

〈順序5〉

α、β の新たな推定値 $\tilde{\alpha}$、$\tilde{\beta}$ を、次式より求めます。

$$\tilde{\alpha} = \frac{\alpha^*}{1 - \widehat{\rho}} \qquad (7\text{-}16)$$

$$\tilde{\beta} = \beta^* \qquad (7\text{-}17)$$

一般的なCO法は、このステップで終了ですが、**くりかえし法**（iterative method）の場合は、さらに〈順序6〉、〈順序7〉、〈順序8〉へと計算は続きます。

くりかえし計算によるコクラン・オーカット法の手順

〈順序6〉

新しい残差 $\tilde{\varepsilon}_t$ を、次式より求めます。

$$\tilde{\varepsilon}_t = Y_t - \tilde{\alpha} - \tilde{\beta} X_t \qquad (7\text{-}18)$$

$t = 1, 2, \cdots, n$

〈順序7〉

〈順序2〉と同様、新しい残差 $\tilde{\varepsilon}_t$ を用いて ρ の新しい推定値 $\tilde{\rho}$ を求めます。

〈順序8〉

〈順序7〉で求めた $\tilde{\rho}$ が、次の条件を満たすかどうかを調べます。

$$\left|\frac{\tilde{\rho}-\hat{\rho}}{\hat{\rho}}\right| \leq \delta \qquad (7\text{-}19)$$

δ（デルタと読みます）は、**収束を判定する条件値**。たとえば$\delta=0.005$。

上記の条件を満たせば、くりかえし計算は終了。〈順序5〉の推定結果を採用することになります。一方、上記の条件を満たさなければ、ふたたび〈順序3〉へ戻り、くりかえし計算はこの条件を満たすまで継続されることになります。

●例題7-3
　例題7-2のデータとモデル（$Y_t=\alpha+\beta X_t+u_t$）に基づいて、以下の設問に答えなさい。
①コクラン・オーカット（CO）法を用いてモデルを推定し、t値、R^2、およびDWも計算しなさい。
②くりかえし計算（イタレーション回数＝2）によるCO法を用いてモデルを推定し、t値、R^2、およびDWも計算しなさい。

[解答]
①〈順序1〉

残差$\hat{u}_t$は、例題7-2の表7-4のとおりです。

〈順序2〉

自己相関係数の推定値$\hat{\rho}$を、(7-15)より求めます。

$$\hat{\rho} = \frac{\sum_{t=2}^{25}\hat{u}_t\hat{u}_{t-1}}{\sum_{t=2}^{25}\hat{u}_{t-1}^2}$$

$$= \frac{355.3091}{417.5387}$$

$$= 0.850961$$

〈順序3〉

$\hat{\rho}=0.850961$を(7-10)と(7-11)へ代入し、CO変換による新しい変数、Y_t^*とX_t^*のデータを作成します。

$$Y_t^* = Y_t - 0.850961\, Y_{t-1}$$

$X_t^* = X_t - 0.850961 X_{t-1}$

表7-5が新しく作成したデータですが、1970年のデータは存在しなくなり（この点がCO法の欠陥）、$n=24$となります。

表7-5　コクラン・オーカット変換によるY_t^*とX_t^*のデータ

t 年	Y_t^* （消費支出）	X_t^* （可処分所得）	t 年	Y_t^* （消費支出）	X_t^* （可処分所得）
1970	—	—	83	47.009	59.783
71	44.620	55.711	84	49.307	65.230
72	46.961	64.351	85	47.904	66.423
73	52.452	71.033	86	48.202	62.615
74	36.538	55.312	87	48.500	68.062
75	51.942	62.759	88	56.798	78.255
76	40.730	50.250	89	50.288	69.788
77	44.581	59.654	90	54.586	71.682
78	45.028	58.548	91	51.480	73.726
79	50.476	63.144	92	51.779	68.918
80	41.668	52.336	93	48.077	65.216
81	46.370	52.740	94	45.779	66.918
82	51.817	65.293			

注）小数第4位以下は切り捨てて表示。ただし、以下の計算では4位以下も使用。

〈順序4〉

〈順序3〉で作成したY_t^*とX_t^*のデータ（表7-5）を用いて、(7-14)をOLSで推定します。

$Y_t^* = 13.973 + 0.53513 X_t^*$
　　　(2.918)　(7.155)

$R^2 = 0.6994$　　$DW = 2.378$

DWは改善され、誤差項に系列相関はないと判断できます。また、t値は1％水準で有意ですが、例題7-2のOLSによる結果に比べて、低下しているのがわかります。同様に、R^2も低下しています。

〈順序5〉

αとβの推定値$\tilde{\alpha}$と$\tilde{\beta}$を、(7-16)と(7-17)より求めます。

$\tilde{\alpha} = \dfrac{\alpha^*}{1 - \hat{\rho}} = 93.756$

$\tilde{\beta} = \beta^* = 0.53513$

よって、CO法による推定結果を整理すると、以下のようになります。R^2 は、つぎのモデルから計算した値です。

$$Y_t = 93.756 + 0.53513 X_t$$
$$(2.918) \quad (7.155)$$
$$R^2 = 0.9906 \quad DW = 2.378$$

②〈順序6〉

新しい残差 $\tilde{\varepsilon}_t$ を、次式より求めます。

$$\tilde{\varepsilon}_t = Y_t - 93.756 - 0.535125 X_t$$
$$t = 1, 2, \cdots, n$$

〈順序7〉

〈順序6〉で求めた新しい残差 $\tilde{\varepsilon}_t$ を用いて、(7-15) より ρ の新しい推定値 $\tilde{\rho}$ を計算します。

$$\tilde{\rho} = \frac{\sum_{t=2}^{25} \tilde{\varepsilon}_t \tilde{\varepsilon}_{t-1}}{\sum_{t=2}^{25} \tilde{\varepsilon}_{t-1}^2}$$
$$= \frac{980.1575}{1176.8310}$$
$$= 0.832879$$

〈順序8〉

この例題では必要ないので、〈順序8〉はスキップし、〈順序3〉へ戻ります。

〈順序3〉

$\tilde{\rho} = 0.832879$ を (7-10) と (7-11) へ代入し、また新たな変数 Y_t^{**} と X_t^{**} のデータを作成します。

$$Y_t^{**} = Y_t - 0.832879 Y_{t-1}$$
$$X_t^{**} = X_t - 0.832879 X_{t-1}$$

次頁の表7-6が作成されたデータですが、やはり1970年のデータは存在しません（CO法の欠陥）。

表7-6 コクラン・オーカット変換によるY_t^{**}とX_t^{**}のデータ
（イタレーション回数＝2）

t 年	Y_t^{**} (消費支出)	X_t^{**} (可処分所得)	t 年	Y_t^* (消費支出)	X_t^* (可処分所得)
1970	—	—	83	52.470	66.673
71	48.941	61.136	84	54.804	72.174
72	51.446	69.974	85	53.473	73.511
73	57.117	76.982	86	53.807	69.848
74	41.456	61.659	87	54.141	75.349
75	56.788	69.160	88	62.476	85.686
76	45.793	56.832	89	56.147	77.527
77	49.626	66.163	90	60.481	79.530
78	50.128	65.166	91	57.484	81.700
79	55.629	69.834	92	57.818	77.037
80	46.966	59.171	93	54.152	73.371
81	51.632	59.503	94	51.818	75.037
82	57.133	72.002			

注）小数第4位以下は切り捨てて表示。ただし、計算には4位以下も使用。

〈順序4〉

表7-6のデータを用いて、モデルをOLSで推定します。

$$Y_t^{**} = 15.387 + 0.53830 X_t^{**}$$
$$(3.073) \quad (7.634)$$
$$R^2 = 0.7260 \quad DW = 2.330$$

〈順序5〉

くりかえし計算によるCO法の最終的な推定結果を整理すると、以下のようになります。

$$Y_t = 92.073 + 0.53830 X_t$$
$$(3.073) \quad (7.634)$$
$$R^2 = 0.9906 \quad DW = 2.330$$

4．プレイス・ウインステン変換に基づく一般化最小2乗法

PW変換に基づく一般化最小2乗法は、CO法と非常によく似ていますが、異なるのは①第1期（$t=1$）の変換データを作成する点（CO法では第1期のデータが欠落）、②定数項のデータを作成する点、そして③推定法に「定

数項なしのOLS」を採用する点です。一般に、PW変換に基づく一般化最小2乗法の方が、CO法より推定精度が高く、優れた推定法といわれています（蓑谷 1992）。

具体的な推定の手順は、以下の通りです。

PW変換に基づく一般化最小2乗法の手順

〈順序1〉
〈順序2〉 } CO法と同じ。

〈順序3〉

$\hat{\rho}$を用いて、$t=1$期と$t=2,\cdots,n$期の被説明変数Y_t^*、定数項C_t^*、および説明変数X_t^*のデータを、次のPW変換によって作成します。

$t=1$ のとき、

$$Y_1^* = \sqrt{1-\hat{\rho}^2}\, Y_1 \tag{7-20}$$

$$C_1^* = \sqrt{1-\hat{\rho}^2} \tag{7-21}$$

$$X_1^* = \sqrt{1-\hat{\rho}^2}\, X_1 \tag{7-22}$$

$t=2,\cdots,n$ のとき、

$$Y_t^* = Y_t - \hat{\rho}\, Y_{t-1} \tag{7-23}$$

$$C_t^* = 1 - \hat{\rho} \tag{7-24}$$

$$X_t^* = X_t - \hat{\rho}\, X_{t-1} \tag{7-25}$$

〈順序4〉

次式を定数項なしのOLSで推定し、αとβを求めます。

$$Y_t^* = \alpha C_t^* + \beta X_t^* + u_t^* \tag{7-26}$$

このステップで終了ですが、くりかえし法を用いる場合は、CO法のケースと同じ手順で実行します。

●例題 7 - 4

プレイス・ウインステン変換に基づく一般化最小2乗法を用いて、例題 7 - 2のモデルを推定しなさい。

[解答]

〈順序 1〉
〈順序 2〉 } CO法と同じで、$\hat{\rho}=0.850961$

〈順序 3〉

$\hat{\rho}=0.850961$を(7 -20)から(7 -25)へ代入し、PW変換による新しい変数、Y_t^*、C_t^*、X_t^*のデータを作成します(表7 - 7)。

表7 - 7 プレイス・ウインステン変換によるY_t^*とX_t^*のデータ

t (年)	Y_t^* (消費)	C_t^* (定数項)	X_t^* (所得)	t (年)	Y_t^* (消費)	C_t^* (定数項)	X_t^* (所得)
1970	125.529	0.52522	157.568	83	47.009	0.14903	59.783
71	44.620	0.14903	55.711	84	49.307	0.14903	65.230
72	46.961	0.14903	64.351	85	47.904	0.14903	66.423
73	52.452	0.14903	71.033	86	48.202	0.14903	62.615
74	36.538	0.14903	55.312	87	48.500	0.14903	68.062
75	51.942	0.14903	62.759	88	56.798	0.14903	78.255
76	40.730	0.14903	50.250	89	50.288	0.14903	69.788
77	44.581	0.14903	59.654	90	54.586	0.14903	71.682
78	45.028	0.14903	58.548	91	51.480	0.14903	73.726
79	50.476	0.14903	63.144	92	51.779	0.14903	68.918
80	41.668	0.14903	52.336	93	48.077	0.14903	65.216
81	46.370	0.14903	52.740	94	45.779	0.14903	66.918
82	51.817	0.14903	69.293				

注) Y_t^*とX_t^*は小数第4位以下、C_t^*は小数第6位以下を切り捨てて表示。ただし、計算には4位以下あるいは6位以下も使用。

〈順序 4〉

〈順序 3〉で作成したY_t^*、C_t^*、X_t^*のデータ(表7 - 7)を用いて、(7 - 26)を定数項なしのOLSで推定します。

$$Y_t^* = 55.468 C_t^* + 0.62131 X_t^*$$
$$(3.503) \quad\quad (15.314)$$

$$\bar{R}^2 = 0.9751 \quad (参考\ DW=2.007)$$

注) 定数項なしのOLSについては、蓑谷(2003)を参照して下さい。

[補足]

最尤法による推定結果も、参考までに示しておきます（TSP使用）。

$$Y_t = 55.161 + 0.62256 X_t$$
$$(3.658) \quad (16.102)$$

$$\bar{R}^2 = 0.97725 \quad DW = 1.9585$$

最尤法も、PW変換に基づく一般化最小2乗法と同様、1階の系列相関のあるモデルを推定するにはきわめて優れた方法であり、ここで両者は非常に近い推定結果を示しています。一方、例題7-3におけるCO法の推定結果は、PW変換に基づく一般化最小2乗法や最尤法の結果と大きく異なり、問題が残るものといえます。ちなみに、蓑谷（2003）は、CO法は問題のある推定法であり、用いない方がよいと指摘しています。

第7章 練習問題

1. 表7-8は、わが国の租税（国税＋地方税）Tと国民総生産Yを、1971年から90年の20年間について示したものです。

   ① つぎの回帰モデル（租税関数）を、OLSを用いて推定し、t値、R^2、およびDWも求めなさい。

   $$T_t = \alpha + \beta Y_t + u_t$$

   ② ①で求めたDWについて、$H_0: \rho=0$、$H_1: \rho>0$というダービン・ワトソン検定を、有意水準5％（片側）で実行しなさい。

   ③ ①の租税関数を、ⓐ～ⓒの方法で推定し、t値、R^2、およびDWも求めなさい。

   ⓐ コクラン・オーカット法

   ⓑ くりかえし計算によるコクラン・オーカット法（イタレーション回数＝2）

   ⓒ プレイス・ウインステン変換に基づく一般化最小2乗法

表7-8　わが国の租税と国民総生産（実質額）

（単位：兆円）

年度 t	租税 T	国民総生産 Y	年度 t	租税 T	国民総生産 Y
1971	27.9	181.9	81	50.9	277.4
72	31.6	198.3	82	53.2	287.2
73	36.6	207.7	83	55.9	295.8
74	36.0	207.3	84	58.9	309.1
75	32.1	215.6	85	62.2	324.0
76	34.6	224.3	86	66.2	333.3
77	36.4	235.0	87	73.6	349.8
78	42.0	247.1	88	80.4	370.6
79	45.1	260.6	89	84.9	387.5
80	48.5	268.8	90	90.0	407.2

注）1985年価格。会計年度。
資料）経済企画庁『国民経済計算年報』。

2．第3章の練習問題1（108頁）で用いた、アメリカの実質個人可処分所得Xと実質個人消費支出Y（1960～2004年）のデータに基づいて、以下の設問に答えなさい。

①つぎの回帰モデル（消費関数）を、OLSを用いて推定し、t値、R^2、およびDWも求めなさい。

$$Y_t = \alpha + \beta X_t + u_t$$

②①で求めたDWについて、$H_0: \rho=0$、$H_1: \rho>0$というダービン・ワトソン検定を、有意水準5％(片側)で実行しなさい。

③①の消費関数を、コクラン・オーカット法を用いて、ⓐ～ⓒの条件のもとで推定しなさい。t値、R^2、DWも求めなさい。

ⓐくりかえし計算なしのCO法

ⓑくりかえし計算法

収束を判定する条件値 $\to \left|\dfrac{\tilde{\rho}-\hat{\rho}}{\hat{\rho}}\right| \leq 0.001$

ⓒくりかえし計算法

収束を判定する条件値 $\to \left|\dfrac{\tilde{\rho}-\hat{\rho}}{\hat{\rho}}\right| \leq 0.0001$

④①の消費関数を、プレイス・ウインステン変換に基づく一般化最小2乗法で推定し、t値、R^2、DW(参考)も求めなさい。

3．例題7-2のデータ（189頁）を用いて、つぎの消費関数をOLSにより推定しなさい。また、ダービンのh統計量を求め、系列相関の検定を有意水準5％で実行しなさい。

$$Y_t = \alpha + \beta_1 X_t + \beta_2 Y_{t-1} + u_t$$

●第8章
連立方程式モデル

1. 連立方程式モデルとは

　連立方程式モデル (multi-equations model) は、**同時方程式モデル** (simultaneous equations model) とも呼ばれ、経済変数間の複雑な相互依存関係を、複数個の方程式で表わしたモデルのことをいいます。たとえば、つぎのようなリンゴの需要と供給のモデルを想定しましょう。

(需要関数)　　$Q_t = \alpha_0 + \alpha_1 P_t + \alpha_2 Y_t + u_{1t}$　　　　　　　　　　(8-1)
(供給関数)　　$Q_t = \beta_0 + \beta_1 P_t + \beta_2 T_t + u_{2t}$　　　　　　　　　　(8-2)
〔内生変数〕　Q_t：リンゴの数量
　　　　　　　P_t：リンゴの市場価格
〔外生変数〕　Y_t：需要者の所得
　　　　　　　T_t：日照時間

　この連立方程式モデルにおいて、Q_t と P_t はモデルの内部の相互依存関係

によってその値が決定される変数で、**内生変数**（endogenous variable）と呼ばれます。一方、Y_tとT_tはモデルの外部からその値が決定される変数で、**外生変数**（exogenous variable）と呼ばれます。外生変数は、内生変数へ影響を与えますが、逆に内生変数から影響を受けることはありません。

また、このモデルには存在しませんが、Q_{t-1}、P_{t-1}といった内生変数の**ラグ付き変数**（lagged variable）は、t期においてはすでにその値が決定されていることから、**先決内生変数**（pre-determined endogenous variable）と呼ばれます。そして外生変数と先決内生変数をあわせて、**先決変数**（pre-determined variable）といいます（図8-1参照）。

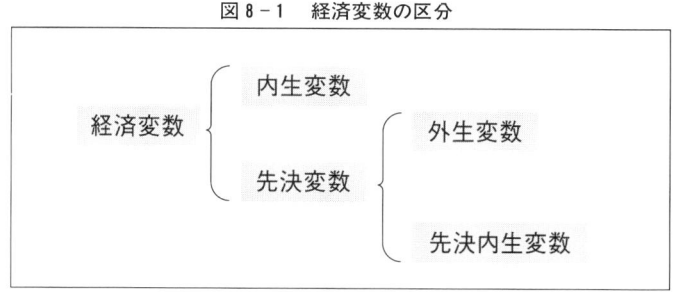

図8-1　経済変数の区分

```
           ┌ 内生変数
経済変数 ┤              ┌ 外生変数
           └ 先決変数 ┤
                         └ 先決内生変数
```

なお、内生変数と外生変数の区分には、絶対的な基準はなく、分析の目的あるいはモデルがカバーする経済活動の範囲に応じて、分析者自身が決定することになります。しかし、変数の区分には、経済理論にもとづくある種の常識は存在しますので、念のため。

2. 構造型と誘導型

構造型（structural form：S. F.）とは、経済理論から導かれた経済変数間の関係をそのまま記述したものであり、経済の構造を表現するという意味から構造型といわれます。先のリンゴの需給モデル(8-1)、(8-2)は構造型にあたります。また、構造型のそれぞれの式を**構造方程式**（structural equation）と呼びます。

誘導型 (reduced form：R. F.) とは、内生変数を外生変数、先決内生変数、誤差項だけで表わしたものであり、構造型から導かれるという意味から誘導型といわれます。また、誘導型のそれぞれの式を**誘導型方程式** (reduced equation) といい、内生変数の数だけ設定されます。

構造型と誘導型の分類にも絶対的な基準はなく、分析の目的や範囲等に応じて、分析者自身が決めることになります。

ここで構造方程式(8-1)、(8-2)から、内生変数Q_tとP_tについて誘導型方程式を導くと、以下のようになります。

$$Q_t = \pi_{10} + \pi_{11} Y_t + \pi_{12} T_t + v_{1t} \tag{8-3}$$

$$P_t = \pi_{20} + \pi_{21} Y_t + \pi_{22} T_t + v_{2t} \tag{8-4}$$

ただし、

$$\pi_{10} = \frac{\alpha_1 \beta_0 - \alpha_0 \beta_1}{\alpha_1 - \beta_1} \quad \pi_{11} = \frac{-\alpha_2 \beta_1}{\alpha_1 - \beta_1} \quad \pi_{12} = \frac{\alpha_1 \beta_2}{\alpha_1 - \beta_1}$$

$$\pi_{20} = \frac{-\alpha_0 + \beta_0}{\alpha_1 - \beta_1} \quad \pi_{21} = \frac{-\alpha_2}{\alpha_1 - \beta_1} \quad \pi_{22} = \frac{\beta_2}{\alpha_1 - \beta_1}$$

および、

$$v_{1t} = \frac{\alpha_1 u_{2t} - \beta_1 u_{1t}}{\alpha_1 - \beta_1} \quad v_{2t} = \frac{-u_{1t} + u_{2t}}{\alpha_1 - \beta_1}$$

誘導型方程式のパラメータπ_{10}、π_{11}、π_{12}、π_{20}、π_{21}、π_{22}を**誘導型パラメータ**、構造方程式のパラメータα_0、α_1、α_2、β_0、β_1、β_2を**構造パラメータ**といいます。

3．間接最小2乗法

(8-1)、(8-2)のような構造方程式に対して、普通の最小2乗法 (OLS) を直接適用すると、推定したパラメータに**バイアス（偏り）**が発生し、望ましい統計的性質である**不偏性** (unbiasedness) と**一致性** (consistency) を共に失ってしまいます。このバイアスは、**連立方程式バイアス（同時方程式バイアス）**、あるいは**ホーヴェルモ** (1989年ノーベル経済学賞) によって初めて指摘されたところから、**ホーヴェルモ・バイアス** (Haavelmo bias）ともいわれます。

　連立方程式バイアスが発生する原因は、説明変数の中に内生変数が含まれることによって、説明変数と誤差項の間に相関が生じてしまう点にあります（通常のOLSでは説明変数と誤差項は無相関を仮定。第4章129頁［補足1］の④を参照して下さい）。

　そこで、左辺の内生変数を外生変数や先決内生変数だけで説明する、いわゆる誘導型方程式を導き、そして同式にOLSを適用するならば、連立方程式バイアスは発生せず、この問題を解決することができます。**間接最小2乗法**（Indirect Least Squares Method：**ILS**）とは、この考え方に即して連立方程式モデルを推定する方法であり、以下の手順で実行します。

間接最小2乗法の手順
〈順序1〉
　構造型から誘導型を導きます。
〈順序2〉
　導かれたそれぞれの誘導型方程式にOLSを適用し、誘導型パラメータを推定します。
〈順序3〉
　推定した誘導型パラメータから、もとの構造パラメータを逆算します。

　このように、OLSで推定した誘導型パラメータを用いて、間接的に構造パラメータを求めるところから、この方法を間接最小2乗法と呼びます。推定した誘導型パラメータは、不偏性と一致性を共にもちます。これに対して構造パラメータは、不偏性をもたず、一致性のみを保持することになります。

　さて、〈順序3〉のステップにおいて、誘導型パラメータから構造パラメータが常に1つだけ求まるとは限らず、2つ以上求まることもあり（過剰識別のケース）、このことが間接最小2乗法の大きな弱点となっています。すなわち、間接最小2乗法は、対象となる構造方程式が適度識別（次節参照）のケースでのみ適用可能な推定方法であり、そのため実際に用いられるケー

スは限られています。

[補足1]
一致性：一致性とは、サンプルの数が大きくなればなるほど、推定したパラメータが真の値に近づくという性質をいいます。
不偏性：不偏性とは、同じパラメータを異なるデータで何度も繰り返し同一の方法で推定した場合、その推定したパラメータの平均は、真の値に等しいという性質をいいます。

●例題 8-1
リンゴの需給モデル(8-1)、(8-2)を、表8-1のデータを用いて、間接最小2乗法（ILS）により推定しなさい。

表 8-1　リンゴの需給モデルのデータ

年 t	数量 (千個) Q	市場価格 (円) P	需要者の所得 (万円) Y	1日平均日照時間 (時間) T
1	57	78	28	7.0
2	55	96	29	4.1
3	66	87	32	7.2
4	65	98	33	5.4
5	71	104	35	5.8
6	74	105	36	6.7
7	71	110	36	5.0
8	77	113	38	6.3

[解答]
〈順序1〉
構造方程式(8-1)、(8-2)から、誘導型方程式(8-3)、(8-4)を導きます。

〈順序2〉
誘導型方程式(8-3)、(8-4)にOLSを適用し、誘導型パラメータを推定します。

$$\widehat{Q}_t = -13.1105 + 2.13142\, Y_t + 1.51150\, T_t$$
$$\quad (-7.274) \quad\;\; (44.618) \quad\;\; (9.546)$$
$$R^2 = 0.9977 \quad \overline{R}^2 = 0.9968 \quad DW = 2.004$$

$$\widehat{P}_t = 25.1196 + 3.06024\, Y_t - 4.77983\, T_t$$
$$(3.156) \quad (14.506) \quad (-6.836)$$
$$R^2 = 0.98000 \quad \bar{R}^2 = 0.9720 \quad DW = 2.080$$

〈順序3〉

推定した誘導型パラメータから、構造パラメータ $\widehat{a}_0$、$\widehat{a}_1$、$\widehat{a}_2$、$\widehat{\beta}_0$、$\widehat{\beta}_1$、$\widehat{\beta}_2$を求めます。

$$\widehat{a}_0 = \widehat{\pi}_{10} - \frac{\widehat{\pi}_{12}\widehat{\pi}_{20}}{\widehat{\pi}_{22}} = -5.1671 \quad \widehat{a}_1 = \frac{\widehat{\pi}_{12}}{\widehat{\pi}_{22}} = -0.31622$$

$$\widehat{a}_2 = \widehat{\pi}_{11} - \frac{\widehat{\pi}_{12}\widehat{\pi}_{21}}{\widehat{\pi}_{22}} = 3.0991$$

$$\widehat{\beta}_0 = \widehat{\pi}_{10} - \frac{\widehat{\pi}_{11}\widehat{\pi}_{20}}{\widehat{\pi}_{21}} = -30.606 \quad \widehat{\beta}_1 = \frac{\widehat{\pi}_{11}}{\widehat{\pi}_{21}} = 0.69649$$

$$\widehat{\beta}_2 = \widehat{\pi}_{12} - \frac{\widehat{\pi}_{11}\widehat{\pi}_{22}}{\widehat{\pi}_{21}} = 4.8406$$

よって、リンゴの需給モデル（構造型）を、間接最小2乗法で推定した結果を整理すると、以下のようになります。

(需要関数) $\widehat{Q}_t = -5.1671 - 0.31622 P_t + 3.0991\, Y_t$
　　　　　　　　　　　　　　（負）　　　　　（正）

(供給関数) $\widehat{Q}_t = -30.606 + 0.69649 P_t + 4.8406\, T_t$
　　　　　　　　　　　　　　（正）　　　　　（正）

推定した構造パラメータの符号条件も満たされており、良好な推定結果といえます。

● 例題 8-2 *

家計の消費全体を、大根の消費（P_1、Q_1）と、その他の消費（P_2、Q_2）の2費目に分割するモデルが、以下のように与えられています。

（ベルヌイ＝ラプラス型効用関数）

$$U = b_1 \log(a_1 + Q_1) + b_2 \log(a_2 + Q_2) \tag{8-5}$$

（収支均等式）

$$Y = P_1 Q_1 + P_2 Q_2 \tag{8-6}$$

U：効用指標

Q_1：大根の1世帯当たり年間消費量

Q_2：その他の財の年間消費量
P_1：大根の価格
P_2：その他の財の価格（消費者物価指数）
Y：1世帯当たり年間消費支出
a_1、a_2、b_1、b_2：構造パラメータ

① 各財の限界効用を求め、限界効用均等式（効用極大の1階の条件）を導きなさい。
② 限界効用均等式と収支均等式から、誘導型方程式に当たる大根の需要関数を導きなさい。
③ ②で導出した大根の需要関数を、表8-2のわが国のデータ（1991〜2005年）を用いて、OLSで推定しなさい。
④ $b_1+b_2=1$と規準化（ノーマライズ）して、③で推定した誘導型パラメータから、構造パラメータa_1、a_2、b_1、b_2を求めなさい。
⑤ ③で推定した需要関数から、大根の消費量の理論値$\hat{Q}_1$を求め、観測値Q_1とともにグラフにプロットしなさい。

表8-2　わが国における大根の1世帯当たり年間消費量および価格等

年	大根の消費量(100g) Q_1	大根の価格(円/100g) P_1	消費者物価指数(2005年=100) P_2	1世帯当たり年間消費支出(円) Y
1991	195.19	17.68	97.3	3925000
92	211.27	13.59	98.9	4004000
93	202.19	14.73	100.2	4023000
94	188.39	15.48	100.8	4006000
95	195.91	14.48	100.7	3949000
96	196.38	13.31	100.8	3946000
97	190.33	13.34	102.7	4000000
98	176.44	16.18	103.3	3938000
99	178.32	13.78	103.0	3876000
2000	180.74	11.95	102.2	3806000
01	175.54	12.42	101.5	3709000
02	170.11	12.18	100.6	3671000
03	165.66	12.51	100.3	3622000
04	147.67	14.05	100.3	3636000
05	157.82	11.94	100.0	3606000

注）2001年より農林漁家世帯を含めたデータである。
資料）総務省統計局「家計調査年報〈家計収支編〉」、「消費者物価指数年報」。

[解答]

① (大根の限界効用)

$$\frac{\partial U}{\partial Q_1} = \frac{b_1}{a_1 + Q_1}$$

(その他の財の限界効用)

$$\frac{\partial U}{\partial Q_2} = \frac{b_2}{a_2 + Q_2}$$

よって、限界効用均等式は

$$\frac{b_1}{(a_1 + Q_1)P_1} = \frac{b_2}{(a_2 + Q_2)P_2} \qquad (8-7)$$

となります。

②(8-7)と(8-6)を連立して解くと、大根の需要関数(誘導型方程式)が導出されます。

$$Q_1 = \pi_{10} + \pi_{11}\frac{Y}{P_1} + \pi_{12}\frac{P_2}{P_1} \qquad (8-8)$$

ただし、

$$\pi_{10} = \frac{-a_1 b_2}{b_1 + b_2}$$

$$\pi_{11} = \frac{b_1}{b_1 + b_2}$$

$$\pi_{12} = \frac{a_2 b_1}{b_1 + b_2}$$

となります。

③大根の需要関数(8-8)を、OLSで推定します。

$$\hat{Q}_1 = 125.835 + 0.00167483\frac{Y}{P_1} - 56.0855\frac{P_2}{P_1}$$
$$\quad\quad (7.419) \quad\quad (10.353) \quad\quad (-11.380)$$

$$R^2 = 0.9157 \quad \bar{R}^2 = 0.9017 \quad DW = 1.758$$

④推定した誘導型パラメータから、構造パラメータ a_1、a_2、b_1、b_2 を求めると、

$$\hat{a}_1 = \frac{\hat{\pi}_{10}}{\hat{\pi}_{11} - 1} = -126.05$$

$$\hat{a}_2 = \frac{\hat{\pi}_{12}}{\hat{\pi}_{11}} = -33487$$

$$\hat{b}_1 = \hat{\pi}_{11} = 0.0016748$$

$$\hat{b}_2 = 1 - \hat{\pi}_{11} = 0.99833$$

となります。

ここで理論的要請として、大根の限界効用 $\frac{\partial U}{\partial Q_1} = \frac{b_1}{a_1 + Q_1}$ は正でなければなりませんが（かつ $0 < b_1 < 1$）、Q_1 のデータを代入してチェックしたところ、すべて正値であることが確認できます。この条件が満たされると、ベルヌイ＝ラプラス型は必ず限界効用逓減のかたちをとり、効用極大の十分条件も満たされることになります。

よって、構造方程式であるベルヌイ＝ラプラス型効用関数は、

$$\hat{U} = 0.0016748 \log(-126.05 + Q_1) + 0.99833 \log(-33487 + Q_2)$$

となります。

⑤③で推定した大根の需要関数から、理論値 $\hat{Q}_1$ を計算したものが、表8-3です。また、その理論値 $\hat{Q}_1$ と観測値 Q_1 をグラフにプロットしたのが図8-2です。理論値が、観測値のターニング・ポイントを、かなりうまく捉えているのがわかります。

表8-3　大根の消費量の理論値

（単位：100g）

年	理論値 $\hat{Q}_1$
1991	188.99
92	211.13
93	201.74
94	194.05
95	192.56
96	197.62
97	196.25
98	175.39
99	177.71
2000	179.60
01	167.65
02	167.39
03	161.08
04	158.88
05	161.92

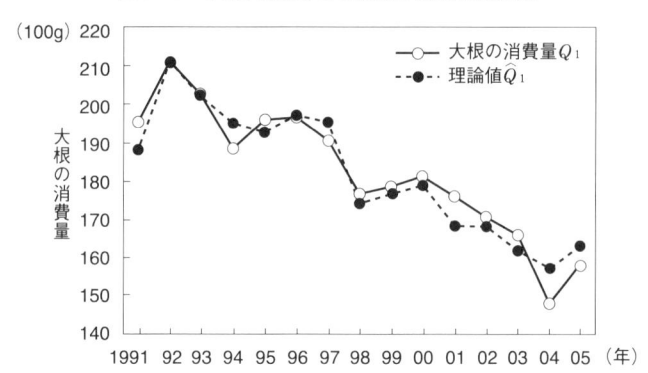

図 8 - 2　大根の消費量の観測値 Q_1 と理論値 $\widehat{Q_1}$

[補足 2]
　ベルヌイ=ラプラス型効用関数は、**ギアリー型効用関数**とも呼ばれ、さまざまな財・サービスの消費需要の計量分析でよく用いられます。辻村（1981）に、実証例がわかりやすく紹介されています。

4．識別問題

　識別問題（identification problem）とは、誘導型パラメータから構造パラメータを求めることができるかどうかという問題であり、識別にはつぎの3つのケースがあります。
　①**適度識別**（just-identifiable）
　誘導型パラメータから、構造パラメータが1つだけ求まる場合。間接最小2乗法と後述する2段階最小2乗法が適用可能。
　②**過剰識別**（over-identifiable）
　誘導型パラメータから、構造パラメータが2つ以上求まる場合。間接最小2乗法は適用できず、2段階最小2乗法が適用可能。
　③**識別不能**（not-identifiable）
　誘導型パラメータから、構造パラメータが1つも求まらない場合。間接最小2乗法も2段階最小2乗法も適用不可能。

さて、各々の構造方程式が識別可能か否かを判定する条件には、必要条件として**次数条件**（order condition）があり、そして必要十分条件として**階数条件**（rank condition）があります。本書では次数条件についてのみ解説し、階数条件については行列演算の知識が求められるので省略します。関心のある読者は、たとえば蓑谷（1997）を参照して下さい。ただし、次数条件のみでも、かなりのケースで識別可能性の判断ができます。識別のための次数条件を整理すると、つぎのようになります。

識別のための次数条件

① $K-J=H-1$ ⇒ 適度識別 ⎫
② $K-J>H-1$ ⇒ 過剰識別 ⎬ 識別可能
③ $K-J<H-1$ ⇒ 識別不能 ⎭

K：モデルの中の先決変数（外生変数、先決内生変数）の数
J：その構造方程式の中の先決変数の数
H：その構造方程式の中の内生変数の数

識別問題は、推定方法に関する問題ではなく、モデルビルディングの問題ですから、もし識別不能な構造方程式が見つかった場合は、識別可能となるように、再度モデルビルディングを行なう必要があります。

●例題 8-3

次の ⓐ～ⓓ の構造型において、それぞれの構造方程式の識別可能性を、次数条件を用いて調べなさい。ただし、添字に関係なく Y は内生変数、X は先決変数、α、β、γ は構造パラメータ、u は誤差項を表わします。

ⓐ　$Y_1 = \alpha_0 + \alpha_1 Y_2 + \alpha_2 X_1 + u_1$　　　　　　　　　　　①
　　$Y_2 = \beta_0 + \beta_1 X_1 + u_2$　　　　　　　　　　　　　　②
ⓑ　$Y_1 = \alpha_0 + \alpha_1 Y_2 + \alpha_2 X_1 + \alpha_3 X_2 + u_1$　　　　　　①
　　$Y_2 = \beta_0 + \beta_1 X_2 + u_2$　　　　　　　　　　　　　　②
ⓒ　$Y_1 = \alpha_0 + \alpha_1 Y_2 + \alpha_2 X_1 + \alpha_3 X_2 + u_1$　　　　　　①
　　$Y_2 = \beta_0 + \beta_1 Y_1 + \beta_2 X_1 + \beta_3 X_2 + \beta_4 X_3 + u_2$　　②
ⓓ　$Y_1 = \alpha_0 Y_3 + \alpha_1 X_1 + \alpha_2 X_2 + u_1$　　　　　　　①
　　$Y_2 = \beta_0 Y_1 + \beta_1 Y_3 + \beta_2 X_1 + \beta_3 X_2 + \beta_4 X_3 + u_2$　②
　　$Y_3 = \gamma_0 Y_2 + \gamma_1 X_2 + \gamma_2 X_3 + \gamma_3 X_4 + u_3$　　　　③

[解答]

モデルの中の先決変数の数をK、その構造方程式の中の先決変数の数をJ、その構造方程式の中の内生変数の数をHとします。

ⓐ① $K-J=1-1=0$

$H-1=2-1=1$

したがって、

$K-J<H-1$

となり、①式は識別不能です。

② $K-J=1-1=0$

$H-1=1-1=0$

したがって、

$K-J=H-1$

となり、②式は適度識別です。

ⓑ① $K-J=2-2=0$

$H-1=2-1=1$

したがって、

$K-J<H-1$

となり、①式は識別不能です。

② $K-J=2-1=1$

$H-1=1-1=0$

したがって、

$K-J>H-1$

となり、②式は過剰識別です。

ⓒ① $K-J=3-2=1$

$H-1=2-1=1$

したがって、

$K-J=H-1$

となり、①式は適度識別です。

② $K-J=3-3=0$

$H-1=2-1=1$

したがって、

$K-J<H-1$

となり、②式は識別不能です。

ⓓ① $K-J=4-2=2$

$H-1=2-1=1$

したがって、

$K-J>H-1$

となり、①式は過剰識別です。

② $K-J=4-3=1$

$H-1=3-1=2$

したがって、

$K-J<H-1$

となり、②式は識別不能です。

③ $K-J=4-3=1$

$H-1=2-1=1$

したがって、

$K-J=H-1$

となり、③式は適度識別です。

5. 2段階最小2乗法

先に学んだ間接最小2乗法は、構造方程式が適度識別のケースでのみ用いることができ、過剰識別のケースにおいては構造パラメータが2つ以上求まってしまい、適用することができませんでした。

そこで、**タイル**(H. Theil)が開発した**2段階最小2乗法**(Two-stage Least Squares Method:**2SLS**または**TSLS**) を用いると、過剰識別のケースにおいても、構造パラメータを1つだけ求めることができます。もちろん、適度識別のケースでも適用可能であり、この場合は2段階最小2乗法と間接

最小2乗法の推定値は一致します。2段階最小2乗法による推定値は、一致性をもちますが、不偏性はもたないことが知られています。

さて、リンゴの需給モデルの例をふたたび使って、2段階最小2乗法の手順を説明しましょう。

2段階最小2乗法の手順

〈順序1〉

構造方程式(8-1)、(8-2)から、誘導型方程式(8-3)、(8-4)を導きます。

$$Q_t = \pi_{10} + \pi_{11} Y_t + \pi_{12} T_t + v_{1t} \quad (8-3)$$
$$P_t = \pi_{20} + \pi_{21} Y_t + \pi_{22} T_t + v_{2t} \quad (8-4)$$

〈順序2〉

誘導型方程式(8-4)にOLSを適用し、誘導型パラメータを推定します。このとき、(8-3)は推定する必要がありません(つぎの〈順序3〉参照)。

〈順序3〉

構造方程式の中で説明変数となっている内生変数に関して、その理論値を計算します。したがって、〈順序2〉の推定結果を用いて、P_tの理論値$\widehat{P}_t$を求めます。なお、Q_tは構造方程式の中で説明変数にはなっていないので、理論値を求める必要はありません。

〈順序4〉

構造方程式(8-1)と(8-2)を、P_tの代わりに$\widehat{P}_t$を用いて、OLSで推定します。すなわち、

$$Q_t = \alpha_0 + \alpha_1 \widehat{P}_t + \alpha_2 Y_t + u'_{1t} \quad (8-9)$$
$$Q_t = \beta_0 + \beta_1 \widehat{P}_t + \beta_2 T_t + u'_{2t} \quad (8-10)$$

にOLSを適用します。この操作によって、$\widehat{P}_t$とu'_{1t}、$\widehat{P}_t$とu'_{2t}は無相関になり、「説明変数は誤差項と無相関」という、OLSにおける重要な仮定が満たされることになります。

このように、2回にわたってOLSが適用されるところから、2段階最小2乗法という名称がつけられました。

● 例題 8-4

例題 8-1 のリンゴの需給モデルを、2 段階最小 2 乗法（2 SLS）を用いて推定しなさい。

［解答］

⟨順序 1 ⟩ ⎫
⟨順序 2 ⟩ ⎬ 例題 8-1 で計算済み。

⟨順序 3 ⟩

P_t の理論値 $\hat{P}_t$ を求めます（表 8-4）。

$$\hat{P}_t = 25.1196 + 3.06024\, Y_t - 4.77983\, T_t$$

表 8-4　リンゴの市場価格の理論値

t	$\hat{P}_t$
1	77.3476
2	94.2694
3	88.6326
4	100.2966
5	104.5051
6	103.2635
7	111.3892
8	111.2959

⟨順序 4 ⟩

P_t の代わりに $\hat{P}_t$ を用いた構造方程式(8-9)、(8-10)を、OLSで推定します。

（需要関数）

$$\hat{Q}_t = -5.1671 - 0.31622\hat{P}_t + 3.0991\, Y_t$$
$$(-1.779)\ (-5.255)\ \ \ (15.634)$$

$$\bar{R}^2 = 0.9893 \quad DW = 2.293$$

（供給関数）

$$\hat{Q}_t = -30.606 + 0.69649\hat{P}_t + 4.8406\, T_t$$
$$(-4.583)\ (14.335)\ \ \ (9.125)$$

$$\bar{R}^2 = 0.9691 \quad DW = 1.895$$

例題8-1の間接最小2乗法による推定結果と、一致していることが確認できます。

[補足1]
2段階最小2乗法における決定係数やt値は、OLSのケースと異なり、モデルの適合度やパラメータの有意性を厳密に示すものではなく、あくまでそれに近い情報を提供する指標であることに留意しておきましょう。

● 例題8-5
つぎの2本の方程式からなる構造型は、A国の消費関数のモデルであり、表8-5は同モデルを推定するためのデータを示しています。

(消費関数) $\quad C_t = a_0 + a_1 Y_t + a_2 C_{t-1} + u_t \quad$ (8-11)
(定義式) $\quad Y_t = C_t + Z_t \quad$ (8-12)

内生変数 $\begin{cases} C_t:消費支出 \\ Y_t:国内総生産 \end{cases}$ 先決変数 $\begin{cases} Z_t:投資等(その他の支出) \\ C_{t-1}:1前期の消費支出 \end{cases}$

① 構造方程式(8-11)の識別可能性を、次数条件を用いて調べなさい。
② 構造方程式(8-11)を、2段階最小2乗法(2SLS)で推定しなさい。

表8-5　A国のマクロ経済データ

(単位:10億ドル)

年 t	国内総生産 Y_t	消費支出 C_t	投資等 Z_t
(95)	—	70	—
1996	100	76	24
97	108	82	26
98	110	84	26
99	117	87	30
2000	116	87	29
01	124	91	33
02	131	95	36
03	136	98	38
04	134	97	37
05	142	102	40
06	149	105	44

注) 2000年価格。

[解答]

① モデルの中の先決変数の数（K）は2、構造方程式(8-11)の中の先決変数の数（J）は1、同式の中の内生変数の数（H）は2ですから、

$K - J = 2 - 1 = 1$

$H - 1 = 2 - 1 = 1$

したがって、

$K - J = H - 1$

となり、(8-11)は適度識別です。

② 〈順序1〉

構造方程式(8-11)、(8-12)から、誘導型方程式を導きます。

$C_t = \pi_{10} + \pi_{11} Z_t + \pi_{12} C_{t-1} + v_{1t}$ 　　　　　　　　　　(8-13)

$Y_t = \pi_{20} + \pi_{21} Z_t + \pi_{22} C_{t-1} + v_{2t}$ 　　　　　　　　　　(8-14)

ただし、

$\pi_{10} = \dfrac{\alpha_0}{1-\alpha_1}$ 　　$\pi_{11} = \dfrac{\alpha_1}{1-\alpha_1}$ 　　$\pi_{12} = \dfrac{\alpha_2}{1-\alpha_1}$

$\pi_{20} = \dfrac{\alpha_0}{1-\alpha_1}$ 　　$\pi_{21} = \dfrac{1}{1-\alpha_1}$ 　　$\pi_{22} = \dfrac{\alpha_2}{1-\alpha_1}$

および、

$v_{1t} = v_{2t} = \dfrac{u_t}{1-\alpha_1}$

となります。

〈順序2〉

誘導型方程式(8-14)にOLSを適用し、誘導型パラメータを推定します。

$\hat{Y}_t = 32.1716 + 1.86694 Z_t + 0.346142 C_{t-1}$ 　　　　　　　(8-15)
　　　　(7.198)　　(12.217)　　　(3.403)

$\bar{R}^2 = 0.9959$

なお、(8-13)は推定する必要はありません（C_tが構造方程式の中で説明変数ではないため）。

〈順序3〉

〈順序2〉の推定結果を用いて、Y_tの理論値$\hat{Y}_t$を求めます（表8-6）。

表 8-6　A国の国内総生産の理論値

年 t	国内総生産の理論値 $\hat{Y}_t$
1996	101.2082
97	107.0190
98	109.0958
99	117.2559
2000	116.4273
01	123.8951
02	130.8805
03	135.9990
04	135.1705
05	140.4251
06	149.6236

〈順序4〉

構造方程式(8-11)を、Y_tの代わりに$\hat{Y}_t$を用いて、OLSにより推定します。

$$\hat{C}_t = 17.232 + 0.46437\hat{Y}_t + 0.18541 C_{t-1} \qquad (8-16)$$
$$(10.943)(10.591) \qquad (2.684)$$

$$\bar{R}^2 = 0.9966$$

[補足2]

　連立方程式モデルの推定法としては、これまで説明した間接最小2乗法や2段階最小2乗法以外に、**制限情報最尤法（LIML）**、**完全情報最尤法（FIML）**、**3段階最小2乗法（3SLS）**などがありますが、いずれも本書のレベルを越えるので、関心のある読者は岩田（1982）を参照して下さい。

6．トータル・テストとファイナル・テスト

　連立方程式モデルを推定した後、モデルのあてはまりの良し悪し、すなわち**パフォーマンス**（理論値の観測値に対する追跡力）の良否をチェックするため、トータル・テストやファイナル・テストがよく行なわれます。

　トータル・テスト（total test：**全体テスト**）とは、2段階最小2乗法等で推定した構造方程式からまず誘導型方程式を導き、そしてその右辺にある

外生変数と先決内生変数に観測値を代入して、左辺にある内生変数の理論値を求め、観測値と比較するテストのことをいいます。

これに対して、**ファイナル・テスト**（final test：**最終テスト**）とは、さらに厳しいテストであり、誘導型方程式の右辺にある先決内生変数にも、モデル内で解かれた理論値（前期までに計算された理論値）を代入し、左辺の内生変数の理論値を求め、観測値と比較するテストのことをいいます。ファイナル・テストの結果が良好なモデルだけが、最終的に**予測**や**政策シミュレーション**に採用されることになります。なお、予測や政策シミュレーションでは、分析者自身の判断で、外生変数の将来値を前提条件として設定しなければなりません。

さて、トータル・テストもファイナル・テストも、最終的には、求めた内生変数の理論値がその観測値をどのくらいうまく追跡しているかをチェックするわけですが、その方法には、①統計学的な定量的方法と、②グラフによる視覚的方法の2つがあります。

①の方法でよく用いられるのが、**平均平方誤差**（Root Mean Square Error：RMSE）、**平均平方誤差率**（RMSE率）、**タイルの U**（Theil-U）の3つの方法であり、いずれも数値が小さいほどモデルの適合度は良いことになります。

これらの方法は、以下の式で表わすことができます。

$$\text{平均平方誤差} = \sqrt{\frac{1}{t}\sum(Y-\hat{Y})^2} \qquad (8\text{-}17)$$

$$\text{平均平方誤差率} = \sqrt{\frac{1}{t}\sum\left(\frac{Y-\hat{Y}}{Y}\right)^2} \qquad (8\text{-}18)$$

$$\text{タイルの }U = \sqrt{\frac{\frac{1}{t}\sum(Y-\hat{Y})^2}{\frac{1}{t}\sum Y^2}} \qquad (8\text{-}19)$$

ただし、
　　Y_t：内生変数の観測値
　　$\hat{Y}_t$：内生変数の理論値

t : 比較する期間のサンプルの数

つぎに、②のグラフによる方法では、理論値が観測値の**転回点（ターニング・ポイント）**をうまく捉えているかどうかが重視されます。これは、①の方法では正確に評価することができないところなので、きわめて重要なチェックになります。それと、現在に近い期間の誤差（$Y - \hat{Y}$）が小さいかどうかも大切なところです。

●例題 8 - 6
① 例題 8 - 5 の 2 段階最小 2 乗法による推定結果を用いて、トータル・テストを実行しなさい。
② 同様に、ファイナル・テストを実行しなさい。
③ ②のファイナル・テストの結果から、C_t と Y_t に関して、ⓐ平均平方誤差、ⓑ平均平方誤差率、ⓒタイルの U を求めなさい。
④ 外生変数 Z_t（投資等）が、2007～2011年の間、年率10％の割合で増加すると仮定した場合、C_t と Y_t の予測値 $\hat{C}_t$、$\hat{Y}_t$ を求めるシミュレーションを行ないなさい。

[解答]
① 〈順序 1 〉

2 SLS で推定した構造方程式（8 -16）と定義式である（8 -12）より、誘導型方程式を求めます。

$$C_t = 32.1716 + 0.866944 Z_t + 0.346142 C_{t-1} \tag{8-20}$$

$$Y_t = 32.1716 + 1.866944 Z_t + 0.346142 C_{t-1} \tag{8-21}$$

〈順序 2 〉

（8 -20）、（8 -21）の右辺にある外生変数 Z_t と先決内生変数 C_{t-1} に観測値を代入し、左辺にある内生変数 C_t、Y_t の理論値 $\hat{C}_t$、$\hat{Y}_t$ を求めます（表 8 - 7）。

表 8-7 トータル・テストの結果

年 t	消費支出の理論値 $\hat{C}_t$	（観測値） (C_t)	国内総生産の理論値 $\hat{Y}_t$	（観測値） (Y_t)
1996	77.2082	(76)	101.2082	(100)
97	81.0190	(82)	107.0190	(108)
98	83.0958	(84)	109.0958	(110)
99	87.2559	(87)	117.2559	(117)
2000	87.4273	(87)	116.4273	(116)
01	90.8951	(91)	123.8951	(124)
02	94.8805	(95)	130.8805	(131)
03	97.9990	(98)	135.9990	(136)
04	98.1704	(97)	135.1704	(134)
05	100.4251	(102)	140.4251	(142)
06	105.6236	(105)	149.6236	(149)

②〈順序1〉

①の〈順序1〉と同じ。

〈順序2〉

(8-20)、(8-21)の右辺にある外生変数Z_tに観測値を、先決内生変数C_{t-1}には前期までにモデル内で計算された理論値を代入し、左辺の内生変数C_t、Y_tの理論値$\hat{C}_t$と$\hat{Y}_t$を求めます(表8-8)。

表 8-8 ファイナル・テストの結果

年 t	消費支出の理論値 $\hat{C}_t$	（観測値） (C_t)	国内総生産の理論値 $\hat{Y}_t$	（観測値） (Y_t)
1996	77.2082	(76)	101.2082	(100)
97	81.4372	(82)	107.4372	(108)
98	82.9010	(84)	108.9010	(110)
99	86.8754	(87)	116.8754	(117)
2000	87.3842	(87)	116.3842	(116)
01	91.0281	(91)	124.0281	(124)
02	94.8902	(95)	130.8902	(131)
03	97.9610	(98)	135.9610	(136)
04	98.1569	(97)	135.1569	(134)
05	100.8256	(102)	140.8256	(142)
06	105.2171	(105)	149.2171	(149)

③ⓐ(8-17)を用います。

$$C \rightarrow \text{平均平方誤差} = \sqrt{\frac{1}{t}\sum(C-\hat{C})^2} = \sqrt{\frac{1}{11} \times 5.9268} = 0.7340$$

$$Y \to \text{平均平方誤差} = \sqrt{\frac{1}{t}\sum(Y-\widehat{Y})^2} = \sqrt{\frac{1}{11} \times 5.9268} = 0.7340$$

ⓑ (8-18) を用います。

$$C \to \text{平均平方誤差率} = \sqrt{\frac{1}{t}\sum\left(\frac{C-\widehat{C}}{C}\right)^2} = \sqrt{\frac{1}{11} \times 0.00077327} = 0.008384$$

$$Y \to \text{平均平方誤差率} = \sqrt{\frac{1}{t}\sum\left(\frac{Y-\widehat{Y}}{Y}\right)^2} = \sqrt{\frac{1}{11} \times 0.00043097} = 0.006259$$

ⓒ (8-19) を用います。

$$C \to \text{タイルの}U = \sqrt{\frac{\frac{1}{t}\sum(C-\widehat{C})^2}{\frac{1}{t}\sum C^2}} = \sqrt{\frac{\frac{1}{11} \times 5.9268}{\frac{1}{11} \times 92442}} = 0.008007$$

$$Y \to \text{タイルの}U = \sqrt{\frac{\frac{1}{t}\sum(Y-\widehat{Y})^2}{\frac{1}{t}\sum Y^2}} = \sqrt{\frac{\frac{1}{11} \times 5.9268}{\frac{1}{11} \times 172263}} = 0.005866$$

④〈順序1〉

①の〈順序1〉と同じ。

〈順序2〉

外生変数 Z_t の将来値を設定します。いま、Z_t の増加率は、年率10%と仮定するので、将来値は表8-9のようになります。

表8-9　Z_t の将来値（増加率10%のケース）

年 t	Z_t の将来値
2007	48.4
08	53.24
09	58.564
10	64.4204
11	70.86244

〈順序3〉

(8-20)、(8-21)の右辺の外生変数 Z_t に、表8-9で設定した将来値を代入します。先決内生変数 C_{t-1} には、ファイナル・テストと同様、前期までにモデル内で計算された理論値（ここでは予測値）を代入します。このようにして、左辺の内生変数 C_t、Y_t の予測値 $\widehat{C}_t$ と $\widehat{Y}_t$ を求めます（表8-10）。なお、予測の初期点である2007年の予測値を求める場合、C_{t-1} には観測値を用いま

す。すなわち、2006年の消費支出の観測値(105)を代入することになります。

表 8-10　予測の結果

年 t	C_tの予測値 $\hat{C}_t$	Y_tの予測値 $\hat{Y}_t$
2007	110.4766	158.8766
08	116.5683	169.8083
09	123.2925	181.8565
10	130.6972	195.1176
11	138.8452	209.7076

第8章　練習問題

1.* 例題 8-2 に関連して、以下の設問に答えなさい。

① 大根の代わりに、ごぼうの需要関数（誘導型方程式）を導き、表 8-11 と表 8-2 のデータ（1991〜2005年）を用いて、OLSで推定しなさい。

② このときのベルヌイ＝ラプラス型効用関数（構造方程式）を求めなさい。

③ ごぼうの消費量の理論値 $\widehat{Q}_1$ を求め、観測値 Q_1 とともにグラフにプロットしなさい。

表 8-11　わが国におけるごぼうの1世帯当たり年間消費量および価格

年	ごぼうの消費量 (100g) Q_1	ごぼうの価格 (円/100g) P_1
1991	25.75	69.25
92	27.06	69.85
93	28.57	59.57
94	28.82	58.66
95	26.99	54.92
96	26.87	56.20
97	26.71	49.60
98	24.04	60.35
99	24.58	56.06
2000	23.66	50.71
01	22.99	50.35
02	22.24	54.99
03	21.37	59.34
04	22.74	54.21
05	22.07	51.38

注) 2001年より農林漁家世帯を含めたデータである。
資料) 総務省統計局『家計調査年報〈家計収支編〉』、『消費者物価指数年報』。

2. つぎの4本の方程式からなる構造型は、台湾のマクロ経済モデルであり、表 8-12 は同モデルを推定するためのデータを示しています。

（消費関数）　$C_t = a_0 + a_1 Y_t + a_2 C_{t-1} + u_1$ 　　　　　　　　　（1）

（投資関数）　$I_t = \beta_0 + \beta_1 Y_t + \beta_2 I_{t-1} + u_2$ 　　　　　　　　　（2）

（輸入関数）　$M_t = \gamma_0 + \gamma_1 Y_t + u_3$ 　　　　　　　　　　　　（3）

(定義式)　　$Y_t = C_t + I_t + G_t + X_t - M_t$ 　　　　　　　　　(4)

内生変数 $\begin{cases} Y_t：国内総生産 \\ C_t：民間最終消費支出 \\ I_t：総固定資本形成 \\ M_t：輸入 \end{cases}$ 　先決変数 $\begin{cases} G_t：政府最終消費支出 \\ X_t：輸出 \\ C_{t-1}：1期前の民間最終 \\ \qquad\quad 消費支出 \\ I_{t-1}：1期前の総固定資本 \\ \qquad\quad 形成 \end{cases}$

①構造方程式(1)、(2)、(3)の識別可能性を、次数条件を用いて調べなさい。

②構造方程式(1)、(2)、(3)を、2段階最小2乗法により推定しなさい。

表8-12　台湾のマクロ経済データ(実質)　(単位：10億新台湾ドル)

年 t	国内総生産 Y_t	民間最終消費支出 C_t	総固定資本形成 I_t	政府最終消費支出 G_t	輸出 X_t	輸入 M_t
(80)		(137)	(58)			
1981	265	144	58	54	88	80
82	274	150	54	58	90	78
83	297	162	56	60	105	87
84	328	179	59	65	124	99
85	345	189	55	69	127	95
86	384	204	59	72	164	114
87	433	228	77	78	196	145
88	468	258	93	85	206	174
89	508	291	101	93	216	193
90	536	314	105	105	217	205
91	577	337	117	113	245	236
92	622	368	140	117	262	265
93	665	397	155	119	281	287
94	715	431	166	119	296	296
95	761	455	175	123	333	325
96	809	485	181	132	355	345
97	862	520	207	140	387	391
98	901	552	224	145	397	417
99	953	582	224	139	444	436
2000	1008	609	233	140	525	498

注)　2001年価格。
資料)　Council for Economic Planning and Development, *Taiwan Statistical Data Book*.

3．例題 8‐6 の④に関連して、つぎの①と②の前提条件のもとで内生変数の予測値を計算する、いわゆるシミュレーション（模擬実験）を行ないなさい。シミュレーションの期間は、2007〜2011年の5年間とします。
　①外生変数Z_t(投資等)が、年率5％の割合で増加すると仮定。
　②外生変数Z_tが、年率3％の割合で減少すると仮定。

●第9章
産業連関分析

1. 産業連関表とは

　この章では、ロシア出身のアメリカの経済学者**レオンティエフ**（W. W. Leontief：1906〜99年、1973年ノーベル経済学賞）によって考案された**産業連関表**（Input-Output table：**IO表**）と、そこから展開される分析法について紹介しましょう。

　産業連関表とは、一言でいうと、一定期間（ふつう1年間）における一国の産業間、ときには地域間・国際間の産業活動の相互依存関係を、すなわち財貨・サービスの流れを、一覧表のかたちで表わしたものです。とくに、国民所得統計では取り扱われない産業間のやりとり、つまり中間財（原材料や燃料）の取引を、明確に記録するところに特長があります。

　わが国では、「昭和26年表」が**全国表**として最初につくられてから、2回目の「30年表」以降、5年ごとに関係省庁の共同作業として作成されていま

す。近年の「平成12年表」(10府省庁共同作成)は、基本分類が517行部門×405列部門にも及び、これを13、32、104部門等に統合した連関表も公表されています。また、わが国では、全国9ブロック別(北海道、東北、関東など)の地域産業連関表や、47都道府県別の産業連関表、政令指定都市別の産業連関表などが作成され、公表されています。

産業連関表が1936年にレオンティエフによって発表されて以来、そのすぐれた理論体系と操作性のよさから、実際の経済計画や経済予測はもちろん、経済の構造分析から環境問題にいたるまで、きわめて広範に活用されています。国連を中心とした産業連関表の統一化もすすめられており、現在世界の80カ国以上で連関表は作成・公表されています。

2．産業連関表の読み方

表9-1は、一国の経済が農業と工業の2部門からなる、もっともシンプルな産業連関表です。これから表9-1を用いて、産業連関表の読み方を、わかりやすく説明していきましょう。

表9-1　2部門からなる産業連関表

部門		中間需要		最終需要	総生産
		農業	工業		
中間投入	農業	X_{11}	X_{12}	F_1	X_1
	工業	X_{21}	X_{22}	F_2	X_2
粗付加価値		V_1	V_2		
総生産		X_1	X_2		

まず、1行目の農業をヨコ(行：row)にみると、農業の生産物がどのように販売されているかがわかります。X_{11}は、農業の生産物が同じ農業部門へ**中間財**(原材料)として販売された金額を示しており、つぎのX_{12}は、農業の生産物が工業部門へやはり原材料として販売された金額を示しています。F_1は、農業の生産物が今度は原材料としてではなく、**最終財**(最終生産物)として消費、投資、あるいは輸出された金額、すなわち**最終需要**(final demand) を示しています。つまり、産業連関表をヨコに読むことで、それぞれの産業の生産物が、どの産業へあるいはどの最終需要に、どのくらい配分されたかがわかります。このように連関表の各行（ヨコ）に関して、**中間需要**（intermediate demand）と最終需要の和が総生産額X_iに等しいことから、つぎの**需給バランス式**が成立します。

$$\begin{cases} X_{11}+X_{12}+F_1 = X_1 \\ X_{21}+X_{22}+F_2 = X_2 \end{cases} \quad (9-1)$$

さて、表9-1の連関表を今度はタテ（列：column）にみると、それぞれの産業が、どの産業からどれくらいの中間財（原材料）を購入しているかを知ることができます。また、**粗付加価値**V_jには、それぞれの産業における**雇用者所得**（賃金・俸給）、**営業余剰**（企業の営業利潤）、**家計外消費支出**（交際費や福利厚生費など）、**資本減耗引当**（減価償却費）、**間接税**（ただし消費税・関税を除く）などが含まれます。そして、1列目（農業）の和はX_1に、2列目（工業）の和はX_2に等しくなり、つぎのような需給バランス式が、タテ（列）についても成立します。

$$\begin{cases} X_{11}+X_{21}+V_1 = X_1 \\ X_{12}+X_{22}+V_2 = X_2 \end{cases} \quad (9-2)$$

●例題 9-1

表9-2の産業連関表の空欄ⓐ～ⓕを埋めなさい。

表 9-2

部門		中間需要		最終需要	総生産
		農業	工業		
中間投入	農業	ⓐ	15	ⓑ	40
	工業	8	ⓒ	32	ⓓ
粗付加価値		20	ⓔ		
総生産		ⓕ	100		

[解答]

ヨコ行およびタテ列の需給バランス式(9-1)、(9-2)を用いると、ⓐ～ⓕの値が求まります。

表 9 - 3

部門		中間需要		最終需要	総生産
		農業	工業		
中間投入	農業	ⓐ12	15	ⓑ13	40
	工業	8	ⓒ60	32	ⓓ100
粗付加価値		20	ⓔ25		
総生産		ⓕ40	100		

3. 投入係数

投入係数（input-coefficient）とは、生産の技術的関係を表わすもので、生産技術が大きく変化しない期間（主に短期）においては、安定的な係数と仮定されています。この投入係数が安定的であるということが、産業連関分析の重要な基礎となっており、この仮定に基づいて産業連関分析は展開されていきます。

投入係数a_{ij}は、次式のかたちで表わされます。

$$a_{ij} = \frac{X_{ij}}{X_j} \qquad (9-3)$$

a_{ij}は、第j産業が1単位の生産物を生産するとき、第i産業の生産物が原材料として何単位必要であるかを意味しています。表9-4は、表9-1の産業連関表から、投入係数表を作成したものです。

表 9 - 4　投入係数表

部門	農業	工業
農業	$a_{11}\left(=\dfrac{X_{11}}{X_1}\right)$	$a_{12}\left(=\dfrac{X_{12}}{X_2}\right)$
工業	$a_{21}\left(=\dfrac{X_{21}}{X_1}\right)$	$a_{22}\left(=\dfrac{X_{22}}{X_2}\right)$

農業の投入係数をタテ列に並べたベクトル$\begin{pmatrix}a_{11}\\a_{21}\end{pmatrix}$は、1国の農業の生産技術を示すものであり、**アクティビティ・ベクトル**といわれます。同じく、工業のアクティビティ・ベクトルは$\begin{pmatrix}a_{12}\\a_{22}\end{pmatrix}$と表わすことができます。

ここで(9-3)を変形すると、

$$X_{ij} = a_{ij}X_j \tag{9-4}$$

となり、この技術関係式は、**規模に関して収穫一定**（たとえば、投入量が2倍になれば生産量も2倍になる）であり、かつ**生産要素間の代替を認めない生産関数**とみなすことができます。(9-4)を用いて、表9-4の投入係数を変形すると、

$$\begin{aligned}X_{11} &= a_{11}X_1\\ X_{12} &= a_{12}X_2\\ X_{21} &= a_{21}X_1\\ X_{22} &= a_{22}X_2\end{aligned} \tag{9-5}$$

となり、(9-5)を(9-1)へ代入すると、つぎのような投入係数を用いた需給バランス式が得られます。

$$\begin{aligned}a_{11}X_1 + a_{12}X_2 + F_1 &= X_1\\ a_{21}X_1 + a_{22}X_2 + F_2 &= X_2\end{aligned} \tag{9-6}$$

この需給バランス式を行列表示すると、以下のようになります。

$$\begin{pmatrix} a_{11} & a_{12}\\ a_{21} & a_{22} \end{pmatrix}\begin{pmatrix} X_1\\ X_2 \end{pmatrix} + \begin{pmatrix} F_1\\ F_2 \end{pmatrix} = \begin{pmatrix} X_1\\ X_2 \end{pmatrix} \tag{9-7}$$

$$AX + F = X \tag{9-8}$$

なお**付加価値係数**は、以下のように表わされ、

$$v_j = \frac{V_j}{X_j} \tag{9-9}$$

v_j は、第 j 産業が生産物を1単位生産した場合、何単位の付加価値が発生するかを示します。

［補足］投入係数を予測することもある

産業連関分析により経済予測や経済計画を行なう場合、投入係数が予測期間中に変化することを考慮しなければなりません（短期ではないので）。投入係数の予測法には、ストーンの開発した**RAS法**などがあります。RAS法については、宮沢(2002)にわかりやすく解説されています。

●例題 9-2

例題 9-1 の産業連関表（表 9-3）から、①投入係数 a_{ij} と②付加価値係数 v_j を計算しなさい。

[解答]

投入係数行列を A、付加価値係数の行ベクトルを V とおきます。

① $A = \begin{pmatrix} a_{11} & a_{12} \\ a_{21} & a_{22} \end{pmatrix} = \begin{pmatrix} \dfrac{X_{11}}{X_1} & \dfrac{X_{12}}{X_2} \\ \dfrac{X_{21}}{X_1} & \dfrac{X_{22}}{X_2} \end{pmatrix} = \begin{pmatrix} \dfrac{12}{40} & \dfrac{15}{100} \\ \dfrac{8}{40} & \dfrac{60}{100} \end{pmatrix} = \begin{pmatrix} 0.3 & 0.15 \\ 0.2 & 0.6 \end{pmatrix}$

② $V = (v_1 \quad v_2) = \left(\dfrac{V_1}{X_1} \quad \dfrac{V_2}{X_2} \right) = \left(\dfrac{20}{40} \quad \dfrac{25}{100} \right) = (0.5 \quad 0.25)$

4．レオンティエフ逆行列

レオンティエフ逆行列（Leontief inverse matrix）は、ある産業に1単位の最終需要があった場合、各産業に対してどれだけの**生産波及効果**があるかを示すマトリックスであり、産業連関分析において中心的な役割をはたします。

それでは、レオンティエフ逆行列を、ヨコ行の需給バランス式（9-8）を総生産額 X について解くことから、以下のようにして導いてみましょう。

$$AX + F = X$$
$$(I - A)X = F$$

均衡産出高モデル： $X = (I - A)^{-1} F$ 　　　　　　　　　　　　　　　（9-10）

　　　　　　　　　　↑　　　↑　　　↑
　　　　　　　　　総生産額　レオンティエフ逆行列　最終需要

ただし、I は単位行列。2部門の連関表ならば、

$I = \begin{pmatrix} 1 & 0 \\ 0 & 1 \end{pmatrix}$

となります。

$(I-A)^{-1}$ がレオンティエフ逆行列であり、これを含む(9-10)を、**均衡産出高モデル**とよびます。このモデルを用いると、任意の最終需要 F が**外生的**に与えられたとき、この需要に対して直接・間接に必要な生産量 X を計算することが可能になります。

さらに、レオンティエフ逆行列 B をつぎのように書くと、

$$B = \begin{pmatrix} b_{11} & b_{12} \\ b_{21} & b_{22} \end{pmatrix} \tag{9-11}$$

b_{ij} は、第 j 産業への最終需要が1単位増加したとき、最終需要の増加あるいはそこから派生する中間需要の増加によって、第 i 産業の生産量が何単位増加するかを意味します。したがって、例題9-1のケースでレオンティエフ逆行列 B をタテ列でみると、b_{11} は農業への最終需要が1単位増加したとき農業の生産額は直接・間接に何単位増加するかを、b_{21} はこのとき工業の生産額が間接的に何単位増加するかを示します。同様に、b_{12} は工業への最終需要が1単位増加したとき農業の生産額が間接的に何単位増加するかを、b_{22} はこのとき工業の生産額が直接・間接に何単位増加するかを表わします。

ところで、レオンティエフ逆行列の主対角線上の係数(たとえば b_{11}、b_{22})は、必ず1以上になり、そのほかはふつう1より小さくなります。主対角線上の b_{ij} は、自部門への最終需要が直接1単位あり、さらにそれによって派生する中間需要が加わるので、当然1より大きくなるわけです。

●例題9-3

例題9-1の産業連関表に基づいて、設問に答えなさい。
①レオンティエフ逆行列 B を計算しなさい。
②工業の最終需要が10単位だけ増加するならば、農業と工業の総生産額はそれぞれ何単位増加するか求めなさい。ただし、農業の最終需要は不変とします。
③農業と工業の雇用量が、それぞれ200万人と400万人であるとすると、②のケースにおいて経済全体ではどれだけ雇用量が増加するか求めなさい。
④農業と工業の CO_2 排出量が、それぞれ80万 t と700万 t であるとすると、②のケースにおいて経済全体ではどれだけ CO_2 排出量が増加するか求めなさい。

[解答]

① $B = (I-A)^{-1} = \left[\begin{pmatrix} 1 & 0 \\ 0 & 1 \end{pmatrix} - \begin{pmatrix} 0.3 & 0.15 \\ 0.2 & 0.6 \end{pmatrix}\right]^{-1} = \begin{pmatrix} 0.7 & -0.15 \\ -0.2 & 0.4 \end{pmatrix}^{-1}$

$= \dfrac{1}{0.28-0.03} \begin{pmatrix} 0.4 & 0.15 \\ 0.2 & 0.7 \end{pmatrix} = 4 \cdot \begin{pmatrix} 0.4 & 0.15 \\ 0.2 & 0.7 \end{pmatrix}$

$= \begin{pmatrix} 1.6 & 0.6 \\ 0.8 & 2.8 \end{pmatrix}$

ちなみに、2×2行列の逆行列は、つぎのように求めます。

$$\begin{pmatrix} a & b \\ c & d \end{pmatrix}^{-1} = \dfrac{1}{ad-bc} \begin{pmatrix} d & -b \\ -c & a \end{pmatrix}$$

②最終需要の増加分をΔF、総生産額の増加分をΔXとすると、

$$\Delta X = B \cdot \Delta F = \begin{pmatrix} 1.6 & 0.6 \\ 0.8 & 2.8 \end{pmatrix} \begin{pmatrix} 0 \\ 10 \end{pmatrix} = \begin{pmatrix} 6 \\ 28 \end{pmatrix}$$

となり、農業と工業の総生産額はそれぞれ6単位と28単位増加することがわかります。

③農業と工業の**雇用係数**をe_1、e_2とすると、

$$e_1 = \dfrac{農業の雇用量}{農業の総生産額} = \dfrac{200}{40} = 5$$

$$e_2 = \dfrac{工業の雇用量}{工業の総生産額} = \dfrac{400}{100} = 4$$

となり、経済全体の雇用量の増加分をΔEとすると、

$\Delta E = e_1 \times \Delta X_1 + e_2 \times \Delta X_2$

$= 5 \times 6 + 4 \times 28 = 142$ (万人)

となります。

④農業と工業の**CO_2排出係数**をc_1、c_2とすると、

$$c_1 = \dfrac{農業のCO_2排出量}{農業の総生産額} = \dfrac{80}{40} = 2$$

$$c_2 = \dfrac{工業のCO_2排出量}{工業の総生産額} = \dfrac{700}{100} = 7$$

となり、経済全体のCO_2排出量の増加分をΔCO_2とすると、

$$\Delta \mathrm{CO}_2 = c_1 \times \Delta X_1 + c_2 \times \Delta X_2$$
$$= 2 \times 6 + 7 \times 28 = 208 \ (万 t)$$

となります。

● 例題 9 - 4 *

表 9 - 5 は、6部門の産業からなる中国の投入係数表（2002年）を示しています。この表から、$(I-A)^{-1}$型のレオンティエフ逆行列Bを求めなさい。

表 9 - 5　中国の投入係数表（2002年）

部　門	農　業	工　業	建　設	運輸・通信	商業・飲食業	サービス
農　　業	0.1622	0.0485	0.0813	0.0090	0.0523	0.0025
工　　業	0.1469	0.5590	0.5133	0.2758	0.2292	0.2208
建　　設	0.0017	0.0006	0.0012	0.0134	0.0095	0.0223
運輸・通信	0.0215	0.0325	0.0454	0.1115	0.0275	0.0264
商業・飲食業	0.0278	0.0461	0.0499	0.0291	0.0533	0.0492
サービス	0.0579	0.0440	0.0746	0.0801	0.1271	0.1205

資料）国家統計局国民経済核算司編『2002年度中国投入産出表』中国統計出版社。

［解答］

Excel などのパソコンのソフトウェアを使用すると、比較的簡単に計算ができます（$B = (I-A)^{-1}$、Aは投入係数）。ちなみに筆者は、TSP の行列演算機能を利用しました（第10章271頁参照）。

表 9 - 6　中国のレオンティエフ逆行列（2002年）

部　門	農　業	工　業	建　設	運輸・通信	商業・飲食業	サービス
農　　業	1.2317	0.1593	0.1957	0.0739	0.1184	0.0573
工　　業	0.5530	2.5558	1.4959	0.9153	0.7920	0.7529
建　　設	0.0067	0.0084	1.0100	0.0211	0.0171	0.0293
運輸・通信	0.0563	0.1072	0.1217	1.1698	0.0736	0.0694
商業・飲食業	0.0717	0.1417	0.1463	0.0928	1.1128	0.1045
サービス	0.1248	0.1693	0.2056	0.1724	0.2164	1.2024

5．影響力係数と感応度係数

次式は、レオンティエフ逆行列の**列和**（タテの合計）を表わしています。

$$c_j = \sum_{i=1}^{n} b_{ij} \qquad (9\text{-}12)$$

c_jは、第j産業への最終需要が1単位増加したとき（ただし、他の産業の最終需要の増加はゼロ）、全産業の生産額が何単位増加するかを示します。これによって、第j産業が産業全体へ及ぼす影響力の大きさを知ることができます。この影響力を他の産業のそれと比較するため、各産業の列和c_jをc_jの平均値$\overline{c}$で割った値を、**影響力係数**（index of the power of dispersion：α_j）といいます。

$$\alpha_j = \frac{c_j}{\overline{c}} = \frac{\sum_{i=1}^{n} b_{ij}}{\frac{1}{n}\sum_{j=1}^{n}\sum_{i=1}^{n} b_{ij}} \qquad (9\text{-}13)$$

$\alpha_j > 1$ならば相対的に影響力が大きく、$\alpha_j < 1$ならば影響力が小さいことを意味します。一般に、原材料を他産業へ供給する割合の高い産業では、影響力係数が大きくなります。

一方、レオンティエフ逆行列の**行和**（ヨコの合計）は、次式のようになります。

$$d_i = \sum_{j=1}^{n} b_{ij} \qquad (9\text{-}14)$$

d_iは、全産業への最終需要が1単位ずつ増加したとき、第i産業の生産額が何単位増加するかを表わします。つまりd_iを求めることで、第i産業が産業全体から受ける影響力の大きさを知ることができます。そして、この行和d_iをd_iの平均値$\overline{d}$で割った値を、**感応度係数**（index of the sensitivity of dispersion：β_i）といい、受ける影響の大きさを産業間で相対的に比較することができます。

$$\beta_i = \frac{d_i}{\overline{d}} = \frac{\sum_{j=1}^{n} b_{ij}}{\frac{1}{n}\sum_{i=1}^{n}\sum_{j=1}^{n} b_{ij}} \qquad (9\text{-}15)$$

$\beta_i > 1$ならば相対的に受ける影響が大きく、$\beta_i < 1$ならばそれが小さいことがわかります。原材料の供給を他産業に依存する割合の高い産業では、感応度係数が大きくなる傾向があります。

●例題 9-5

例題 9-3 で求めたレオンティエフ逆行列から、①列和 c_j と影響力係数 α_j、②行和 d_i と感応度係数 β_i を計算しなさい。

[解答]

①列和

(9-12) より、

$$c_1 = b_{11} + b_{21} = 1.6 + 0.8 = 2.4 \text{ （農業）}$$
$$c_2 = b_{12} + b_{22} = 0.6 + 2.8 = 3.4 \text{ （工業）}$$

影響力係数

$$\overline{c} = \frac{1}{2}(c_1 + c_2) = \frac{5.8}{2} = 2.9 \text{ より、(9-13) を用いて、}$$

$$\alpha_1 = \frac{c_1}{\overline{c}} = \frac{2.4}{2.9} = 0.8276 \text{ （農業）}$$

$$\alpha_2 = \frac{c_2}{\overline{c}} = \frac{3.4}{2.9} = 1.1724 \text{ （工業）}$$

②行和

(9-14) より、

$$d_1 = b_{11} + b_{12} = 1.6 + 0.6 = 2.2 \text{ （農業）}$$
$$d_2 = b_{21} + b_{22} = 0.8 + 2.8 = 3.6 \text{ （工業）}$$

感応度係数

$$\overline{d} = \frac{1}{2}(d_1 + d_2) = \frac{5.8}{2} = 2.9 \text{ より、(9-15) を用いて}$$

$$\beta_1 = \frac{d_1}{\overline{d}} = \frac{2.2}{2.9} = 0.7586 \text{ （農業）}$$

$$\beta_2 = \frac{d_2}{\overline{d}} = \frac{3.6}{2.9} = 1.2414 \text{ （工業）}$$

●例題 9-6

例題 9-4 で求めた中国のレオンティエフ逆行列（表 9-6）から、列和 c_j と影響力係数 α_j、および行和 d_i と感応度係数 β_i を計算しなさい。

[解答]

表 9-7　中国の影響力係数と感応度係数（2002年）

	列　和	影響力係数	行　和	感応度係数
農　　　業	2.0441	0.7989	1.8362	0.7176
工　　　業	3.1416	1.2278	7.0649	2.7611
建　　　設	3.1752	1.2409	1.0926	0.4270
運輸・通信	2.4453	0.9557	1.5980	0.6245
商業・飲食業	2.3302	0.9107	1.6696	0.6525
サービス	2.2158	0.8660	2.0908	0.8171

工業の感応度係数が 2.7611 と、きわめて高いのが特徴的です（図 9-1 参照）。このことは、中国の工業部門が他産業から大きな影響を受ける産業であることを示しています。

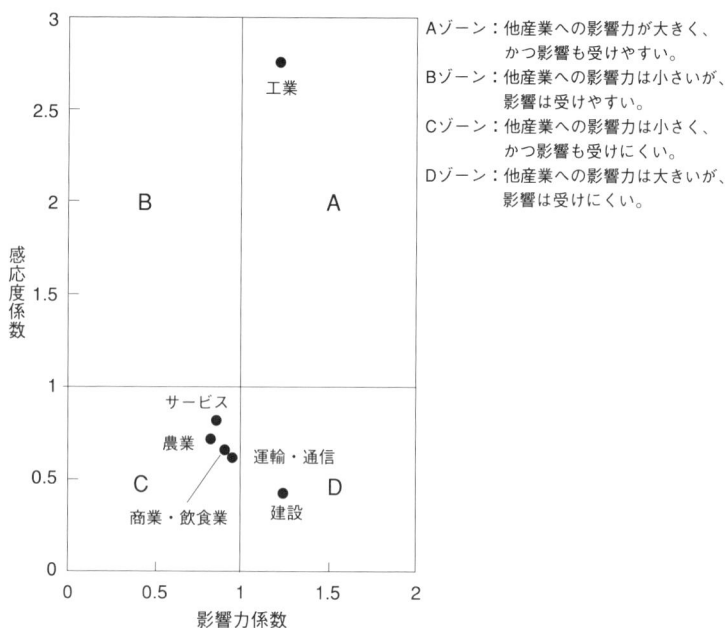

図 9-1　中国の影響力係数と感応度係数（2002年）

Aゾーン：他産業への影響力が大きく、かつ影響も受けやすい。
Bゾーン：他産業への影響力は小さいが、影響は受けやすい。
Cゾーン：他産業への影響力は小さく、かつ影響も受けにくい。
Dゾーン：他産業への影響力は大きいが、影響は受けにくい。

6. 輸入をどう取り扱うか

ここまでの産業連関分析では、モデルをわかりやすく説明するため、輸入に関しては省略してきました。しかし、一国の経済活動を考えた場合、**国内総需要**〔中間需要と**国内最終需要**（輸出以外の最終需要）の和〕のいくらかの部分は輸入に依存しているわけですから、より現実的なモデルを構築するためには、どうしても輸入をモデル内に取り込まなければなりません。

輸入を産業連関表でどう取り扱うかについては、基本的には**競争輸入方式**（competitive import）と**非競争輸入方式**（complementary import）の2種類の方法がありますが（競争・非競争輸入方式という折衷型もあります）、ここでは投入係数が安定していることから一般によく利用される、競争輸入方式について説明しましょう。

表9-8　競争輸入型産業連関表

部門		中間需要		最終需要			(控除)輸入	総生産
		農業	工業	消費	投資	輸出		
中間投入	農業	X_{11}	X_{12}	F_{C1}	F_{I1}	F_{E1}	M_1	X_1
	工業	X_{21}	X_{22}	F_{C2}	F_{I2}	F_{E2}	M_2	X_2
粗付加価値		V_1	V_2					
総生産		X_1	X_2					

表9-8は、競争輸入方式の産業連関表です。ここで第 i 産業の輸入額 M_i が、総生産額 X_i ではなく、国内総需要（$\sum_{j=1}^{n} X_{ij} + F_{Ci} + F_{Ii}$）に比例すると仮定すると、**輸入係数** m_i は、以下のように表わすことができます。

$$m_i = \frac{M_i}{\sum_{j=1}^{n} X_{ij} + F_{Ci} + F_{Ii}} \qquad (9\text{-}16)$$

(9-16)から、**国産自給率** r_i は、以下のようになります。

$$r_i = 1 - m_i \qquad (9\text{-}17)$$

表9-8の例でいうと、農業の輸入係数 m_1 は、

$$m_1 = \frac{M_1}{X_{11}+X_{12}+F_{C1}+F_{I1}} \tag{9-18}$$

となり、工業の輸入係数m_2は、

$$m_2 = \frac{M_2}{X_{21}+X_{22}+F_{C2}+F_{I2}} \tag{9-19}$$

となります。

さて、競争輸入方式におけるレオンティエフ逆行列は、輸入係数の対角行列を$\bar{M}$、国内最終需要をF_D（消費＋投資）、輸出をF_Eとすると、需給バランス式(9-20)から、以下のようにして導出されます。

$$X = AX + F_D + F_E - M \quad \leftarrow 需給バランス式 \tag{9-20}$$
$$X = AX + F_D + F_E - \bar{M}(AX + F_D)$$
$$[I-(I-\bar{M})A]X = (I-\bar{M})F_D + F_E$$
$$\underbrace{X}_{総生産} = \underbrace{[I-(I-\bar{M})A]^{-1}}_{レオンティエフ逆行列}\,[\underbrace{(I-\bar{M})F_D}_{国産品に対する\;国内最終需要} + \underbrace{F_E}_{輸出}] \tag{9-21}$$

レオンティエフ逆行列$[I-(I-\bar{M})A]^{-1}$を含む(9-21)は、競争輸入方式における均衡産出高モデルにあたります。また、$(I-\bar{M})A$は**国産品投入係数**とよばれ、投入係数Aより輸入分を除いた、国産分の投入係数を意味しています。同じく、$(I-\bar{M})F_D$は**国産品に対する国内最終需要**を表わしています。

［補足］競争輸入方式と非競争輸入方式の「得意」分野
- 競争輸入方式……経済予測や経済計画のように波及効果を計測するケース。
- 非競争輸入方式……経済構造や産業構造の現状を分析するケース。

非競争輸入方式について詳しく知りたい読者は宮沢(2002)を参照して下さい。

● 例題 9-7

表9-9の競争輸入型産業連関表は、例題9-1の連関表の最終需要を消費、投資、輸出に分類し、かつ輸入を取り入れたモデルです。
① 輸入係数m_iと国産自給率r_iを計算しなさい。
② $[I-(I-\bar{M})A]^{-1}$型のレオンティエフ逆行列Bを求め、例題9-3で求めた$(I-A)^{-1}$型のレオンティエフ逆行列と比較しなさい。

表9-9　二部門からなる競争輸入型産業連関表

部門		中間需要		最終需要			(控除) 輸入	総生産
		農業	工業	消費	投資	輸出		
中間投入	農業	12	15	18	5	5	−15	40
	工業	8	60	12	10	28	−18	100
粗付加価値		20	25					
総生産		40	100					

[解答]
① 農業の輸入係数m_1は、(9-18)より、

$$m_1 = \frac{M_1}{X_{11}+X_{12}+F_{C1}+F_{I1}} = \frac{15}{12+15+18+5}$$
$$= \frac{15}{50} = 0.3$$

となり、国産自給率r_1は、(9-17)より、

$$r_1 = 1-m_1 = 1-0.3 = 0.7$$

となります。一方、工業の輸入係数m_2は、(9-19)より、

$$m_2 = \frac{M_2}{X_{21}+X_{22}+F_{C2}+F_{I2}} = \frac{18}{8+60+12+10}$$
$$= \frac{18}{90} = 0.2$$

となり、国産自給率r_2は、(9-17)より、

$$r_2 = 1-m_2 = 1-0.2$$
$$= 0.8$$

となります。

②単位行列：$I = \begin{pmatrix} 1 & 0 \\ 0 & 1 \end{pmatrix}$

輸入係数（対角行列）：$\bar{M} = \begin{pmatrix} 0.3 & 0 \\ 0 & 0.2 \end{pmatrix}$

投入係数：$A = \begin{pmatrix} 0.3 & 0.15 \\ 0.2 & 0.6 \end{pmatrix}$

であるから、$[I-(I-\bar{M})A]^{-1}$ 型レオンティエフ逆行列は、

$$B = [I-(I-\bar{M})A]^{-1} = \left[\begin{pmatrix} 1 & 0 \\ 0 & 1 \end{pmatrix} - \left[\begin{pmatrix} 1 & 0 \\ 0 & 1 \end{pmatrix} - \begin{pmatrix} 0.3 & 0 \\ 0 & 0.2 \end{pmatrix} \right] \begin{pmatrix} 0.3 & 0.15 \\ 0.2 & 0.6 \end{pmatrix} \right]^{-1}$$

$$= \begin{pmatrix} 0.79 & -0.105 \\ -0.16 & 0.52 \end{pmatrix}^{-1} = \frac{1}{0.394} \begin{pmatrix} 0.52 & 0.105 \\ 0.16 & 0.79 \end{pmatrix} = \begin{pmatrix} 1.3198 & 0.2665 \\ 0.4061 & 2.0051 \end{pmatrix}$$

cf. $(I-A)^{-1} = \begin{pmatrix} 1.6 & 0.6 \\ 0.8 & 2.8 \end{pmatrix}$

となり、$(I-A)^{-1}$ 型よりやや小さくなっているのがわかります。その理由は、最終需要の生産誘発の**波及効果**（repercussion effect）が、輸入へ向かう分だけ国内産業に対しては弱くなるためです。

7．生産誘発額と生産誘発係数

生産誘発額とは、消費 F_C、投資 F_I、輸出 F_E といった最終需要が与えられたとき、それによって誘発される生産額のことをいいます。競争輸入型の均衡産出高モデル（9-21）を用いて、消費、投資、輸出の生産誘発額を表わすと、それぞれつぎのようになります。

$$\text{消費の生産誘発額} = [I-(I-\bar{M})A]^{-1}(I-\bar{M})F_C$$
$$= B\Gamma F_C \qquad (9\text{-}22)$$

$$\text{投資の生産誘発額} = [I-(I-\bar{M})A]^{-1}(I-\bar{M})F_I$$
$$= B\Gamma F_I \qquad (9\text{-}23)$$

$$\text{輸出の生産誘発額} = [I-(I-\bar{M})A]^{-1} \cdot F_E$$
$$= B F_E \qquad (9\text{-}24)$$

ただし、

$[I-(I-\bar{M})A]^{-1} = B$ （レオンティエフ逆行列）

$I-\bar{M} = \Gamma$ （国産自給率の対角行列）

Γは、ギリシャ文字でガンマと読みます。各産業の生産誘発額の和は、各産業の総生産額に等しくなります。

つぎに、**生産誘発係数**は、（9 -22）、（9 -23）、（9 -24）で求めた消費、投資、輸出の生産誘発額を、それぞれの最終需要の合計額で割ることによって得られます。具体的な計算方法は、以下のとおりです。

$$消費の生産誘発係数 = \frac{消費の生産誘発額}{消費の合計額} = \frac{B\Gamma F_C}{iF_C} \quad (9\text{-}25)$$

$$投資の生産誘発係数 = \frac{投資の生産誘発額}{投資の合計額} = \frac{B\Gamma F_I}{iF_I} \quad (9\text{-}26)$$

$$輸出の生産誘発係数 = \frac{輸出の生産誘発額}{輸出の合計額} = \frac{BF_E}{iF_E} \quad (9\text{-}27)$$

ただし、i は単位行ベクトル。(cf. $i=(1,1,1,\cdots1)$)

生産誘発係数を求めると、ある最終需要（消費・投資・輸出）が1単位増加することで、各産業（農業・工業）の生産額が何単位誘発されるか、知ることができます。

さらに、各産業の消費、投資、輸出の生産誘発額を、同じく各産業の生産誘発額の和（＝各産業の総生産額）で割ると、各産業ごとに消費、投資、輸出による生産誘発額の構成比が求められます。この値を、**最終需要項目別の生産誘発依存度**、あるいは**生産の最終需要依存度**といい、この係数を計測することによって、それぞれの産業が**消費依存型**か、**投資依存型**か、あるいは**輸出依存型**か、判断することができます。

●例題9-8

例題9-7の競争輸入型産業連関表（表9-9）に基づいて、設問に答えなさい。

①消費、投資、輸出の生産誘発額を求めなさい。
②消費、投資、輸出の生産誘発係数を求めなさい。
③消費、投資、輸出の生産誘発依存度を求めなさい。

[解答]

$[I-(I-\overline{M})A]^{-1}$型のレオンティエフ逆行列を$B$、国産自給率$(I-\overline{M})$を$\Gamma$（ガンマと読む）とすると、

$$B = \begin{pmatrix} 1.3198 & 0.2665 \\ 0.4061 & 2.0051 \end{pmatrix}$$

$$\Gamma = \begin{pmatrix} 0.7 & 0 \\ 0 & 0.8 \end{pmatrix}$$

となります。

①消費の生産誘発額

$$B\Gamma F_C = \begin{pmatrix} 1.3198 & 0.2665 \\ 0.4061 & 2.0051 \end{pmatrix}\begin{pmatrix} 0.7 & 0 \\ 0 & 0.8 \end{pmatrix}\begin{pmatrix} 18 \\ 12 \end{pmatrix}$$

$$= \begin{pmatrix} 19.19 \\ 24.37 \end{pmatrix}$$

投資の生産誘発額

$$B\Gamma F_I = \begin{pmatrix} 1.3198 & 0.2665 \\ 0.4061 & 2.0051 \end{pmatrix}\begin{pmatrix} 0.7 & 0 \\ 0 & 0.8 \end{pmatrix}\begin{pmatrix} 5 \\ 10 \end{pmatrix}$$

$$= \begin{pmatrix} 6.75 \\ 17.46 \end{pmatrix}$$

輸出の生産誘発額

$$BF_E = \begin{pmatrix} 1.3198 & 0.2665 \\ 0.4061 & 2.0051 \end{pmatrix}\begin{pmatrix} 5 \\ 28 \end{pmatrix}$$

$$= \begin{pmatrix} 14.06 \\ 58.17 \end{pmatrix}$$

ちなみに、農業の生産誘発額の和は、

$19.19 + 6.75 + 14.06 = 40$

工業の生産誘発額の和は、

$24.37 + 17.46 + 58.17 = 100$

となり、両産業とも、自産業の総生産額と一致しています。

②消費の生産誘発係数

$$\frac{B\Gamma F_C}{iF_C} = \frac{\begin{pmatrix} 19.19 \\ 24.37 \end{pmatrix}}{(1 \quad 1)\begin{pmatrix} 18 \\ 12 \end{pmatrix}} = \frac{1}{30}\begin{pmatrix} 19.19 \\ 24.37 \end{pmatrix} = \begin{pmatrix} 0.6397 \\ 0.8123 \end{pmatrix}$$

投資の生産誘発係数

$$\frac{B\Gamma F_I}{iF_I} = \frac{\begin{pmatrix} 6.75 \\ 17.46 \end{pmatrix}}{(1 \quad 1)\begin{pmatrix} 5 \\ 10 \end{pmatrix}} = \frac{1}{15}\begin{pmatrix} 6.75 \\ 17.46 \end{pmatrix} = \begin{pmatrix} 0.450 \\ 1.164 \end{pmatrix}$$

輸出の生産誘発係数

$$\frac{BF_E}{iF_E} = \frac{\begin{pmatrix} 14.06 \\ 58.17 \end{pmatrix}}{(1 \quad 1)\begin{pmatrix} 5 \\ 28 \end{pmatrix}} = \frac{1}{33}\begin{pmatrix} 14.06 \\ 58.17 \end{pmatrix} = \begin{pmatrix} 0.4261 \\ 1.7627 \end{pmatrix}$$

工業部門の輸出の生産誘発係数は1.7627ときわめて高く、輸出による生産誘発効果が、著しく大きいことがうかがわれます。

③農業における最終需要項目別の生産誘発依存度は、①で求めた農業の消費、投資、輸出の生産誘発額を、農業の総生産額X_1(40)で割った値であり、同様に、工業においては、同部門の消費、投資、輸出の生産誘発額を、工業の総生産額X_2(100)で割った値になります（表9-10）。

表 9-10 最終需要項目別の生産誘発依存度

部門	消費	投資	輸出	最終需要計
農業	$\frac{19.19}{40}$ $=0.47975$	$\frac{6.75}{40}$ $=0.16875$	$\frac{14.06}{40}$ $=0.3515$	$\frac{40}{40}$ $=1.0000$
工業	$\frac{24.37}{100}$ $=0.2437$	$\frac{17.46}{100}$ $=0.1746$	$\frac{58.17}{100}$ $=0.5817$	$\frac{100}{100}$ $=1.0000$

計測の結果、この国では、農業は消費依存型、工業は輸出依存型の傾向が強いことがわかります。

[補足1] 輸入誘発額・輸入誘発係数、および付加価値誘発額・付加価値誘発係数

輸入、および付加価値に関する誘発額と誘発係数も示しておきましょう。解釈の方法は、生産誘発額や生産誘発係数と同じです。

消費の輸入誘発額　　$=\bar{M}(AB\Gamma+I)F_C = \bar{M}\Gamma^{-1}B\Gamma F_C$　　(9-28)

消費の輸入誘発係数　$=\dfrac{\bar{M}\Gamma^{-1}B\Gamma F_C}{iF_C}$　　(9-29)

投資の輸入誘発額　　$=\bar{M}(AB\Gamma+I)F_I = \bar{M}\Gamma^{-1}B\Gamma F_I$　　(9-30)

投資の輸入誘発係数　$=\dfrac{\bar{M}\Gamma^{-1}B\Gamma F_I}{iF_I}$　　(9-31)

輸出の輸入誘発係数　$=\bar{M}ABF_E$　　(9-32)

輸出の輸入誘発係数　$=\dfrac{\bar{M}ABF_E}{iF_E}$　　(9-33)

消費の付加価値誘発額　$=\bar{V}B\Gamma F_C$　　(9-34)

消費の付加価値誘発係数 $=\dfrac{\bar{V}B\Gamma F_C}{iF_C}$　　(9-35)

投資の付加価値誘発額　$=\bar{V}B\Gamma F_I$　　(9-36)

投資の付加価値誘発係数 $=\dfrac{\bar{V}B\Gamma F_I}{iF_I}$　　(9-37)

輸出の付加価値誘発額　$=\bar{V}BF_E$　　(9-38)

輸出の付加価値誘発係数 $=\dfrac{\bar{V}BF_E}{iF_E}$　　(9-39)

ただし、$\bar{V}$ は付加価値係数の対角行列。

[補足2] 均衡価格モデル

　産業連関表を、列（タテ）に読むことによって、生産物1単位あたりの価格を決定するモデルを導くことができます。本章で用いた農工2部門のケースで表わすと、次式のようになります。

$$p_1 a_{11} + p_2 a_{21} + v_1 = p_1 \tag{9-40}$$

$$p_1 a_{12} + p_2 a_{22} + v_2 = p_2 \tag{9-41}$$

　　p_1：農産物1単位当たりの価格
　　p_2：工業製品1単位当たりの価格
　　v_1：農業の付加価値係数
　　v_2：工業の付加価値係数
　　$a_{11}, a_{12}, a_{21}, a_{22}$：投入係数

（9-40）、（9-41）を行列表示すると、以下のようになります。

$$\underbrace{\begin{pmatrix} a_{11} & a_{21} \\ a_{12} & a_{22} \end{pmatrix}}_{\text{投入係数行列の転置行列}} \begin{pmatrix} p_1 \\ p_2 \end{pmatrix} + \begin{pmatrix} v_1 \\ v_2 \end{pmatrix} = \begin{pmatrix} p_1 \\ p_2 \end{pmatrix} \tag{9-42}$$

すなわち、

$$A'P + V = P \tag{9-43}$$

となり、（9-43）を価格列ベクトルPについて解くと、以下のような**均衡価格モデル**が導出されます。

$$P = (I - A')^{-1} V \tag{9-44}$$

$$= \underbrace{[(I-A)^{-1}]'}_{\text{レオンティエフ逆行列の転置行列}} V \tag{9-45}$$

$$= B' V \tag{9-46}$$

このように、均衡価格モデルと均衡産出高モデル（9-10）は、きわめて密接な関係にあることから、**双対体系**であるといわれています。

第9章　練習問題

1．表9-11の競争輸入型産業連関表に基づいて、以下の設問に答えなさい。
  ① 空欄ⓐ～ⓕを埋めなさい。
  ② 投入係数行列Aを求めなさい。
  ③ (1)輸入係数と(2)国産自給率を求めなさい。
  ④ $[I-(I-\bar{M})A]^{-1}$型のレオンティエフ逆行列Bを求めなさい。
  ⑤ 消費、投資、輸出の(1)生産誘発額、(2)生産誘発係数、および(3)生産誘発依存度を求めなさい。
  ⑥ 消費、投資、輸出の(1)輸入誘発額と(2)輸入誘発係数を求めなさい。
  ⑦ 消費、投資、輸出の(1)付加価値誘発額と(2)付加価値誘発係数を求めなさい。

表9-11　2部門からなる競争輸入型産業連関表

部門		中間需要		最終需要			(控除)輸入	総生産
		農業	工業	消費	投資	輸出		
中間投入	農業	60	ⓐ	50	10	10	ⓑ	ⓒ
	工業	ⓓ	120	ⓔ	20	30	30	200
粗付加価値		20	50					
総生産		100	ⓕ					

2*．表9-12の競争輸入型産業連関表に基づいて、以下の設問に答えなさい。
  ① 投入係数行列Aを求めなさい。
  ② $(I-A)^{-1}$型のレオンティエフ逆行列Bを求めなさい。
  ③ 輸入係数Mを求めなさい。
  ④ $[I-(I-\bar{M})A]^{-1}$型のレオンティエフ逆行列BBを求めなさい。
  ⑤ $[I-(I-\bar{M})A]^{-1}$型のレオンティエフ逆行列BBから、列和Gと行和H、影響力係数GGと感応度係数HHを求めなさい。
  ⑥ 消費、投資、輸出の生産誘発額$P1$、$P2$、$P3$と、生産誘発係数$PP1$、

$PP2$、$PP3$を求めなさい。

⑦消費、投資、輸出の輸入誘発額$M1$、$M2$、$M3$と、輸入誘発係数$MM1$、$MM2$、$MM3$を求めなさい。

⑧消費、投資、輸出の付加価値誘発額$V1$、$V2$、$V3$と、付加価値誘発係数$VV1$、$VV2$、$VV3$を求めなさい。

⑨各産業の雇用量が、農業220万人、製造業480万人、建設210万人、サービス560万人であるとします。いま政府が、建設部門に18単位の公共投資を行なった場合、各産業の総生産額と雇用量はいくら増大するか、計算しなさい。

表 9-12　4部門からなる競争輸入型産業連関表

		中間需要					最終需要			(控除)輸入	総生産
		農業	製造業	建設	サービス	内生部門計	消費	投資	輸出		
中間投入	農業	6	21	3	2	32	17	2	1	12	40
	製造業	8	120	35	24	187	58	33	45	23	300
	建設	2	18	1	6	27	0	73	0	0	100
	サービス	4	36	16	28	84	105	6	8	3	200
	内生部門計	20	195	55	60	330	180	114	54	38	640
粗付加価値		20	105	45	140	310					
総生産		40	300	100	200	640					

●第10章
コンピュータによる計量経済分析
——TSP の基礎

1. TSP とは

　「〈例題で学ぶ〉初歩からの計量経済学」も、最終章を迎えました。本書を通じて、皆さんが計量経済学に興味を覚え、その活用法をいささかでも身につけて下さったとすれば、筆者にはこの上ないことです。

　計量経済学には、統計学と同様、その理論はわかっても実際には活用しにくいという側面が多分にあります。そこで本書では、計量経済学の例題を数多く解き、計算能力と応用能力を体得していただくことによって、理論とその活用の橋渡しとなることを目指してきました。

　さて最終章となるこの章では、計量経済学の世界で広く利用されているソフトウェア**TSP**（Time Series Processor）について、その基本的操作法を平易に解説したいと思います。このソフトは、計量経済分析のためにアメリカの経済学者を中心に開発されたもので、1967年にバージョン１が発表され

て以来、広く世界中の大学やシンクタンクで使用されています。TSP の特長は、他の統計ソフトとちがって、経済学の立場から開発されているため、計量経済分析のメニューが豊富にそろっており、しかもそれらがきわめて扱いやすい点にあります。

　TSP の使用法（入力方式）には、①**会話型**と②**一括処理型**（バッチ型）がありますが、本書では初心者でも扱いやすい①の方式を中心に解説します。なお、プログラムが複雑になると、②の方式が便利です。

２．記述統計と最小２乗法

●例題10-1

　つぎの例題 3-1（単純回帰モデル）のデータを用いた設問①～⑤に対して、TSP のプログラムと出力結果を示しなさい。

X	6	11	17	8	13
Y	1	3	5	2	4

①X、Y のデータを入力し、確認のために入力したデータを出力しなさい。
②X、Y の記述統計量（算術平均、標準偏差など）を求めなさい。
③ヨコ軸に X、タテ軸に Y をとり、このデータの散布図を描きなさい。
④単純回帰モデル $Y=α+βX+u$ を、OLS で推定しなさい。
⑤④について、残差（0）をプロットしなさい。

[解答]
①TSP のプログラム（データの入力と出力）

```
FREQ N;         ←データのタイプを、非時系列データ（N）に指定。
SMPL 1 5;       ←データの期間を指定。始期が1、終期が5。
LOAD X;         ←変数 X のデータを入力（READ X としても可）。
6 11 17 8 13;   ←データ間は1つ以上のスペースをあける。
LOAD Y;         ←変数 Y のデータを入力。
1 3 5 2 4;
```

PRINT X Y; ←X、Yのデータを出力。

出力結果

	X	Y
1	6.00000	1.00000
2	11.00000	3.00000
3	17.00000	5.00000
4	8.00000	2.00000
5	13.00000	4.00000

[解説]

1) TSPの1つのセンテンスは、必ず**セミコロン**（；）で終わります。
2) 1つのセンテンスが長くなり、複数行になる場合は、**バックスラッシュ**（＼）か（￥）を用います。産業連関分析のように、変数が多くなると、この方法が役立ちます。

（例）

　　LOAD X1 X2 X3 X4 X5 ＼
　　X6 X7 X8 X9 X10；

3) **FREQ**コマンドによる、データのタイプの指定方法。

> **FREQ A;** ←年次データ
> **FREQ Q;** ←四半期データ
> **FREQ M;** ←月次データ
> **FREQ W;** ←週次データ
> **FREQ 数値;** ←数値で示された周期のデータ。
> **FREQ N;** ←非時系列データ

4) **SMPL**コマンドによる、データの期間の指定方法。
　（例1）1980年から2006年の年次データのケース。
　　FREQ　A；
　　SMPL　1980　2006；

（例2）1985年第2四半期から2005年第4四半期までの四半期データのケース。

  FREQ　Q;
  SMPL　1985:2　2005:4;

（例3）1990年4月から2004年12月までの月次データのケース。

  FREQ　M;
  SMPL　1990:4　2004:12;

（例4）1991年から94年、96年から99年、2001年から2004年までの年次データのケース。

  FREQ　A;
  SMPL　1991　1994　1996　1999　2001　2004;

5）**LOAD** コマンドによるデータの入力方法。

  データは、変数ごとに入力することもできるし、つぎのようにまとめて入力することもできます。

  LOAD X Y;
  6　1
  11　3
  17　5
  8　2
  13　4 ;

  変数名は、<u>8字以内のアルファベットと数字</u>で表わしますが、最初の1字は必ずアルファベットで始めます。ただし、「**C**」は回帰分析における**定数項**というルールがあるので、変数名として単独では使用できません。

6）データの修正方法。

  入力ミスなどで、データを修正したい場合、TSP（会話型のみ）では、**UPDATE** コマンドを用います。

  具体的には、まず UPDATE　変数名; を入力し、修正したいデータの変数名を指定します。つぎに修正期間（何番目のデータか）を指定します。そして最後に、正しいデータを入力し、データの修正は完了します。

②**MSD** コマンドにより、記述統計量を求めます。

```
MSD  X  Y；
     変数名
```

注) MSD（ALL) X Y; というようにALLというオプションを（ ）内に追加すると、**メディアン、第1四分位点**(1st Qrt)、**第3四分位点**（3rd Qrt)、**四分位範囲**（IQ Range) を求めることができます。

出力結果

```
NUMBER OF OBSERVATIONS: 5
        Mean      Std Dev    Minimum    Maximum
X    11.00000    4.30116    6.00000    17.00000
Y     3.00000    1.58114    1.00000     5.00000
         Sum     Variance   Skewness   Kurtosis
X    55.00000   18.50000    0.37702   -0.62966
Y    15.00000    2.50000    0.00000   -1.20000
```

［解説］

1）出力結果の読み方は、以下のとおりです。

```
Mean     ：算術平均
Std Dev  ：標準偏差
Minimum  ：最小値
Maximum  ：最大値
Sum      ：総和
Variance ：分散
Skewness ：歪度(わいど)
Kurtosis ：尖度(せんど)
```

2）**CORR** コマンドを使うと、複数の変数間の**相関行列**を求めることができます。

```
CORR  X  Y；
     変数名（2個以上）
```

③**GRAPH** コマンドにより、散布図を作成します。

```
GRAPH   Y    X;
        ~    ~
        タ    ヨ
        テ    コ
        軸    軸
```

出力結果

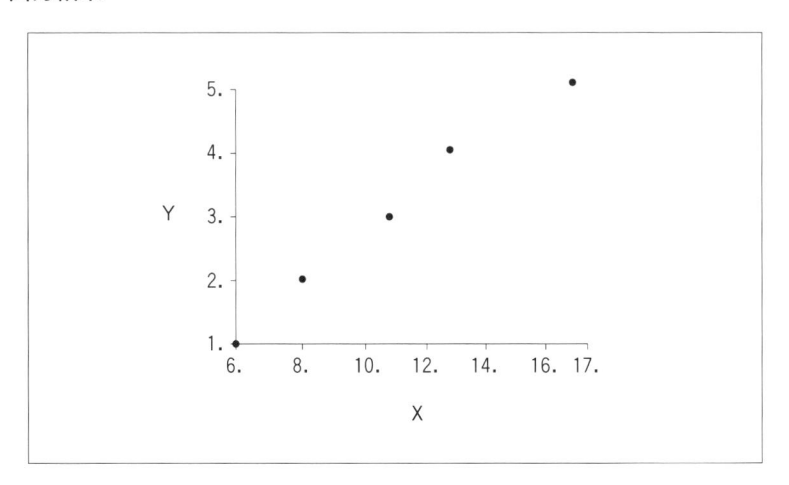

④**OLSQ** コマンドにより、$Y = \alpha + \beta X + u$ を OLS で推定します。

```
OLSQ   Y     C     X;
       ~     ~     ~
       被    定    説
       説    数    明
       明    項    変
       変          数
       数
```

出力結果

Method of estimation = Ordinary Least Squares

Dependent variable: Y

Current sample: 1 to 5

Number of observations: 5

  Mean of dependent variable = 3.00000

Std. dev. of dependent var.=1.58114
Sum of squared residuals=.148649
Variance of residuals=.049550
Std. error of regression=.222597
R-squared=.985135
Adjusted R-squared=.980180
LM het. test=.675051 [.411]
Durbin-Watson=1.19779 [<1.00]
Jarque-Bera test=.424952 [.809]
Ramsey's RESET2=4.21041 [.177]
F-statistic (zero slopes)=198.818 [.001]
Schwarz B.I.C.=−.084889
Log of likelihood function=1.69433

Variable	Estimated Coefficient	Standard Error	t-statistic	P-value
C	−1.01351	.301546	−3.36106	[.044]
X	.364865	.025876	14.1003	[.001]

上記の推定結果を簡潔に整理すると、つぎのようになります。

$Y = -1.01351 + 0.364865 X$
$(-3.36106) \ (14.1003)$

$R^2 = 0.985135 \quad s = 0.222597$

[解説]

1) 出力結果の読み方は、以下のとおりです。

Mean of dependent variable	：被説明変数（従属変数）の平均値
Std. dev. of dependent var.	：被説明変数の標準偏差
Sum of squared residuals	：残差平方和
Variance of residuals	：残差分散
Std. error of regression	：回帰モデルの標準誤差
R-squared	：決定係数
Adjusted R-squared	：自由度修正済み決定係数

LM het. test	：不均一分散の検定統計量
Durbin-Watson	：ダービン・ワトソン統計量
Jarque-Bera test	：正規性の検定統計量
Ramsey's RESET2	：関数型選択の検定統計量
F-statistic (zero slopes)	：F値
Schwarz B.I.C.	：シュバルツのベイズ情報量基準
Log of likelihood function	：対数尤度
Estimated Coefficient	：推定された回帰係数
Standard Error	：回帰係数の標準誤差
t-statistic	：t値
P-value	：P値（確率値）

注）**P値**（probability value）とは、仮説検定において、帰無仮説が正しい確率のことです。P値が小さいと帰無仮説は棄却され、対立仮説が支持されることになります。たとえば、回帰係数のt検定では、P値が小さいときほど、推定した回帰係数は有意になります。P値が表示されていると、検定のためにいちいち分布表（t分布表など）をチェックしなくてよいので、非常に便利です。

2）重回帰モデル $Y = \alpha + \beta_1 X_1 + \beta_2 X_2 + u$ を OLS で推定するケースも、OLSQ コマンドを同様に以下のように使います。

```
OLSQ  Y    C    X1    X2;
      ～   ～   ～    ～
      被   定   説    説
      説   数   明    明
      明   項   変    変
      変        数    数
      数
```

3）出力結果の有効桁数をふやしたい場合は、つぎのコマンドを用います。

OPTIONS SIGNIF＝希望する有効桁数

（例）有効桁数を 8 桁に変更する場合。

OPTIONS SIGNIF=8;

⑤残差をプロットする場合は、OLS を実行する前に、PLOTS を用います。

```
PLOTS;
OLSQ Y C X;
```

一方、これを解除するときは、

```
NOPLOT;
```

を用います。

出力結果

	観測値 ↓	理論値 ↓	観測値と理論値のプロット	残差 ↓	残差のプロット
ID	ACTUAL(*)	FITTED(+)		RESIDUAL(0)	
					0
1	1.0000	1.1757	*+	−0.1757	0 : +
2	3.0000	3.0000	+	0.0000	+ 0 +
3	5.0000	5.1892	*+	−0.1892	0 : +
4	2.0000	1.9054	+*	0.09459	+ : 0 +
5	4.0000	3.7297	+*	0.2703	+ : + 0

[解説]

1) TSP（会話型）を終了させるコマンド。

```
END;
```

2) すべての変数のデータを保存するコマンド。

```
SAVE 'ファイル名';
       ↑
    8字以内の英数字
```

保存したデータを呼びだすコマンド。

```
RESTORE 'ファイル名';
```

3) 知っておくと便利なコマンド。

```
REVIEW 最初の行 最後の行；
```

指定した行の範囲を、再表示してくれます。自分のつくったプログラムを忘れた場合、とても助かります。

> EXEC　最初の行　最後の行；

指定した行の範囲を、再実行してくれます。長いコマンドを再実行するときや、サンプルの範囲を変更してコマンドを再実行するときに、とても便利です。

> SHOW　SERIES；

どんな変数を入力したか（サンプル数も）、表示してくれます。入力した変数名を、うっかり忘れた場合、役立ちます。

> SELECT　条件式；
> SMPLIF　条件式；

条件式（たとえば、$X>0$）によって、データの一部を抽出することができます。SELECT と SMPLIF の相違点は、SELECT コマンドが1回ごとに独立して条件を設定するのに対して、SMPLIF コマンドは先に設定した条件を生かして、さらに条件を加え、データを絞り込むことができます。　SELECT　1；　とすると、もとのデータの範囲（全データを使用する状態）に戻ります。

3．データの変換

TSP では、右辺の算術式を左辺の変数に変換することができます。例えば、つぎのような例があげられます。

　A＝X＋Y；
　B＝X／Y；　　←X÷Y
　D＝X＊＊2；　←X^2

E＝LOG(X);

また、よく使われる数式計算記号と算術関数は、つぎのとおりです。

＋ ： 加算	LOG( ) ： 自然対数
－ ： 減算	LOG10( ) ： 常用対数
＊ ： 乗算	ABS( ) ： 絶対値
／ ： 除算	SQRT( ) ： 平方根
＊＊： べき乗	EXP( ) ： 自然対数の底 e のべき乗

計算の順序は、①( )内の計算、②べき乗、③乗算・除算、④加算・減算、の順になります。なお、( )は何度も使えます。

●例題10-2

例題 I-9（全国の百貨店売上高の中心化 4 項移動平均を求め、原系列と共にグラフ化する）を解くための TSP プログラムを示しなさい。

[解答]

TSP のプログラム（中心化 4 項移動平均とグラフ化）

```
FREQ Q;              ←データのタイプを、四半期データ（Q）に指定。
SMPL 2001:1 2005:4; ←データの期間を指定。始期が2000年第Ⅰ四半期、終期
                      が2005年第Ⅳ四半期。
LOAD X;              ←百貨店売上高Xのデータを入力。
242 235 236 289
231 228 227 277
226 222 221 267
221 215 214 260
219 209 207 250
212 206 206 252;
SMPL 2000:3 2005:2; ←中心化 4 項移動平均では、計算後、前後 2 つずつデー
                      タが失われるので、期間を再指定する。
```

```
MA=(0.5*X(-2)+X(-1)+X+X(1)+0.5*X(2))/4;
                    └─中心化4項移動平均を求め、MA とおく。
PRINT MA;           中心化4項移動平均 MA を出力。
PLOT X MA;          ←原系列Xと中心化4項移動平均 MA をグラフ化する。
```

[解説]

1) ラグ（過去の値）付き変数のケース

$$\boxed{\text{変数名 }(-\text{n})}$$

たとえば、

X_{t-1} のケース → **X(-1)**

X_{t-8} のケース → **X(-8)**

2) リード（将来の値）付変数のケース

$$\boxed{\text{変数名 }(\text{n})}$$

たとえば、

X_{t+1} のケース → **X(1)**

X_{t+5} のケース → **X(5)**

● 例題10-3

例題4-7（X と Y の散布図を描き、重回帰モデル $Y=\alpha+\beta_1 X+\beta_2 X^2+u$ を OLS で推定する）を解くための、TSP プログラムを示しなさい。

[解答]

TSP のプログラム（$Y=\alpha+\beta_1 X+\beta_2 X^2+u$ を OLS で推定）

```
FREQ N;         ←データのタイプを、非時系列データ（N）に指定。
SMPL 1 12;      ←始期が1、終期が12。
LOAD Y;         ←変数Yのデータを入力。
148.9 169.5 198.4 237.2 274.3 303.7
312.6 314.8 312.2 315.0 262.3 241.2;
```

```
LOAD X;              ←変数Xのデータを入力。
16.9 19.1 22.8 27.6 32.5 37.4
42.4 47.5 52.6 57.2 62.2 68.9;
GRAPH Y X;           ←タテ軸Y、ヨコ軸Xの散布図を作成。
X2=X**2;             ←$X^2$ を求め、X2とおく。
OLSQ Y C X X2;       ←重回帰モデルを OLS で推定。
```

4．コクラン・オーカット法と最尤推定法

第7章で学んだように、時系列データを用いた回帰分析にとって、誤差項間に相関が生じてしまう系列相関の問題は、きわめて厄介なものです。TSP では、系列相関のあるモデルの推定法として、①コクラン・オーカット法、②最尤法（maximum likelihood method）、③グリッド・サーチによる最尤法（maximum likelihood with grid search）、④ヒルドレス・ルー法（Hildreth-Lu method）が用意されています。ここでは、例題10-4を通じて、①と②の推定法を紹介しましょう。

●例題10-4

例題7-2（わが国勤労者世帯の消費関数の推定）のデータに基づいて、モデル（$Y=\alpha+\beta X+u$）をコクラン・オーカット法と最尤法により推定するための、TSPプログラムを示しなさい。

［解答］

TSP のプログラム（コクラン・オーカット法と最尤法）

```
FREQ A;              ←データのタイプを、年次データ（A）に
                       指定。
SMPL 1970 1994;      ←データの期間を指定。始期が1970年、終
                       期が1994年。
LOAD Y;              ←変数Yのデータを入力。
```

```
239 248 258 …… 334 330;
LOAD X;                    ←変数Xのデータを入力。
300 311 329 …… 449 449;
AR1(METHOD=CORC) Y C X; ←Y=α+βX+uをコクラン・オーカッ
                              ト法で推定。
AR1(METHOD=ML) Y C X;    ←Y=α+βX+uを最尤法で推定。
```

[解説]

　誤差項に1階の系列相関があるモデルを推定するコマンドは、つぎのようになります。

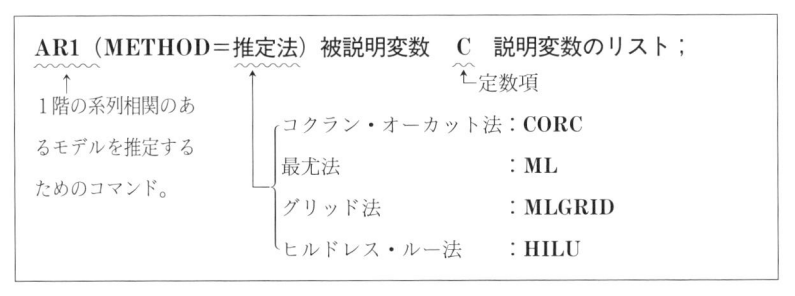

```
AR1（METHOD＝推定法）被説明変数  C  説明変数のリスト；
 ↑                ↑                ↑定数項
1階の系列相関のあ              ┌コクラン・オーカット法：CORC
るモデルを推定す               │最尤法              ：ML
ためのコマンド。               │グリッド法          ：MLGRID
                              └ヒルドレス・ルー法    ：HILU
```

　これら4つの推定法のうち、もっともよく利用されるのは、最尤法です。なお、収束判定条件や最大イタレーション回数を指定することもできます。METHOD＝推定法の後に指定します。

```
TOL＝収束判定条件（既定値＝0.005）
MAXIT＝最大イタレーション回数
```

5. 2段階最小2乗法（2SLS）

　連立方程式モデルの推定法については、第8章で学びましたが、ここでは代表的推定法である2段階最小2乗法を、TSPで実行してみましょう。

●例題10-5

　例題8-4（リンゴの需給モデルを、2段階最小2乗法で推定する）を解く

ための TSP プログラムを示しなさい。

[解答]

TSP のプログラム（2段階最小2乗法）

```
FREQ N;      ←データのタイプを、西暦ではないので非時系列データ（N）
              に指定。
SMPL 1 8;    ←データの期間を指定。始期が1、終期が8。
LOAD Q;      ←リンゴの数量Qのデータを入力。
57 55 66 65 71 74 71 77;
LOAD P;      ←リンゴの市場価格Pのデータを入力。
78 96 87 98 104 105 110 113;
LOAD Y;      ←需要者の所得Yのデータを入力。
28 29 32 33 35 36 36 38;
LOAD T;      ←1日平均日照時間Tのデータを入力。
7.0 4.1 7.2 5.4 5.8 6.7 5.0 6.3;
2SLS Q C P Y INVR C Y T;
```

の 2段階最小2乗法のコマンド / 被説明変数 / 定数項 / 説明変数 / **INVR** 以下に、モデル内の先決変数（定数項 C を含む）をすべてリストアップする。

```
2SLS Q C P T INVR C Y T;
```

なお、**制限情報最尤法**は、2段階最小2乗法のコマンド **2SLS** のかわりに、**LIML** を用います。

6. 産業連関分析

産業連関分析は、第9章で紹介したように、すぐれた理論体系と操作性、および広範な応用領域をもつ分析方法ですが、その計算量の多さからコンピュータの利用は欠かせません。ここでは、TSP の行列演算機能を利用して、投入係数、レオンティエフ逆行列、生産誘発係数、輸入誘発係数といった、産業連関分析の基本的な計算方法について学びましょう。

●例題10-6
第9章の練習問題の2（4部門からなる競争輸入型産業連関表）を、TSP の行列演算機能を用いて解きなさい。

[解答]
①TSP のプログラム（投入係数行列 A を求める）

FREQ N;	←データのタイプを、非時系列データ（N）に指定。
SMPL 1 4;	←内生部門の数。
LOAD X1;	←農業 $X1$ のデータを列（タテ）で入力。
6 8 2 4;	
LOAD X2;	←製造業 $X2$ のデータを列で入力。
21 120 18 36;	
LOAD X3;	←建設 $X3$ のデータを列で入力。
3 35 1 16;	
LOAD X4;	←サービス $X4$ のデータを列で入力。
2 24 6 28;	
A1=X1/40;	←農業の投入係数を求め、$A1$ とおく。
A2=X2/300;	←製造業の投入係数を求め、$A2$ とおく。
A3=X3/100;	←建設の投入係数を求め、$A3$ とおく。
A4=X4/200;	←サービスの投入係数を求め、$A4$ とおく。

```
MMAKE A A1 A2 A3 A4;    ←A1〜A4 の 4 つの系列から、行列 A を作成。
                        いくつかの系列から、行列を作成するコマンド。
PRINT A;                ←投入係数行列 A を出力。
```

②TSP のプログラム（$(I-A)^{-1}$ 型のレオンティエフ逆行列 B を求める。）

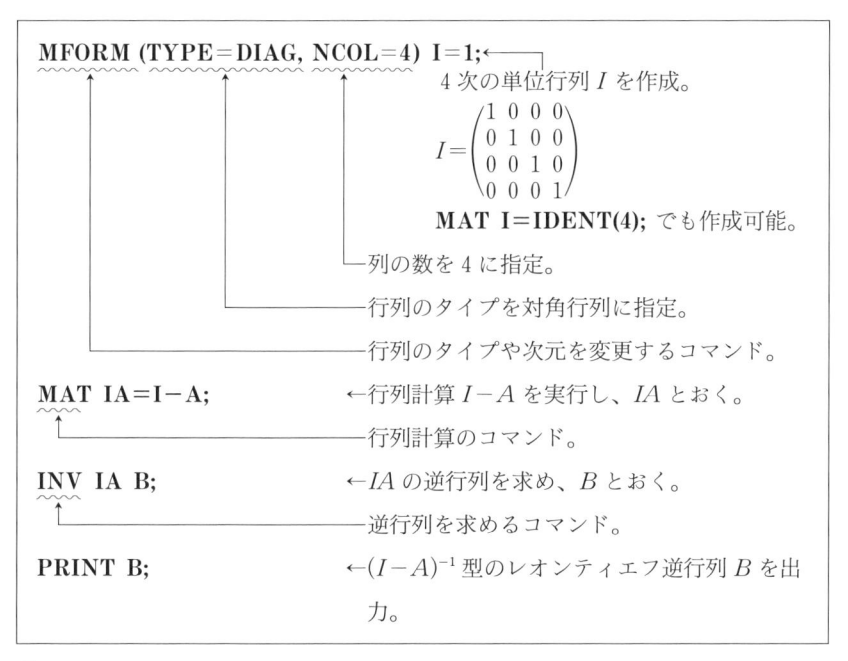

```
MFORM (TYPE=DIAG, NCOL=4) I=1;
                        4 次の単位行列 I を作成。
                        $I = \begin{pmatrix} 1 & 0 & 0 & 0 \\ 0 & 1 & 0 & 0 \\ 0 & 0 & 1 & 0 \\ 0 & 0 & 0 & 1 \end{pmatrix}$
                        MAT I=IDENT(4); でも作成可能。
                        列の数を 4 に指定。
                        行列のタイプを対角行列に指定。
                        行列のタイプや次元を変更するコマンド。
MAT IA=I−A;             ←行列計算 I−A を実行し、IA とおく。
                        行列計算のコマンド。
INV IA B;               ←IA の逆行列を求め、B とおく。
                        逆行列を求めるコマンド。
PRINT B;                ←$(I-A)^{-1}$ 型のレオンティエフ逆行列 B を出力。
```

③TSP のプログラム（輸入係数 M を求める。）

```
LOAD X5;                ←内生部門計 X5 のデータを列（タテ）で入力。
32 187 27 84;
LOAD F1;                ←消費 F1 のデータを列で入力。
17 58 0 105;
LOAD F2;                ←投資 F2 のデータを列で入力。
2 33 73 6;
LOAD F4;                ←輸入 F4 のデータを列で入力。
12 23 0 3;
M=F4/(X5+F1+F2);        ←輸入係数を求め、M とおく。
```

```
PRINT M;                    ←輸入係数 M を出力。
```

④TSP のプログラム（$[I-(I-\bar{M})A]^{-1}$型のレオンティエフ逆行列 BB を求める。）

```
MFORM(TYPE=DIAG, NCOL=4)M;  ←輸入係数 M を対角行列に変更。
MAT IIMA=I-(I-M)*A;         ←$I-(I-M)A$ の行列計算を実行
                              し、IIMA とおく。
INV IIMA BB;                ←IIMA の逆行列を求め、BB とお
                              く。
PRINT BB;                   ←$[I-(I-M)A]^{-1}$ 型のレオンティ
                              エフ逆行列 BB を出力。
```

⑤TSP のプログラム（列和 G、行和 H、影響力係数 GG、感応度係数 HH を求める。）

```
MAT BBB=BB';                ←行列 BB を転置し、BBB とおく。
UNMAKE BBB G1 G2 G3 G4;     ←行列 BBB から、G1〜G4 の4つの系列
                              を作成。
                            ──行列から、いくつかの系列を作成するコ
                              マンド。
UNMAKE BB H1 H2 H3 H4;      ←行列 BB から、H1〜H4 の4つの系列
                              を作成。
G=G1+G2+G3+G4;              ←列和を求め、G とおく。
H=H1+H2+H3+H4;              ←行和を求め、H とおく。
MSD G H;                    ←列和 G と行和 H の平均値（1.90767）
                              を求める。
GG=G/1.90767;               ←影響力係数を求め、GG とおく。
HH=H/1.90767;               ←感応度係数を求め、HH とおく。
PRINT G H GG HH;            ←G、H、GG、HH を出力。
```

⑥TSP のプログラム（生産誘発額と生産誘発係数を求める）

```
LOAD F3;                        ←輸出 F3 のデータを列（タテ）で入力。
1 45 0 8;
MAT P1=BB*(I-M)*F1;             ←消費の生産誘発額 P1 を計算。
MAT P2=BB*(I-M)*F2;             ←投資の生産誘発額 P2 を計算。
MAT P3=BB*F3;                   ←輸出の生産誘発額 P3 を計算。
MAT PP1=P1/180;                 ←消費の生産誘発係数 PP1 を計算。
MAT PP2=P2/114;                 ←投資の生産誘発係数 PP2 を計算。
MAT PP3=P3/54;                  ←輸出の生産誘発係数 PP3 を計算。
PRINT P1 P2 P3 PP1 PP2 PP3;     ←P1、P2、P3、PP1、PP2、PP3 を
                                  出力。
```

⑦TSP のプログラム（輸入誘発額と輸入誘発係数を求める。）

```
MAT R=I-M;                      ←国産自給率（対角行列）R を計算。
INV R RR;                       ←R の逆行列を計算し、その結果を
                                  RR とおく。
MAT M1=M*RR*P1;                 ←消費の輸入誘発額 M1 を計算。
MAT M2=M*RR*P2;                 ←投資の輸入誘発額 M2 を計算。
MAT M3=M*A*P3;                  ←輸出の輸入誘発額 M3 を計算。
MAT MM1=M1/180;                 ←消費の輸入誘発係数 MM1 を計算。
MAT MM2=M2/114;                 ←投資の輸入誘発係数 MM2 を計算。
MAT MM3=M3/54;                  ←輸出の輸入誘発係数 MM3 を計算。
PRINT M1 M2 M3 MM1 MM2 MM3;     ←M1、M2、M3、MM1、MM2、
                                  MM3 を出力。
```

⑧TSP のプログラム（付加価値誘発額と付加価値誘発係数を求める。）

```
LOAD V;                         ←付加価値 V のデータを入力。
20 105 45 140;
LOAD X;                         ←総生産 X のデータを入力。
40 300 100 200;
```

VV=V/X;	←付加価値係数を求め、VV とおく。
MFORM(TYPE=DIAG, NCOL=4) VV;	←付加価値係数 VV を対角行列に変更。
MAT V1=VV*P1;	←消費の付加価値誘発額 $V1$ を計算。
MAT V2=VV*P2;	←投資の付加価値誘発額 $V2$ を計算。
MAT V3=VV*P3;	←輸出の付加価値誘発額 $V3$ を計算。
MAT VV1=V1/180;	←消費の付加価値誘発係数 $VV1$ を計算。
MAT VV2=V2/114;	←投資の付加価値誘発係数 $VV2$ を計算。
MAT VV3=V3/54;	←輸出の付加価値誘発係数 $VV3$ を計算。
PRINT V1 V2 V3 VV1 VV2 VV3;	←$V1$、$V2$、$V3$、$VV1$、$VV2$、$VV3$ を出力。

⑨TSP のプログラム（公共投資による生産量と雇用量の増加分を求める。）

LOAD K; 0 0 18 0;	←公共投資 K のデータを入力。
MAT KK=BB*(I−M)*K;	←公共投資の生産誘発額 KK を計算。
LOAD L; 220 480 210 560;	←雇用量 L のデータを入力。
LL=L/X;	←雇用係数を求め、LL とおく。
MFORM(TYPE=DIAG, NCOL=4)LL;	←雇用係数 LL を対角行列に変更。
MAT LLL=LL*KK;	←公共投資により増大した雇用量 LLL を計算。

| PRINT KK LLL; | ←KK、LLL を出力。 |

第10章　練習問題

1．例題3-6（わが国のフィリップス曲線を、OLSで推定）を解くための、TSPプログラムを示しなさい。

2．例題3-7（ファクシミリの普及率をロジスティック関数で近似し、OLSで推定）を解くための、TSPプログラムを示しなさい。

3．例題6-1（ダミー変数を導入した重回帰モデルを、OLSで推定）を解くための、TSPプログラムを示しなさい。

4．例題8-5（A国の連立方程式モデル）の消費関数(8-11)を、2段階最小2乗法で推定するための、TSPプログラムを示しなさい。

〈TSPの問い合わせ先〉

（株）産業統計研究社　TSPジャパン
〒162-0801　東京都新宿区山吹町15
TEL：(03) 5206-7605　FAX：(03) 5206-7601
E-mail：sangyoutoukei@sight.ne.jp
URL：http://www.tspintl.com

練習問題解答

第 1 章

1. ①
   1. 日本　　　　0.13（％）　2. シンガポール　1.50（％）
   3. 香港　　　　0.80（％）　4. 台湾　　　　　0.44（％）
   5. 韓国　　　　0.44（％）　6. タイ　　　　　0.89（％）
   7. 中国　　　　0.63（％）　8. インド　　　　1.56（％）
   9. バングラデシュ 1.93（％）　10. 世界　　　　1.22（％）

   ②2020年　77.5（億人）
   　2030年　87.5（億人）

2. ①1985年　$\overline{X}=66.60$（1000円/㎡）　②1990年　$\overline{X}=113.43$（1000円/㎡）
   　　　　　$s^2=2410.90$　　　　　　　　　　　　　　$s^2=25085.99$
   　　　　　$s=49.10$（1000円/㎡）　　　　　　　　　$s=158.39$（1000円/㎡）
   　　　　　$CV=73.7$（％）　　　　　　　　　　　　$CV=139.6$（％）

   ③2006年　$\overline{X}=56.66$（1000円/㎡）
   　　　　　$s^2=2597.71$
   　　　　　$s=50.97$（1000円/㎡）
   　　　　　$CV=90.0$（％）

3. ①$R=0.931$
   ②5％および1％水準で有意。

4. ①$R=0.919$
   ②5％および1％水準で有意。

5. ①$R=0.927$　5％および1％水準で有意。
   ②$R=0.638$　5％および1％水準で有意。
   ③$R=0.934$　5％および1％水準で有意。

6. ①$R_s=0.224$
   ②5％および1％水準で有意でない。

第2章

1. 1980年　0.22900　　85年　0.23810　　90年　0.23638
   95年　0.23914　　2000年　0.24418　　05年　0.24700

   ジニ係数は、1980年から2005年にかけてやや上昇しており、わが国の勤務者世帯における所得分配の不平等化がうかがわれる。

2. (1) 0.5610　(2) 0.5553　(3) 0.5471　(4) 0.2645　(5) 0.2589

3.

産　　　　業	①寄与度(%)	②寄与率(%)
実質GDP	24.45	100.00
1．農林水産業	1.39	5.68
2．鉱　　　業	1.01	4.12
3．製　造　業	7.19	29.42
4．建　設　業	0.08	0.33
5．電気・ガス・水道	1.23	5.02
6．運輸・通信・倉庫	2.99	12.25
7．商　　　業	3.48	14.22
8．金融・不動産	6.09	24.89
9．行政・民間サービス・他	1.00	4.07

4. ①ラスパイレス価格指数　92.3
   　パーシェ価格指数　　　90.9
   　フィッシャー価格指数　91.6
   ②ラスパイレス数量指数　89.4
   　パーシェ数量指数　　　88.1
   　フィッシャー数量指数　88.7

第3章

1. ① $\hat{Y} = 3.0107 + 0.88661X$
   　$R^2 = 0.9983$
   ② $\hat{Y} = -15.498 + 0.94872X$
   　$R^2 = 0.9906$
   ③ $\hat{Y} = -50.582 + 1.0346X$
   　$R^2 = 0.9940$
   ④ $\hat{Y} = -32.260 + 0.99876X$
   　$R^2 = 0.9953$　　　　考察は省略。

2. ①散布図は省略。

②$\hat{Y} = 3.3294 + 24466 \dfrac{1}{X}$

　　$R^2 = 0.9832$

③台湾の第1次産業就業者比率が、将来3.3%まで低下するであろうことを示唆している。

3. ①散布図は省略。

②韓国のフィリップス曲線

$\dot{P} = 1.495 + 9.845 \dfrac{1}{U}$　　$R^2 = 0.2222$

台湾のフィリップス曲線

$\dot{P} = -1.168 + 7.841 \dfrac{1}{U}$　　$R^2 = 0.7342$

4. ①散布図は省略。

②$\log Y = 1.7492 + 0.69522 \log X$　　$R^2 = 0.9907$

もとの指数関数に変換すると、$Y = 5.7501 X^{0.69522}$

③β は電力消費量のGDP弾性値であり、GDPの1%の増加は、約0.695%の電力消費量の増加をもたらすことを意味する。

5. ① $Y = \dfrac{1705}{1 + e^{0.85483 - 0.036750 t}}$　　② $Y = \dfrac{1477}{1 + e^{-0.56873 - 0.055356 t}}$

　　$R^2 = 0.99662515$　　　　　$R^2 = 0.99866030$

　飽和水準　17.05億人　　　　飽和水準　14.77億人

　2010年　　13.74億人　　　　2010年　　13.47億人

　2020年　　14.61億人　　　　2020年　　14.00億人

　2030年　　15.28億人　　　　2030年　　14.31億人

　2040年　　15.79億人　　　　2040年　　14.50億人

　2050年　　16.16億人　　　　2050年　　14.62億人

第4章

1. ①$\hat{Y} = 43.647 + 0.21818 X_1 + 60.384 X_2$

②$R^2 = 0.9984$　　$\bar{R}^2 = 0.9979$

③$R_{Y2 \cdot 1} = 0.9744$

④$R_{Y1 \cdot 2} = 0.9905$

2. ①散布図は省略。

②$\hat{Y} = -1174.2 + 77.500 X - 0.82839 X^2$

③$R^2=0.9728$　$\bar{R}^2=0.9650$

3. ① $\hat{Y}=25.532+0.75780X_1-12.926X_2+0.92736X_3$

    ②$R^2=0.9991$　$\bar{R}^2=0.9987$

    ③9274円増加する。

    ④$R_{Y1\cdot23}=0.9986$

    ⑤$R_{Y2\cdot13}=-0.9994$

    ⑥$R_{Y3\cdot12}=0.9898$

4. ① $\log Y=1.3017+0.50332\log L+0.57165\log K+0.033714t$

    $\bar{R}^2=0.9959$

    ②技術進歩率＝3.4％（t の係数より）

    ③$\log\dfrac{Y}{L}=1.6038+0.50846\log\dfrac{K}{L}+0.036705t$

    $\bar{R}^2=0.9957$

    ④技術進歩率＝3.7％（t の係数より）

第5章

1. ①(1)イギリス

    $\hat{Y}=-44.645+0.69223X$
    〔22.679〕〔0.021996〕　⟵　標準誤差
    （−1.969）（31.471）　⟵　t 値

    $R^2=0.9910$

    (2)オーストラリア

    $\hat{Y}=14.993+0.56890X$
    〔9.3821〕〔0.012561〕　⟵　標準誤差
    （1.598）（45.292）　⟵　t 値

    $R^2=0.9956$

    (3)ニュージーランド

    $\hat{Y}=23.663+0.57080X$
    〔27.992〕〔0.025320〕　⟵　標準誤差
    （0.845）（22.543）　⟵　t 値

    $R^2=0.9826$

    ②(1)イギリス　　　　　　（0.642, 0.742）

    　(2)オーストラリア　　　（0.540, 0.597）

    　(3)ニュージーランド　　（0.514, 0.628）

    ③(1)イギリス　　　　　$\hat{Y}_0=786.03$

    　(2)オーストラリア　　$\hat{Y}_0=527.00$

    　(3)ニュージーランド　$\hat{Y}_0=765.71$

④(1)イギリス　　　　　(768.1, 804.0)
　(2)オーストラリア　　(517.7, 536.4)
　(3)ニュージーランド　(739.9, 791.5)

2. ①、② $\hat{Y} = -2230.2 + 0.37277 X_1 + 0.46347 X_2 + 114.17 X_3$
　　　　　　[612.01]　[0.060588]　[0.086207]　[25.094] ← 標準誤差
　　　　　　(−3.644)　(6.153)　　　(5.376)　　　(4.549) ← t 値

　　　　　　$R^2 = 0.9804$　$\bar{R}^2 = 0.9745$　F値 = 166.74

3.

前期	後期	F値
1990—91	1992—2004	2.951
90—92	93—04	3.553
90—93	94—04	4.587
90—94	95—04	4.580
90—95	96—04	6.030
90—96	97—04	22.515
90—97	98—04	27.625
90—98	99—04	8.846
90—99	2000—04	3.296
90—2000	01—04	1.268
90—01	02—04	0.392
90—02	03—04	0.072

第6章

1. ① $\hat{Y} = 7.2458 + 1.7110 X$
　　　(0.117)　(1.400)

　　　$R^2 = 0.1788$

　② $\hat{Y} = -52.472 + 2.9418 X - 27.443 D$
　　　(−1.765)　(4.981)　　(−5.988)

　　　$R^2 = 0.8502$　$\bar{R}^2 = 0.8128$

2. ①散布図は省略。

　② $\hat{Y} = 14.111 + 0.47776 X$
　　　(0.478)　(3.088)

　　　$R^2 = 0.4428$

　③ $\hat{Y} = -13.311 + 0.70164 X - 50.162 D$
　　　(−1.939)　(18.589)　(−15.083)

　　　$R^2 = 0.9743$　$\bar{R}^2 = 0.9696$

3. ① $\hat{Y} = -17.484 + 0.37238 X$
　　　(−7.512)　(11.312)

　　　$R^2 = 0.8707$

② $\hat{Y} = -26.446 + 0.49233X + 0.66874D_1 + 0.97631D_2 + 0.25995D_3$
　　$(-15.579)\ (21.176)\ \ \ (5.689)\ \ \ \ \ (7.021)\ \ \ \ (2.355)$

　　$R^2 = 0.9726\ \ \ \bar{R}^2 = 0.9658$

4. ① $\hat{Y} = -59.243 + 12.011X$
　　　$(-1.331)\ (8.272)$

　$R^2 = 0.7567$

② $\hat{Y} = -106.028 + 11.931X + 41.920S + 56.653F_1 + 28.099F_2$
　　$(-4.780)\ \ (17.121)\ \ (5.875)\ \ \ (6.484)\ \ \ (3.216)$

　　$R^2 = 0.9516\ \ \ \bar{R}^2 = 0.9414$

③ $\hat{Y}_a = 260.8$ （1000円）

　$\hat{Y}_b = 350.5$ （1000円）

　$\hat{Y}_c = 327.7$ （1000円）

　$\hat{Y}_d = 389.3$ （1000円）

5. ①(1) $\hat{Y} = 6.9386 - 0.0021629X$
　　　　$(7.791)\ (-0.16793)$

　　　$R^2 = 0.0031\ \ \ \bar{R}^2 = -0.1076$

　(2) $\hat{Y} = 5.0405 + 0.031252X - 0.84316D$
　　　$(3.402)\ (1.264)\ \ \ \ (-1.545)$

　　　$R^2 = 0.2323\ \ \ \bar{R}^2 = 0.0404$

　(3) $\hat{Y} = 4.2537 + 0.044840X - 0.014632DX$
　　　$(2.893)\ (1.820)\ \ \ \ (-2.128)$

　　　$R^2 = 0.3635\ \ \ \bar{R}^2 = 0.2044$

　(4) $\hat{Y} = 1.8571 + 0.08475X - 0.14065DX + 9.2072D$
　　　$(4.295)\ (11.715)\ \ (-11.990)\ \ (10.863)$

　　　$R^2 = 0.9644\ \ \ \bar{R}^2 = 0.9491$

② F 値＝94.384　構造変化が認められる。

第7章

1. ① $\hat{T} = -26.093 + 0.28073Y$
　　　$(-10.793)\ (33.314)$

　　$R^2 = 0.9840\ \ \ DW = 0.610$

② 1階の正の系列相関がある。

③ⓐ $\hat{T} = -31.402 + 0.29711Y$
　　　$(-5.910)\ \ (17.629)$

　　$R^2 = 0.9481$（CO変換後の式から計算）

　　$DW = 1.878$

ⓑ $\hat{T} = -31.536 + 0.29749 Y$
　　　　$(-5.806)\ (17.314)$

　　　$R^2 = 0.9463$（CO 変換後の式から計算）
　　　$DW = 1.893$

　　ⓒ $\hat{T} = -25.574 + 0.28025 Y$
　　　　$(-6.443)\ (20.687)$

　　　$R^2 = 0.9435$（PW 変換後の式から計算）
　　　（参考：$DW = 1.676$）

2. ① $\hat{Y} = -18.785 + 0.96937 X$
　　　$(-7.240)\ (149.678)$

　　　$R^2 = 0.9981$　$DW = 0.432$

② 1 階の正の系列相関がある。

③ⓐ $\hat{Y} = -22.434 + 0.97721 X$
　　　$(-3.143)\ (60.934)$

　　　$R^2 = 0.9888$（CO 変換後の式から計算）　$DW = 2.118$

　　ⓑ $\hat{Y} = -22.440 + 0.97728 X$　←イテレーション回数＝ 2 回
　　　　$(-3.286)\ (63.360)$

　　　$R^2 = 0.9896$（CO 変換後の式から計算）　$DW = 2.096$

　　ⓒ $\hat{Y} = -22.440 + 0.97728 X$　←イテレーション回数＝ 3 回
　　　　$(-3.287)\ (63.386)$

　　　$R^2 = 0.9897$（CO 変換後の式から計算）　$DW = 2.096$

④ $\hat{Y} = -6.8471 + 0.97649 X$
　　$(-3.152)\ (61.542)$

　　　$R^2 = 0.9887$（PW 変換後の式から計算）（参考：$DW = 1.977$）

3. $\hat{Y}_t = 38.404 + 0.29782 X_t + 0.49050 Y_{t-1}$
　　$(4.598)\ (3.375)\ (3.847)$

　　$\bar{R}^2 = 0.9807$

ダービンの h 統計量＝ 0.4603（系列相関なし）

第 8 章

1. ① $\hat{Q}_1 = 19.2055 + 0.000932568 \dfrac{Y}{P_1} - 13.2777 \dfrac{P_2}{P_1}$
　　　$(9.629)\ \ (12.174)\ \ \ \ \ \ \ (-12.925)$

　　　$R^2 = 0.9331$　$\bar{R}^2 = 0.9219$　$DW = 1.437$

② $\hat{U} = 0.00093257 \log(-19.223 + Q_1) + 0.99907 \log(-34612 + Q_2)$

③ごぼうの1世帯当たり年間消費量の理論値

(単位：100g)

年	理論値 $\hat{Q}_1$	年	理論値 $\hat{Q}_1$
1991	26.71	99	24.38
92	26.96	2000	24.15
93	27.89	01	22.83
94	27.43	02	22.41
95	27.08	03	21.57
96	26.79	04	22.03
97	27.58	05	21.83
98	24.81		

グラフは省略。

2. ① (1) 過剰識別

(2) 過剰識別

(3) 過剰識別

② (1) $\hat{C}_t = -12.099 + 0.31089 Y_t + 0.54146 C_{t-1}$
  $(-2.609)\ (5.027)\ \ \ \ \ (5.383)$

  $R^2 = 0.9995 \quad \bar{R}^2 = 0.9994$

(2) $\hat{I}_t = -13.317 + 0.12812 Y_t + 0.55198 I_{t-1}$
  $(-2.482)\ (3.748)\ \ \ \ (4.116)$

  $R^2 = 0.9918 \quad \bar{R}^2 = 0.9908$

(3) $\hat{M}_t = -84.694 + 0.55161 Y_t$
  $(-12.256)(50.310)$

  $R^2 = 0.9929$

3.

年 t	① Z_tの増加率5％のケース		① Z_tの減少率3％のケース	
	C_tの予測値 $\hat{C}_t$	Y_tの予測値 $\hat{Y}_t$	C_tの予測値 $\hat{C}_t$	Y_tの予測値 $\hat{Y}_t$
2007	108.5693	154.7693	105.5177	148.1977
08	111.8075	160.3175	104.5868	145.9864
09	115.0311	165.9666	103.1879	143.3455
10	118.3548	171.8371	101.6592	140.6121
11	121.8236	177.9800	100.1170	137.9013

第 9 章

1. ① ⓐ30　ⓑ60　ⓒ100　ⓓ20　ⓔ40　ⓕ200

② $A = \begin{pmatrix} 0.6 & 0.15 \\ 0.2 & 0.6 \end{pmatrix}$

③ (1) 0.4（農業）　0.15（工業）　(2) 0.6（農業）　0.85（工業）

④ $B = \begin{pmatrix} 1.6426 & 0.3017 \\ 0.5699 & 2.1455 \end{pmatrix}$

⑤ (1) 生産誘発額

部門＼項目	消　費	投　資	輸　出
農　業	59.54	14.98	25.48
工　業	90.04	39.89	70.06

(2) 生産誘発係数

部門＼項目	消　費	投　資	輸　出
農　業	0.6615	0.4995	0.6369
工　業	1.0005	1.3298	1.7516

(3) 生産誘発依存度

部門＼項目	消　費	投　資	輸　出
農　業	0.5954	0.1498	0.2548
工　業	0.4502	0.1995	0.3503

⑥ (1) 輸入誘発額

部門＼項目	消　費	投　資	輸　出
農　業	39.69	9.99	10.32
工　業	15.89	7.04	7.07

(2) 輸入誘発係数

部門＼項目	消費	投資	輸出
農業	0.4410	0.3330	0.2580
工業	0.1766	0.2347	0.1768

⑦ (1) 付加価値誘発額

部門＼項目	消費	投資	輸出
農業	11.91	3.00	5.10
工業	22.51	9.97	17.52

(2) 付加価値誘発係数

部門＼項目	消費	投資	輸出
農業	0.1323	0.0999	0.1274
工業	0.2501	0.3324	0.4379

2. ①
$$A = \begin{pmatrix} 0.15 & 0.07 & 0.03 & 0.01 \\ 0.20 & 0.40 & 0.35 & 0.12 \\ 0.05 & 0.06 & 0.01 & 0.03 \\ 0.10 & 0.12 & 0.16 & 0.14 \end{pmatrix}$$

②
$$B = \begin{pmatrix} 1.2250 & 0.1610 & 0.1005 & 0.0402 \\ 0.5132 & 1.8564 & 0.7187 & 0.2901 \\ 0.1000 & 0.1298 & 1.0682 & 0.0565 \\ 0.2327 & 0.3019 & 0.3107 & 1.2185 \end{pmatrix}$$

③
$$M = \begin{pmatrix} 0.2353 \\ 0.0827 \\ 0.0000 \\ 0.0154 \end{pmatrix}$$

④・⑤

供給部門＼需要部門	農業	製造業	建設	サービス	行和	感応度係数
農業	1.1589	0.1092	0.0665	0.0265	1.3612	0.7135
製造業	0.4173	1.7178	0.6056	0.2441	2.9847	1.5646
建設	0.0901	0.1178	1.0588	0.0527	1.3193	0.6916
サービス	0.2060	0.2694	0.2840	1.2060	1.9655	1.0303
列和	1.8723	2.2142	2.0149	1.5293		
影響力係数	0.9815	1.1607	1.0562	0.8017		

⑥

項目＼部門	生産誘発額			生産誘発係数		
	消費	投資	輸出	消費	投資	輸出
農　　業	23.62	10.09	6.29	0.1312	0.0885	0.1164
製 造 業	122.05	98.28	79.67	0.6780	0.8621	1.4754
建　　設	12.88	81.30	5.81	0.0716	0.7132	0.1076
サービス	141.69	36.33	21.98	0.7872	0.3187	0.4070

⑦

項目＼部門	輸入誘発額			輸入誘発係数		
	消費	投資	輸出	消費	投資	輸出
農　　業	7.268	3.105	1.627	0.04038	0.02724	0.03013
製 造 業	11.008	8.865	3.127	0.06116	0.07776	0.05791
建　　設	0.000	0.000	0.000	0.00000	0.00000	0.00000
サービス	2.214	0.568	0.218	0.01230	0.00498	0.00404

⑧

項目＼部門	付加価値誘発額			付加価値誘発係数		
	消費	投資	輸出	消費	投資	輸出
農　　業	11.81	5.05	3.14	0.0656	0.0443	0.0582
製 造 業	42.72	34.40	27.88	0.2373	0.3017	0.5164
建　　設	5.80	36.59	2.62	0.0322	0.3209	0.0484
サービス	99.18	25.43	15.38	0.5510	0.2231	0.2849

⑨

部門	総生産額の増加分	雇用量の増加分
農　　業	1.197	6.584
製 造 業	10.900	17.440
建　　設	19.058	40.021
サービス	5.113	14.316

第10章

1. FREQ A;

　SMPL 1990 2005;

　LOAD P;

　3.1　3.3　1.6　1.3　0.7　−0.1　0.1　1.8　0.6　−0.3　−0.7　−0.7　−0.9　−0.3　0.0　−0.3;

```
   LOAD U;
   2.1 2.1 2.2 2.5 2.9 3.2 3.4 3.4 4.1 4.7 4.7 5.0 5.4 5.3 4.7 4.4;
   GRAPH P U;
   UU=1/U;
   OLSQ P C UU;
2. FREQ A;
   SMPL 1992 2006;
   TREND T;←TRENDコマンドで、トレンド変数Tを作成。
   LOAD Y;
   5.5 6.7 7.6……49.7 56.7;
   Y67=LOG(67/Y−1);
   OLSQ Y67 C T;
   Y68=LOG(68/Y−1);
   OLSQ Y68 C T;
   Y69=LOG(69/Y−1);
   OLSQ Y69 C T;
   Y70=LOG(70/Y−1);
   OLSQ Y70 C T;
   Y71=LOG(71/Y−1);
   OLSQ Y71 C T;
3. FREQ A;
   SMPL 1990 2005;
   LOAD Y;
   105 96 105 78……87 91;
   LOAD X;
   206 203 209 213……170 171;
   GRAPH Y X;
   OLSQ Y C X;
   LOAD D;
   0 0 0 1 0 0 0 0 0 0 0 0 0 0 0 0;
   OLSQ Y C X D;
4. FREQ A;
   SMPL 1995 2006;
   LOAD Y;
   . 100 108 110 117 116 124 131 136 134 142 149;←——欠損値はピリオド「.」で入力。
   LOAD CC;
```

70 76 82 84 87 87 91 95 98 97 102 105;
LOAD Z;
. 24 26 26 30 29 33 36 38 37 40 44;←――――――欠損値はピリオド「.」で入力。
SMPL 1996 2006;
2SLS CC C Y CC(-1) INVR C CC(-1) Z;

参考文献

浅野晳・中村二朗（2000）：『計量経済学』有斐閣。
石村貞夫（1992）：『すぐわかる多変量解析』東京図書。
岩田暁一（1982）：『計量経済学』有斐閣。
荏開津典生（1985）：『農業統計学』明文書房。
岡澤宏（1980）：『計量経済学概説』啓文社。
小尾恵一郎（1972）：『計量経済学入門』日本評論社。
小尾恵一郎・尾崎巖・松野一彦・宮内環（2000）：『統計学』NTT出版。
加納悟・浅子和美（1998）：『入門｜経済のための統計学（第2版）』日本評論社。
刈屋武昭監修、日本銀行調査統計局編（1985）：『計量経済分析の基礎と応用』東洋経済新報社。
刈屋武昭・勝浦正樹（1994）：『統計学』東洋経済新報社。
北坂真一（2005）：『統計学から始める計量経済学』有斐閣。
北村行伸（2005）：『パネルデータ分析』岩波書店。
國友直人（1992・94）：『現代統計学（上）（下）』日経文庫。
W. H. Greene（2002）：*Econometric Analysis*, 5th ed., Prentice-Hall.
黒田昌裕（1984）：『実証経済学入門』日本評論社。
佐和隆光（1980）：『数量経済分析の基礎』筑摩書房。
J. Johnston（1984）：*Econometric Methods*, 3rd ed., McGraw-Hill（竹内啓他訳『計量経済学の方法（上）（下）』東洋経済新報社、1975年、訳は第2版）。
高橋一編（1993）：『計量経済学』八千代出版。
田中勝人（2002）：『経済統計（第2版）』岩波書店。
千田亮吉（1989）：『数量経済分析入門』文眞堂。
辻村江太郎（1981）：『計量経済学』岩波書店。
土居英二・浅利一郎・中野親德編（1996）：『はじめよう地域産業連関分析』日本評論社。
鳥居泰彦（1994）：『はじめての統計学』日本経済新聞社。
東京大学教養学部統計学教室編（1994）：『人文・社会科学の統計学』東京大学出版会。
東北大学統計グループ（2002）：『これだけは知っておこう！ 統計学』有斐閣。
中島隆信・木村福成・北村行伸・新保一成（2002）：『テキストブック経済統計』東洋経済新報社。
中村隆英・新家健精・美添泰人・豊田敬（1992）：『経済統計入門（第2版）』東京大学出

版会。
縄田和満（2006）：『TSP による計量経済分析入門（第 2 版）』朝倉書店。
畠中道雄（1996）：『計量経済学の方法（改訂版）』創文社。
馬場正雄編（1970）：『計量経済学入門』有斐閣。
F. Hayashi (2000)：*Econometrics*, Princeton University Press.
伴金美・中村二朗・跡田直澄（1988）：『エコノメトリックス』有斐閣。
伴金美・中村二朗・跡田直澄（2006）：『エコノメトリックス（新版）』有斐閣。
樋口美雄・太田清・新保一成（2006）：『入門　パネルデータによる経済分析』日本評論社。
牧厚志（2001）：『応用計量経済学入門』日本評論社。
G. S. Maddala (1992)：*Introduction to Econometrics*, 2nd ed., Prentice-Hall（和合肇訳著『計量経済分析の方法（第 2 版）』シーエーピー出版、1996年）.
溝口敏行（1985）：『経済統計論（第 3 版）』東洋経済新報社。
蓑谷千凰彦（1985）：『回帰分析のはなし』東京図書。
蓑谷千凰彦（1992）：『計量経済学の新しい展開』多賀出版。
蓑谷千凰彦（1997）：『計量経済学（第 3 版）』東洋経済新報社。
蓑谷千凰彦（2003）：『計量経済学（第 2 版）』多賀出版。
宮川公男（1999）：『基本統計学（第 3 版）』有斐閣。
宮沢健一編（2002）：『産業連関分析入門（新版：7 版）』日経文庫。
森田優三・久次智雄（1993）：『新統計概論（改訂版）』日本評論社。
森棟公夫（2000）：『統計学入門（第 2 版）』新世社。
森棟公夫（2005）：『基礎コース　計量経済学』新世社。
山内光哉（1998）：『心理・教育のための統計法（第 2 版）』サイエンス社。
山本拓（1995）：『計量経済学』新世社。
吉野直行・高橋徹（1990）：『パソコン計量経済学入門』多賀出版。
和合肇・伴金美（1995）：『TSP による経済データの分析（第 2 版）』東京大学出版会。

索　引

あ行

IO表→産業連関表
RAS法　235
アクティビティ・ベクトル　234
当てはまりのよさ（適合度）　90
異常値　10, 22, 163
一時的ダミー　163
1階の自己回帰モデル　184
1階の正の系列相関　184
1階の負の系列相関　184
一致性　207, 209
移動平均　17
ウエイト　9
影響力係数　240, 272
エコノメトリカ　2
エネルギー需要関数　174
F検定　146
F値　147, 262
F分布表　148
エングル，R.F.　2
OLS→最小2乗法

か行

回帰係数　86
　──の標準誤差　137
回帰分析　85
回帰平方和　90, 117
回帰平面　115
回帰モデル
　──の標準誤差　261
　──の標準的仮説　129
階数条件　215
外生変数　206
外挿予測　95
ガウス　87
ガウス＝マルコフの定理　129
攪乱項　86
加重最小2乗法　130
加重算術平均　9
過剰識別　214
過小推定　95
過大推定　94
片側検定　137, 139
関数型　3
間接最小2乗法（ILS）　208
緩尖　35
完全平等線　60
観測値（実績値）　87
感応度係数　240, 272
管理実験　3
ギアリー型効用関数　214
幾何平均　13
企業物価指数（CGPI）　77
記述統計学　7
基準化変量（規準化変量）　38

季節ダミー　166
帰無仮説　137
逆行列　238, 271
急尖　35
競争輸入方式　243, 244
行和　240, 272
寄与度　75
寄与率　75
均一分散　129
均衡価格モデル　251
均衡産出高モデル　236
クープマンス, T.C.　2
クズネッツ, S.S.　2
クズネッツの逆U字仮説　67
クライン, L.R.　2
クリオメトリックス　2
グレンジャー, G.W.　2
係数ダミー　174
計量経済学　1, 2
計量経済学会　2
計量経済史　2
系列相関（自己相関）　129, 183
　　——の発生原因　184
月次データ　17
決定係数　90, 116, 261
限界消費性向　94, 108, 160
限界輸入性向　144
高次の系列相関　188
構造型　206
構造パラメータ　207
構造変化　153, 174
　　——のF検定（チャウ・テスト）
　　　153, 181
構造方程式　206

ゴールドバーガー, A.S.　2
ゴールドフェルド・クォントの検定
　130
国産自給率　243, 273
国産品投入係数　244
国内最終需要　243
国内需要　243
国民所得統計のデフレーター　78
コクラン・オーカット法　192, 267
　　くりかえし計算による——　194
5項移動平均　17
誤差項　86
コブ・ダグラス型（生産）関数　103,
　134
雇用係数　238, 274
ゴールトン, F.　41

さ行

最終財　232
最終需要　232
最終需要項目別の生産誘発依存度
　247
最小2乗法（OLS）　86, 113
最小分散　129
最頻値　10
最尤法　130, 201, 267
　　グリッド・サーチによる——　267
最良線型不偏推定量（BLUE）　129
産業連関表（IO表）　231
産業連関分析　236, 270
3項移動平均　17
残差　87, 262
　　——の標準誤差（回帰モデルの標準誤
　　差）　136

——分散　136, 139, 261
——平方和（残差二乗和）　87, 90, 113, 261
算術平均　7, 259
散布図　5, 41, 260
CO_2排出係数　238
識別不能　214
識別問題　214
時系列データ　17
自己相関　183
——係数　184
指数関数　103, 111
次数条件　215
ジニ係数　60
四半期データ　17
四分位範囲　23, 259
四分位偏差　23
シミュレーション　6, 224
重回帰分析　113
重回帰モデル　113
重相関係数　117
従属変数　86
集中度　59, 71
自由度　45
自由度修正済み決定係数　118, 261
自由度修正済み重相関係数　118
自由度調整済み決定係数　118
需給バランス式　233, 244
主成分分析　131
シュムペーター　1
消費関数　108, 160
消費者物価指数（CPI）　77
自律的　4
信頼区間　142

推定回帰線（最小2乗回帰線）　86
数量経済史　2
ステップワイズ・チャウ・テスト（逐次チャウ・テスト）　161
ストーン, J.R.N.　2, 235
スピアマンの順位相関係数　49
——の検定表　50
スロープ係数　147
正規分布　27
正規方程式　88, 114
制限情報最尤法　269
政策シミュレーション　223
生産の最終需要依存度　247
生産波及効果　236
生産誘発額　246, 273, 274
生産誘発係数　247, 273
正の相関　40
説明変数　85
ゼロ・スロープ係数の制約　147
先決内生変数　206
先決変数　206
先験的情報　3
全国表　231
尖度　35, 259
全変動　90, 117
相関係数　40
——の検定　45
——の検定表　46
相関図　41
租税関数　202
粗付加価値　233

た行

ダービン・ワトソン検定　185

ダービン・ワトソン統計量（ダービン・ワトソン比）　185, 262
ダービンのh統計量　188
第1四分位点（25％点）　23, 259
対角行列　244, 271, 272
第3四分位点（75％点）　23, 259
第2四分位点（50％点）　23
対立仮説　137, 139
タイル，T.　217
タイルのU　223
ダグラス，P.H.　2
多重回帰分析　113
多重共線性（マルチコリニアリティ）　131
　　　──の解決法　131
ダミー変数　163
単位行列　236
単純回帰モデル　85
チェビシェフの不等式　27
知能指数（IQ）　38
チャウ・テスト　153
中位数　10
中央値　10
中間財　232
中間需要　233
中心化4項移動平均　17, 265
中心化12項移動平均　18
中心的傾向　26
中尖　35
散らばり（バラツキ）　22, 26
賃金関数　172
TSP　255
t検定　135
定数項ダミー　166

t値　137, 262
t分布表　138
ティンバーゲン，J.　2
データの収集　5
適度識別　214
転回点（ターニング・ポイント）　224
転置行列　251
点予測　156
同時方程式モデル　205
同時方程式バイアス→連立方程式バイアス
東証株価指数（TOPIX）　78
投入係数　234, 270
トータル・テスト（全体テスト）　222
特定化　3
独立変数　85
突発的ダミー　163

な行

内生変数　206
内挿予測　95
並み数　10
2次関数　103, 128
2段階最小2乗法（2SLSまたはTSLS）　217, 268
日経平均株価　19
ノース，D.C.　2

は行

パーシェ効果　78
パーシェ指数　77
バイアス（偏り）　207

波及効果　246
外れ値　10, 35
パネルデータ　131
範囲（レンジ）　22
半対数関数　103
ピアソン, K.　41
ピアソンの（積率）相関係数　41
P値　262
非競争輸入方式　243, 244
被説明変数　86
非線型式の回帰分析　102
標準化変量　38
標準偏差　26, 259
標本標準偏差　28
標本分布　28
ヒルドレス・ルー法　267
ファイナル・テスト（最終テスト）　223
フィッシャー, I.　78
フィッシャー指数　78
フィリップス曲線　104, 110, 276
フォーゲル, R.W.　2
付加価値係数　235, 274
付加価値誘発額　250, 274
付加価値誘発係数　250, 274
不均一分散（分散不均一）　130
　──のLM検定　130
　──の解決法　130
符号条件　6, 139
負の相関　41
不平等度　59
不偏性　207, 209
フリッシュ, R.　2
プレイス・ウインステン変換に基づく
　一般化最小2乗法　198

ブロシュ・ゴドフレイ検定　188
分散　26, 259
分散不均一→不均一分散
分数関数　103
分布の尖り　35
分布の歪み（非対称性）　35
平滑化　17
平均平方誤差　223
　──率　223
ヘックマン, J.J.　2
ペティ, W.　1
ペティ＝クラークの法則　45
ベルヌイ＝ラプラス型効用関数　210, 228
変異係数　30
偏回帰係数　115
変化率　11
偏差　27
偏差値　38
偏差平方和　27
偏相関係数　123
変動係数　30
貿易価格指数　78
ホーヴェルモ, T.　2, 207
ホーヴェルモ・バイアス　207
母標準偏差　28
母分散　28

ま行

マクファデン, D.L.　2
マクロ消費関数　92
マルシャク, J.　4
マルティコリニアリティ→多重共線性
ムーア, H.L.　1

無相関　41
メディアン　10, 259
モード　10
モデル・ビルディング　3

や行

有意水準　45
誘導型　207
　　——パラメータ　207
　　——方程式　207
輸入関数　143
輸入係数　243, 271
輸入誘発額　250, 273
輸入誘発係数　250, 273
予測　156
予測値の信頼区間　156
予測の信頼度　156

ら行

ラグ付き変数　206, 266

ラスパイレス指数　77
リード付変数　266
リッジ回帰　131
両側検定　137
理論値　87
理論なき計測　4
臨界値　45, 49, 138
レオンティエフ，W.W.　2, 231
レオンティエフ逆行列　236, 271
列和　239, 272
連立方程式バイアス（同時方程式バイアス）　207
連立方程式モデル　205
ローレンツ，M.O.　59
ローレンツ曲線　59
ロジスティック関数　103, 106, 112, 276

わ行

歪度　35, 259

●著者紹介——

白砂堤津耶（しらさご・てつや）

1957年生まれ。
1981年　慶應義塾大学経済学部卒業
1986年　慶應義塾大学大学院商学研究科博士課程修了
現　在　東京女子大学教授
専　攻　計量経済学
主　著　『中国農業の計量経済分析』（大明堂、1986年）
　　　　『中国の経済改革と新発展メカニズム』（共著、東洋経済新報社、1991年）
　　　　『図説　中国経済（第2版）』（共著、日本評論社、1999年）
　　　　『例題で学ぶ　初歩からの経済学』（共著、日本評論社、2002年）
　　　　『例題で学ぶ　初歩からの統計学』（日本評論社、2009年）
　　　　『通过例題 学习計量経済学（第二版）』（本書中国版、瞿強訳、中国人民大学出版社、2012年）

例題で学ぶ　初歩からの計量経済学　第2版

1998年3月25日　第1版第1刷発行
2007年3月30日　第2版第1刷発行
2023年1月20日　第2版第11刷発行

著　者——白砂堤津耶
発行所——株式会社日本評論社
　　　　〒170-8474　東京都豊島区南大塚3-12-4
　　　　電話 03-3987-8621（販売）、03-3987-8595（編集）
　　　　振替 00100-3-16
印　刷——精文堂印刷株式会社
製　本——牧製本印刷株式会社
装　幀——山崎　登
検印省略Ⓒ SHIRASAGO Tetsuya, 2007
Printed in Japan
ISBN978-4-535-55497-9

JCOPY〈(社)出版者著作権管理機構　委託出版物〉
本書の無断複写は著作権法上での例外を除き禁じられています。複写される場合は、そのつど事前に、(社)出版者著作権管理機構（電話 03-5244-5088、FAX 03-5244-5089、e-mail：info@jcopy.or.jp）の許諾を得てください。
また、本書を代行業者等の第三者に依頼してスキャニング等の行為によりデジタル化することは、個人の家庭内の利用であっても、一切認められておりません。

経済学の学習に最適な充実のラインナップ

入門 経済学[第4版]
伊藤元重／著 (3色刷) 3300円

ミクロ経済学[第3版]
伊藤元重／著 (4色刷) 3300円

マクロ経済学[第2版]
伊藤元重／著 (3色刷) 3080円

マクロ経済学パーフェクトマスター[第2版]
伊藤元重・下井直毅／著 (2色刷) 2090円

日評ベーシック・シリーズ

経済学入門
奥野正寛／著 2200円

ミクロ経済学
上田 薫／著 2090円

計量経済学
岩澤政宗／著 2200円

ゲーム理論
土橋俊寛／著 2420円

財政学
小西砂千夫／著 2200円

マーケティング
西本章宏・勝又壮太郎／著 2200円

新エコノミクス・シリーズ

ミクロ経済学入門
清野一治／著 (2色刷) 2420円

マクロ経済学入門[第3版]
二神孝一／著 (2色刷) 2420円

ミクロ経済学の力
神取道宏／著 (2色刷) 3520円

ミクロ経済学の技
神取道宏／著 (2色刷) 1870円

例題で学ぶ 初歩からの経済学
白砂堤津耶・森脇祥太／著 3080円

例題で学ぶ 初歩からの計量経済学[第2版]
白砂堤津耶／著 3080円

例題で学ぶ 初歩からの統計学[第2版]
白砂堤津耶／著 2750円

入門 公共経済学[第2版]
土居丈朗／著 3190円

入門 財政学[第2版]
土居丈朗／著 3080円

経済学を味わう 東大1,2年生に大人気の授業
市村英彦・岡崎哲二・佐藤泰裕・松井彰彦／編 1980円

しっかり基礎からミクロ経済学 LQアプローチ
梶谷真也・鈴木史馬／著 2750円

ミクロ経済学 戦略的アプローチ
梶井厚志・松井彰彦／著 2530円

入門マクロ経済学[第6版] (4色刷)
中谷 巌・下井直毅・塚田裕昭／著 3080円

[改訂版]経済学で出る数学
尾山大輔・安田洋祐／編著 2310円

計量経済学のための数学
田中久稔／著 2860円

実証分析入門
森田 果／著 3300円

最新 日本経済入門[第6版]
小峰隆夫・村田啓子／著 2750円

経済論文の書き方
経済セミナー編集部／編 2200円

※表示価格は税込価格です。

〒170-8474 東京都豊島区南大塚3-12-4　TEL:03-3987-8621　FAX:03-3987-8590　**日本評論社**
ご注文は日本評論社サービスセンターへ　TEL:049-274-1780　FAX:049-274-1788　https://www.nippyo.co.jp/